公立幼稚園教諭・保育士採用試験対策シリーズ

2025年度

専門試験

公立

幼稚園教諭

岐阜市

協同教育研究会 編

本書には，公立幼稚園教諭採用試験を徹底的に分析したうえで，ポイント，演習問題，解説を掲載しています。また，演習問題には，以下のように5段階で難易度を示しています。問題に取り組む際の参考にしてください。

難 易 度

■□□□□　非常にやさしい

■■□□□　やさしい

■■■□□　普通

■■■■□　難しい

■■■■■　非常に難しい

　本書に掲載されている資料や法令文の標記・基準は，2024年2月現在の情報を掲載しています。

まえがき

　本書は，岐阜市の公立幼稚園教諭採用試験を受験する人のために編集されたものである。

　幼稚園教諭は，満3歳から小学校就学までの幼児に対して，年齢に応じた指導を行うことをその職務とする。具体的には，幼児の健康状態のチェック，遊び，絵画，音楽や運動など，幼児の心身の発達を伸ばす教育を行うものである。その他には，教室の掃除，カリキュラムの作成，園児の行動記録など，仕事の範囲は多岐にわたる。

　幼稚園教諭試験は，その職務を全うできる有為な人材を，幅広い範囲から登用するために，公務員試験の原則に則り，公開平等の原則によって実施される。すなわち，一定の基準点に達すれば合格する資格試験とは根本的に違い，有資格者であれば，誰にでも門戸が開かれた選抜競争試験である。そのため毎年，多数の人が受験している人気職種である。

　このような幼稚園教諭という職務の重要性をかんがみ，激烈な関門を突破するためには，まず自分の適性・素養を確かめると同時に，試験内容を十分に研究して対策を講じておく必要があろう。

　本書はその必要性に応え，公立幼稚園教諭採用試験で出題される「専門試験」，「論作文試験」，「面接試験」について，最近の出題傾向を徹底分析した上で，ポイント，問題と解説などを加えたものである。これによって短期間で学習効果が現れ，自信をもって試験に臨むことができよう。

　公立幼稚園の教諭をめざす方々が本書を十分活用され，難関を突破して目標を達成されることを心からお祈りする。

協同教育研究会

＊目次＊

第1章

岐阜市の
公立幼稚園教諭

試験概要

令和6年度採用予定試験案内

令和5年度 岐阜市幼稚園教員採用試験要綱

〈令和6年4月採用予定〉

岐阜市教育委員会

《申込受付期間》

令和5年9月15日（金）午前8時45分

〜10月5日（木）午後5時30分

《第1次試験日》 令和5年10月21日（土）

《第1次試験会場》 岐阜市役所（岐阜市司町40番地1）

1 職種、採用予定人員及び職務内容

職種	採用予定人員	職 務 内 容
幼稚園教員	3人程度	幼稚園教員の職についての専門・技術的業務

2 受験資格

職種	受験資格
幼稚園教員	昭和49年4月2日以降に生まれた人で、次のいずれにも該当する人 ① 幼稚園教諭の普通免許状（有効期限が切れていないもの）を有する人又は令和5年度中に免許取得見込みの人 ② 保育士として都道府県知事の登録を受けている人又は令和5年度中に登録を受ける見込みの人

ただし、次の各号のいずれか（地方公務員法第16条及び学校教育法第9条に規定する欠格条項）に該当する人は、受験できません。
  （1）禁こ以上の刑に処せられた人
  （2）岐阜市において懲戒免職の処分を受け、その処分の日から2年を経過しない人
  （3）日本国憲法施行の日以後において、日本国憲法又はその下に成立した政府を暴力で破壊することを主張する政党その他の団体を結成し、又はこれに加入した人
  （4）教育職員免許法第10条第1項第2号又は第3号に該当することにより免許状がその効力を失い、当該失効の日から3年を経過しない人
  （5）教育職員免許法第11条第1項から第3項までの規定により免許状取上げの処分を受け、3年を経過しない人

　※受験資格等について
　申込書の記載内容に不正があると、職員として採用される資格を失います。
　また、採用後に不正が発覚した場合には、採用を取り消します。

3 試験の日時、会場及び合格者発表

試　験	日　時	試　験　会　場	合格者発表
第1次試験	**令和5年10月21日（土）** 集　　合：午前8時30分 試験開始：午前9時 午後4時00分終了予定	**岐阜市役所** **6-1大会議室** （岐阜市司町40番地1） 申込多数の場合、 会場を変更することもあります。	**令和5年11月上旬** **（予定）** 合格者にのみ結果を郵送で 通知します。
第2次試験	**令和5年11月中旬（予定）：実技試験、集団討論試験、口述試験** 日時・会場等詳細は、第1次試験合格発表の際にお知らせします。		**令和5年12月上旬** **（予定）** 受験者全員に結果を郵送で 通知します。

※各試験の合格者の受験番号は、岐阜市ホームページにも掲載します。

第1次試験受験時の注意事項
- **・受験票（送信完了メール）を印刷のうえ、持参してください。**
- ・道順等については教育政策課にお問い合わせください。
- ・敷地内での喫煙はできません。
- **・昼食は各自でご用意ください。**
- **・試験中の携帯電話の使用は禁止します。**（時計代わりとしての使用も認められません。）
- ・試験日時、場所等を変更する場合は、岐阜市ホームページでお知らせする予定です。

---

4 受験手続

受験申込は、オンラインで行います。パソコン等から以下のサイトにアクセスしてください。

岐阜市オンライン申請総合窓口サイト（https://logoform.jp/procedure/BcLm/415）

注意事項
- ・申込完了後の入力内容変更は受け付けません。
- ・申込みが完了した後、入力したメールアドレスに受験票（送信完了メール）が送信されます。
  受験票は、第1次試験当日に印刷のうえ持参していただく必要があります。
- ・迷惑メール対策等でドメイン指定を行っている場合、受験票（送信完了メール）が届かない場合が
  ありますので、「@logoform.jp」のドメインからのメールが届くよう受信設定してください。
  ドメインの設定方法は、各社にお問い合わせください。
- ・インターネット環境がない等の理由でやむを得ずオンライン申込ができない場合は、
  教育政策課にお問い合わせください。

5 試験の方法

区　分	試験科目	内　容
第1次試験	教　養　試　験 （40題2時間）	時事、社会・人文、自然に関する一般知識を問う問題及び文章理解、判断・数的推理、資料解釈に関する能力を問う問題について、択一式の筆記試験を高校卒業程度で行います。
	専　門　試　験 （30題1.5時間）	専門的知識及び能力について、択一式の筆記試験を次の出題分野で行います。 ※出題分野：発達心理、教育学、保育原理、保育内容及び法規
	適　性　検　査	職務遂行上必要な素質及び適性について、検査を行います。
	論　文　試　験	識見、論理性、思考力等について試験を行います。 ※論文試験は、第2次試験として評価します。
第2次試験	実　技　試　験	①手遊び ②ピアノ演奏：課題曲は当日発表します。 ③身体表現
	集団討論試験	社会性、協調性、指導性等について試験を行います。
	口　述　試　験	人物等について個別面接による試験を行います。

6 合格から採用まで、その他

（1）この試験の最終合格者は、岐阜市幼稚園教員採用候補者名簿に登載され、そのうちから成績順に採用者が決定されます。したがって、採用候補者名簿に登載された者がすべて採用されるとは限りません。

（2）採用予定時期は、原則として令和6年4月1日以降ですが、令和6年3月31日以前に採用される場合があります。

（3）試験受験時に、受験資格となっている免許等を取得見込みの方については、当該免許等を取得できなかった場合は、採用されません。

（4）令和5年度に新規採用された場合の初任給（地域手当含む）は、短大2年制卒給198,652円です。（資格取得後の職歴など採用前の経歴に応じて、一定の基準により加算があります。）また、原則として毎年1回定期に昇給します。このほかに期末手当、勤勉手当、扶養手当、通勤手当、住居手当等が支給要件に応じて支給されます。

（5）その他勤務条件等

1週間の勤務時間	38時間45分
1日の勤務時間	午前8時30分～午後5時15分までの7時間45分（休憩60分）
社　会　保　険	岐阜県公立学校共済組合に加入することとなります。

7 試験結果の提供

第1次・第2次の各試験の不合格者の方のみ、個人情報保護に関する法律の規定に基づき、以下の要領で試験結果の開示を請求することができます。

電話・郵便によるお問い合わせにはお答えできません。

（1）期　　　間　　試験結果が発表された日から1年間

（2）開示内容　　「総合得点」及び「順位」

（3）手　　　続　　受験者本人が、運転免許証等本人であることを確認できる物を必ず持参の上、教育委員会教育政策課までお越しください。

岐阜市の自治体情報

概要版

岐阜市子ども・子育て支援プラン

小さな手と手をつつむ大きな手　ぬくもりのあふれるまち

2020（令和2）年3月

岐 阜 市

序章　計画の策定にあたって

計画策定の趣旨

　本市では 2005（平成 17）年に「岐阜市次世代育成支援対策行動計画 "輝き" 子ども未来図ぎふ」を、2015（平成 27）年に「岐阜市子ども・子育て支援事業計画」を策定し、少子化対策をはじめ子ども・子育て支援を進めてきました。

　現在の子どもや子育てを取り巻く環境は、核家族化や地域社会の人間関係の希薄化等により、子どもや子育て世代の社会的な孤立が進むと同時に、待機児童問題や子どもの貧困、児童虐待やいじめ、自殺など、さまざまな問題を抱えています。また、女性の社会進出に伴い多様な教育・保育ニーズが求められるとともに、男性の育児参画の促進も求められています。

　そうしたなか、2019（令和元）年度に岐阜市子ども・子育て支援事業計画が終期を迎えるのを機に、両計画を統合するとともに、新たな課題である子どもの貧困対策も包含し、子どもの最善の利益を優先する "こどもファースト" の視点から子ども・子育てに関する施策を見つめ直し、昨今の社会情勢に応じたさまざまな課題に対応する「岐阜市子ども・子育て支援プラン」として策定するものです。

計画の位置づけ

本計画が包含する計画

● 「次世代育成支援対策推進法第 8 条」に基づく市町村行動計画
● 「子ども・子育て支援法第 61 条」に基づく市町村子ども・子育て支援事業計画
● 「子どもの貧困対策の推進に関する法律第 9 条 2 項」に基づく市町村における子どもの貧困対策についての計画

計画期間

　この計画は、2020（令和 2）年度を初年度とし、2024（令和 6）年度までの 5 年間を計画期間とします。

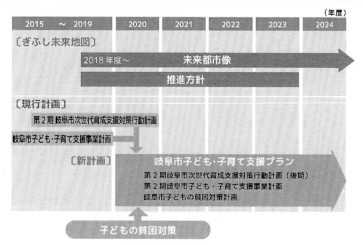

第1章　岐阜市の現状と課題

本市の現状

18歳未満の人口の推移

　0〜17歳までの人口推移は、総数が減少傾向であるとともに、特に就学前児童（0〜5歳）、小学生（6〜11歳）の人口が減少傾向にあります。

資料：岐阜市住民基本台帳（各年10月1日現在）

児童虐待相談対応件数（新規）の増加

　児童虐待相談対応件数（新規）の推移は、年によって変動があるものの増加傾向にあります。

　2018（平成30）年度は再び増加し、近年で最も多い182件となっています。

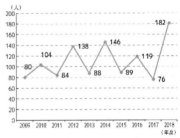

資料：岐阜市子ども・若者総合支援センター調べ

ひとり親家庭の生活状況

　暮らしの状況については、「苦しい」、「とても苦しい」と合わせて、半数以上が生活状況は苦しいと感じています。

　本調査は、児童扶養手当受給資格者（全部停止者を含む）が対象であり、所得制限等の要件があることを考慮しても、ひとり親家庭における生活の厳しさがうかがえます。

> 　わが国の子どもの相対的貧困率は、OECD加盟国のなかでも最悪の水準にあり、2015（平成27）年の「子どもの貧困率」は13.9%と、17歳以下の子どもの約7人に1人が経済的に困難な状況にあるといわれています。

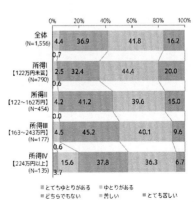

資料：2018年度岐阜市ひとり親家庭生活実態調査結果報告書

9

女性の年齢別労働力率推移

　女性の年代別労働力率推移を年代別にみると、1995（平成7）年以降、各年代とも上昇しています。

　特に30歳代、40歳代の子育て世代の労働力率が上昇傾向となっています。

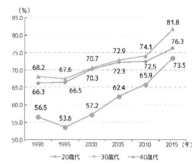

資料：国勢調査

父親の育児参画に対する考え方

　全体では、「父親も母親も育児を分担して、積極的に参加すべき」が最も多くなっています。

　母親の就労状況別にみると、「非就労」以外において「父親も母親も育児を分担して、積極的に参加すべき」が5割を超えており、母親が就労している世帯では、父親の積極的な育児参画が望まれています。

資料：岐阜市子ども・子育て支援に関するニーズ調査（2018年）

本市における課題

子ども・若者を取り巻く環境の変化

● 0〜14歳の年少人口は減少傾向にあり、少子化が進行しています。

● いじめ、不登校、若年無業者、子どもの貧困等のさまざまな困難を抱える子ども・若者への支援が必要です。

● 未婚や晩婚化が進行しており、結婚や子育ての希望が実現できる社会に向けた取り組みが必要です。

子育て家庭を取り巻く環境の変化

● 3歳未満児の低年齢保育のニーズが増えています。教育・保育サービスの量と質の向上が必要です。

● 妊娠・出産・育児における育児不安・負担の解消に向けて、安心して子どもを産み、育てられる環境の充実が必要です。

● 児童虐待の相談件数が過去最多。重大な人権侵害として、子どもの権利を第一に専門的な支援の強化が必要です。

地域・社会環境の変化

● 女性の就業率が上昇しており、子育てしながら安心して働ける環境の充実が必要です。

● 共働き世帯の増加に伴い、男性の積極的な育児参画が必要です。

● 核家族化の進展や近所づきあいの希薄化により、地域や社会全体が親子に寄り添う支援が求められています。

第2章　計画の基本的な考え方

基本理念

　子どもを育てる親の願いは、子どもが心身ともに健やかに生まれ育ち、幸せになってくれることです。子どもは親にとっての宝物であると同時に、次の時代をつくりそれを担う原動力となることから、地域や社会全体にとっての宝物でもあります。

　そうした "みんなの宝物" を大切に育て、次の世代へと夢をつないでいくというごく自然な社会の営みへと立ち返ることが大切です。

　子どもを育てるということは、子どもが自ら学び育つ、生きる力を最大限に引き出してあげることです。そのためには親をはじめ家庭の関わりが重要であり、その自覚と責任をもって子どもを育て、その成長に喜びを感じることができる、保護者自身も親として成長する「親育ち」を感じられる環境づくりが必要です。そして、それはみんなが子どもや子育て家庭に寄り添い、共にその成長を喜びあえる、そんなぬくもりのある地域や社会があってこそであり、こうした子どもの健やかな成長を支えていく地域や社会の支援が必要です。

小さな手と手をつつむ大きな手　ぬくもりのあふれるまち

持続可能な開発目標　～子どもが誰一人取り残されないように～

　2015（平成 27）年の国連サミットにおいて "持続可能な開発目標（SDGs:Sustainable Development Goals）" が採択されました。その理念は "誰一人取り残さない" 社会の実現をめざし、開発途上国のみならず先進国も含め、すべての国や関係者の役割を重視し、経済・社会・環境をめぐる課題に統合的に取り組むこととして合意されたものです。SDGs には 17 のゴール（開発目標）がありますが、本計画が取り扱うさまざまな課題は、特に以下の SDGs と関連があります。

本計画に関連する SDGs

第3章　次世代育成支援対策

施策体系

　基本理念を踏まえ、次世代育成支援対策では3つの基本目標を設定し、5年間の計画期間で展開していく具体的な施策を定めています。

		基本的な方向	基本施策
基本目標1 「子ども・若者自らが育つ力」をはぐくむ	1	子どもの権利の尊重	1-1-1 子どもの権利の尊重
			1-1-2 いじめ防止対策の充実　〈重点施策〉
	2	子どもの生きる力をはぐくむ教育の推進	1-2-1 特色ある学校教育の推進
			1-2-2 学校などの環境整備
			1-2-3 幼児教育の充実
	3	子どもの健やかな心とからだの成長の支援	1-3-1 食育の推進
			1-3-2 思春期保健対策
	4	さまざまな困難を抱える子ども・若者への支援	1-4-1 困難を抱える子ども・若者への相談・支援
			1-4-2 子ども・若者の自立に向けた支援
			1-4-3 子どもの貧困対策の推進　〈重点施策〉
			1-4-4 子ども・若者の自殺対策の推進
			1-4-5 外国につながる子どもへの支援
	5	障がいのある子どもへの支援	1-5-1 障がいのある子どもの療育の推進
			1-5-2 障がいのある子どもに関する相談・支援体制の充実
			1-5-3 在宅を中心とした福祉サービスの充実
	6	子どもの居場所づくり	1-6-1 児童健全育成のための子どもの居場所づくり
	7	次代の親の育成	1-7-1 次代の親になるための教育
			1-7-2 次代を担う若者への支援
基本目標2 「家庭の子育て力」をはぐくむ	1	親の意識の醸成	2-1-1 子どもを生み育てる意識の醸成
			2-1-2 家庭における子育て力の向上と情報提供
	2	子育て支援サービスの充実	2-2-1 多様な子育て支援サービスの充実
			2-2-2 子育て支援活動拠点機能の充実
	3	多様な教育・保育サービスの充実	2-3-1 多様な教育・保育サービスの充実　〈重点施策〉
	4	妊娠・出産・育児期への切れ目のない支援	2-4-1 切れ目のない母子保健体制の充実　〈重点施策〉
			2-4-2 小児医療体制等の充実
			2-4-3 多胎児家庭への支援
	5	ひとり親家庭などの子育て支援	2-5-1 ひとり親家庭の相談体制の充実
			2-5-2 ひとり親家庭の自立支援
			2-5-3 配偶者などからの暴力被害者及びその同伴児への支援
	6	児童虐待防止対策の充実	2-6-1 児童虐待防止対策の充実　〈重点施策〉

	基本的な方向		基本施策
1	地域の子育て支援ネットワークの推進	3-1-1	地域における子育てネットワークの推進
		3-1-2	地域ぐるみの子育て家庭の支援
2	地域の子育て力の強化	3-2-1	地域における子どもの健全育成活動
		3-2-2	地域における教育力の向上
		3-2-3	子どもを取り巻く有害環境対策の推進
3	地域における子どもの見守り活動の推進	3-3-1	交通安全活動の推進
		3-3-2	防犯活動の推進
4	仕事と生活の調和の実現	3-4-1	多様な働き方の実現及び男性も含めた働き方の見直し
		3-4-2	男性の主体的な育児参画の促進　重点施策
		3-4-3	働く保護者の健康管理の推進
		3-4-4	働く保護者を支援する保育サービスの充実
		3-4-5	子育てに理解のある企業の啓発
5	男女共同参画意識の啓発	3-5-1	男女共同参画意識の啓発
6	経済的支援の充実	3-6-1	児童健全育成のための経済的支援
		3-6-2	ひとり親家庭などへの経済的支援
		3-6-3	多子世帯への経済的支援
		3-6-4	貧困状況にある子どもへの経済的支援
7	良質な居住の確保	3-7-1	市営住宅の整備と民間住宅の誘導
8	良好な居住環境の整備	3-8-1	緑化活動・公園の整備
		3-8-2	遊び場の整備
9	安心・安全なまちづくりの推進	3-9-1	安心して外出できるまちづくりの推進

（基本目標3「「地域・社会の子育て力」をはぐくむ）

重点施策の目標指標

　特にニーズの高い施策や子どもの最善の利益、権利保障を優先する視点から、喫緊の課題とされる施策を重点施策としています。なお、重点施策の目標を着実に実現させるため、数値指標を定め、進捗管理を行っていきます。

重点施策	目標指標	現状（2018 年度）	目標
1-1-2 いじめ防止対策の充実	学校の校長がいじめ事案について指導を実施する割合	16%　※1	100%
1-4-3 子どもの貧困対策の推進	寄り添い型学習支援事業における高校進学率	96.3%	100%
	高等技能訓練促進費受給者の資格取得率	95%　※2	増加
	ひとり親家庭の貧困率	51.1%	減少
2-3-1 多様な教育・保育サービスの充実	低年齢児・障がい児の受け入れ施設数	73 か所　※3	80 か所
	保育の待機児童数	0 人	0 人
2-4-1 切れ目のない母子保健体制の充実	乳幼児健康診査受診率（1歳6か月児）	92.1%	95%
	妊娠 11 週以下での妊娠届出率	94.9%	100%
2-6-1 児童虐待防止対策の充実	養育支援訪問事業における実訪問家庭数	16 件	23 件
	児童虐待防止啓発研修の実施回数	14 回	21 回
3-4-2 男性の主体的な育児参画の促進	父親の育児休業の取得率	4.2%	30%

※1：2019 年7月　　※2：2019 年度見込み　　※3：2019 年度

1

次世代を担う子どもや若者が健やかに成長しようとする

「子ども・若者自らが育つ力」
をはぐくむ

　親をはじめ家庭や学校、地域等子どもたちを取り巻く社会との関わりのなかで、子どもが自己肯定感をもって育まれ、子ども自身がもつ自ら学ぼうとする力、成長しようとする力を最大限に引き出すことが重要です。そして、子どもが次代を担うことができる人材となるよう支援していきます。

子どもの権利の尊重

　「岐阜市子どもの権利に関する条例」に基づき、子どもの権利を尊重し、啓発活動等の偏見・差別を解消するための取り組みを、関係団体等と連携して推進します。特にいじめ問題に対して、「岐阜市いじめ防止等対策推進条例」に基づき、いじめの防止等のための対策を総合的かつ効果的に推進します。

取り組み【例】
●子どもの権利・啓発の推進
●いじめに対する相談・支援体制の充実

2

すべての親が子育ての喜びを実感できる

「家庭の子育て力」
をはぐくむ

　子育ての基礎となるすべての家庭を支えるため、保育や医療等、多様なニーズに対応したきめ細かい支援サービスを推進することで子育て家庭の孤立を防ぐとともに、保護者自身も親として成長し、子育ての喜びを実感できる環境づくりに取り組みます。

多様な教育・保育サービスの充実

　家庭における子育てを補完する役割や仕事と子育ての両立支援の観点から、保育サービスに対するニーズはますます高くなり多様化しています。
　保護者が安心して子育てを行うことができるように、更なる保育サービスの充実を図ります。

取り組み【例】
●低年齢児（0～2歳児）保育の充実
●特別保育事業の実施
●病児・病後児保育事業の送迎サービスの実施

3

みんなが子どもをいつくしみ育てる

「地域・社会の子育て力」
をはぐくむ

　地縁による人のつながりや地域ぐるみで子どもを見守る体制づくりを進め、地域全体で子どもを育てる体制づくりを支援します。
　多様な働き方・生き方が選択できる社会づくり、子どもが地域で安心・安全に遊び、学び、暮らせるまちづくりを推進します。

地域の子育て支援ネットワークの推進

　地域の自治会をはじめ子ども会、PTA、青少年育成市民会議、民生委員・児童委員協議会等、さまざまな活動団体において、子どもや子育て家庭を支援する地域活動や事業を推進します。また、サークル活動やボランティア等の地域活動や事業と連携したネットワークを推進することにより、効率的で効果的な子育て支援サービスの提供を図ります。

取り組み【例】
●ファミリー・サポート・センター事業の充実
●ボランティアなど、子育て支援を担う人材の育成・活用

子どもの生きる力をはぐくむ教育の推進

社会の変化のなかで、子どもたちが自分らしさを失うことなく主体的に学び続け、仲間と共にたくましく未来を切り開いていく力、すなわち "生きる力" をはぐくむ教育を推進します。

取り組み【例】
- 小中一貫教育の推進
- コミュニティ・スクールの推進
- 幼児教育の推進

さまざまな困難を抱える子ども・若者への支援

不登校やひきこもり、若年無業者、子どもの貧困や自殺問題、外国につながる子どもの問題等、昨今の子どもを取り巻くさまざまな困難に対し、個人の問題としてとらえるのではなく、社会的支援が必要な問題として取り組みます。家庭や学校、さらには地域や関係機関との連携のもと、一人ひとりの状況に応じた包括的な支援を実施します。

取り組み【例】
- 子ども専用の相談窓口
- "夢"、"志"、"生きよろこび" につながる自分探しの支援
- 若年層向けゲートキーパー出前講座の実施

子どもの居場所づくり

子どもの健全な発達・成長を支援するため、自由に遊び、学ぶことができ、他の子どもや地域のさまざまな人とふれあうことができる、安全で安心な "子どもの居場所" の確保を推進します。

取り組み【例】
- 健全育成に向けた児童館・児童センター機能の充実
- 「放課後子ども教室」事業の推進
- 放課後居場所づくり事業

妊娠・出産・育児期への切れ目のない支援

母親が不安を感じることなく、健康を維持しながら育児を楽しむとともに、子どもが心身共に健やかに成長していけるよう、妊娠・出産期から子育て期に至る時期までのきめ細やかで、一貫した母子保健施策の充実を推進します。また、いつでも安心して小児科医の診療が受けられる体制を整備します。

取り組み【例】
- 乳幼児健康診査等の充実
- すくすく赤ちゃん子育て支援事業等の実施
- 小児救急医療体制の充実

ひとり親家庭などの子育て支援

ひとり親家庭等は、経済的な問題をはじめ、個々の状況に応じたきめ細かな対応が求められており、特に、保護者への就労支援や子どもへの心のケアや学習支援が必要です。DVの問題について、「第3次岐阜市配偶者からの暴力の防止及び被害者の保護に関する基本計画」に基づき、総合的な施策を推進します。

取り組み【例】
- 自立支援に対する相談体制の充実
- 子どもの生活・学習支援事業の実施
- DV被害者及びその同伴児への支援

児童虐待防止対策の充実

児童虐待を防止するためには、発生予防から早期発見・早期対応、アフターケアに至るまで切れ目のない支援が求められています。
また、保護者の育児不安の軽減や早期対応に向け、岐阜県中央子ども相談センター（児童相談所）をはじめ関係機関と連携した取り組みを推進します。

取り組み【例】
- 児童虐待の早期発見、早期通告の広報、啓発活動
- 育児困難家庭の把握・支援
- 子ども家庭総合相談拠点事業

仕事と生活の調和の実現

一人ひとりがやりがいを持ち充実して仕事に取り組むとともに、自ら希望するバランスで家庭生活に取り組み、働き方を見直し、仕事と子育て等の家庭生活が両立できるように、企業へ雇用環境を整備するための意識啓発を推進します。また、男性の育児参画を促進するための啓発や働く保護者が利用しやすい保育サービスを充実します。

取り組み【例】
- 育児休業・短期時間勤務制度等の普及・啓発
- 労働時間の短縮等の促進
- ぎふし共育都市プロジェクト

経済的支援の充実

子育て家庭の経済的な負担を軽減するため、児童手当の支給や幼児教育・保育の無償化など各種経済的支援を図ります。また、ひとり親家庭や多子世帯、低所得世帯等には、それぞれの家庭の状況に対応して、さらにきめ細かな支援を推進します。

取り組み【例】
- 医療費公費負担制度の充実
- 児童扶養手当の支給
- 多子世帯への経済的支援

安心・安全なまちづくりの推進

安心して外出できる環境づくりのために、子どもや妊産婦、ベビーカーを使う人等、誰にとっても歩きやすくて利用しやすいように配慮された道路や公共交通機関、公共施設、人が多く集まる施設等の整備が求められています。あわせて、親子や子どもが使いやすいトイレの設置等を推進します。

取り組み【例】
- バリアフリー化の推進
- 妊婦にやさしい環境づくり
- 赤ちゃんステーションの設置

第4章　子どもの貧困対策

取り組み方針

　子どもの現在及び将来がその生まれ育った環境によって左右されることのないよう、また、貧困の連鎖につながらないように、「岐阜市子どもの権利に関する条例」を踏まえた、子どものことを第一に優先するという視点で、総合的な取り組みを実施します。

　また、子どものライフステージに応じて切れ目なく適切な支援を実施するとともに、学校や地域、行政等の関係機関が連携し、困難を抱える子どもや家庭に気づき、必要な支援につなげる支援体制を整えます。

子どもの貧困対策の取り組み

教育の支援

　家庭環境に左右されず、子どもたちの学力の保障と教育の機会均等が図られるよう、学習支援や就園・就学に対する支援を実施します。

取り組み【例】
- 寄り添い型学習支援等事業
- 子どもの生活・学習支援事業の実施

生活の支援

　すべての子どもたちが健やかに成長できるように、妊娠期からの切れ目のない支援を行うとともに、子ども及び保護者への生活相談、必要な生活支援を実施します。

取り組み【例】
- 義務教育終了後の就学就労支援事業
- 子ども食堂支援事業

保護者への就労の支援

　ひとり親家庭の保護者や生活困窮者に対する就労を支援するとともに、より安定した就労機会の確保のための支援を行います。

取り組み【例】
- 人材確保サポート奨励金事業
- ひとり親家庭等就業・自立支援センター事業の充実

経済的支援

　困難を抱える子育て家庭に対して、各種支援施策を活用し、子育てに関わる経済負担の軽減を図ります。

取り組み【例】
- 母子父子寡婦福祉資金貸付
- 多子世帯の保育料の軽減

相談支援体制の充実

　子どもや家族が必要なときに助けを求めたり、相談できる場所や窓口を明確化するとともに、子どもにとって身近な場所やツールで相談できるなど、相談しやすい体制づくりを行います。

取り組み【例】
- 子ども・若者総合支援センター "エールぎふ"
- 母子健康包括支援センター

支援ネットワーク体制づくり

　成長段階に応じた切れ目のない支援につなげていくために、関係機関等と必要な情報を共有し、連携します。また、子どもの貧困に関する周知・啓発、支援に関わる人材を育成します。

取り組み【例】
- "エールぎふ" ネットワーク会議
- 幼児教育・保育施設と小学校の連携

調査研究

　本市における子どもの貧困に関する実態を把握するため、子どもの貧困に関する指標の調査研究を行います。

取り組み【例】
- 子どもの貧困に関する実態調査

第5章　子ども・子育て支援

　現在の利用状況及び利用希望を把握した上で、子ども・子育て支援給付及び地域子ども・子育て支援事業の量の見込みを算出し、その提供体制の確保方策等を定めています。

子ども・子育て支援給付

<table>
<tr><th colspan="4">市全域</th><th>2020年度</th><th>2021年度</th><th>2022年度</th><th>2023年度</th><th>2024年度</th></tr>
<tr><td rowspan="3">幼稚園等
(教育標準時間)</td><td>1号認定</td><td rowspan="3">3-5歳児</td><td>①量の見込み(人)</td><td>6,260</td><td>6,136</td><td>5,930</td><td>5,793</td><td>5,766</td></tr>
<tr><td>2号認定</td><td>②確保方策(人)</td><td>11,161</td><td>11,161</td><td>11,161</td><td>11,161</td><td>11,161</td></tr>
<tr><td></td><td>過不足(②-①)</td><td>4,901</td><td>5,025</td><td>5,231</td><td>5,368</td><td>5,395</td></tr>
<tr><td rowspan="9">保育所等
(保育認定)</td><td rowspan="3">2号認定</td><td rowspan="3">3-5歳児</td><td>①量の見込み(人)</td><td>3,346</td><td>3,320</td><td>3,247</td><td>3,210</td><td>3,233</td></tr>
<tr><td>②確保方策(人)</td><td>3,590</td><td>3,581</td><td>3,583</td><td>3,601</td><td>3,622</td></tr>
<tr><td>過不足(②-①)</td><td>244</td><td>261</td><td>336</td><td>391</td><td>389</td></tr>
<tr><td rowspan="6">3号認定</td><td rowspan="3">1・2歳児</td><td>①量の見込み(人)</td><td>2,237</td><td>2,344</td><td>2,416</td><td>2,477</td><td>2,540</td></tr>
<tr><td>②確保方策(人)</td><td>2,379</td><td>2,494</td><td>2,573</td><td>2,651</td><td>2,681</td></tr>
<tr><td>過不足(②-①)</td><td>142</td><td>150</td><td>157</td><td>174</td><td>141</td></tr>
<tr><td rowspan="3">0歳児</td><td>①量の見込み(人)</td><td>426</td><td>430</td><td>433</td><td>438</td><td>443</td></tr>
<tr><td>②確保方策(人)</td><td>458</td><td>492</td><td>512</td><td>521</td><td>527</td></tr>
<tr><td>過不足(②-①)</td><td>32</td><td>62</td><td>79</td><td>83</td><td>84</td></tr>
</table>

地域子ども・子育て支援事業

<table>
<tr><th colspan="3">市全域</th><th>2020年度</th><th>2021年度</th><th>2022年度</th><th>2023年度</th><th>2024年度</th></tr>
<tr><td rowspan="6">①利用者支援事業</td><td rowspan="3">基本型</td><td>①量の見込み(箇所数)</td><td>1</td><td>1</td><td>1</td><td>1</td><td>1</td></tr>
<tr><td>②確保方策(箇所数)</td><td>1</td><td>1</td><td>1</td><td>1</td><td>1</td></tr>
<tr><td>過不足(②-①)</td><td>0</td><td>0</td><td>0</td><td>0</td><td>0</td></tr>
<tr><td rowspan="3">母子保健型</td><td>①量の見込み(箇所数)</td><td>3</td><td>3</td><td>3</td><td>3</td><td>3</td></tr>
<tr><td>②確保方策(箇所数)</td><td>3</td><td>3</td><td>3</td><td>3</td><td>3</td></tr>
<tr><td>過不足(②-①)</td><td>0</td><td>0</td><td>0</td><td>0</td><td>0</td></tr>
<tr><td rowspan="3">②地域子育て支援センター事業</td><td colspan="2">①量の見込み(延べ人数)</td><td>9,413</td><td>9,370</td><td>9,235</td><td>9,094</td><td>8,971</td></tr>
<tr><td colspan="2">②確保方策(延べ人数)</td><td>13,660</td><td>13,660</td><td>13,660</td><td>13,660</td><td>13,660</td></tr>
<tr><td colspan="2">過不足(②-①)</td><td>4,247</td><td>4,290</td><td>4,425</td><td>4,566</td><td>4,689</td></tr>
<tr><td>③妊婦健康診査</td><td colspan="2">量の見込み(件数)</td><td>34,536</td><td>33,948</td><td>33,384</td><td>32,976</td><td>32,604</td></tr>
<tr><td>④すくすく赤ちゃん子育て支援事業</td><td colspan="2">量の見込み(件数)</td><td>2,758</td><td>2,711</td><td>2,666</td><td>2,633</td><td>2,604</td></tr>
<tr><td rowspan="2">⑤養育支援訪問事業</td><td colspan="2">量の見込み(延べ件数)</td><td>375</td><td>390</td><td>405</td><td>420</td><td>435</td></tr>
<tr><td colspan="2">確保方策(延べ件数)</td><td>375</td><td>390</td><td>405</td><td>420</td><td>435</td></tr>
<tr><td rowspan="3">⑥短期入所生活援助
(ショートステイ)事業</td><td colspan="2">①量の見込み(延べ件数)</td><td>83</td><td>82</td><td>80</td><td>78</td><td>78</td></tr>
<tr><td colspan="2">②確保方策(延べ件数)</td><td>700</td><td>700</td><td>700</td><td>700</td><td>700</td></tr>
<tr><td colspan="2">過不足(②-①)</td><td>617</td><td>618</td><td>620</td><td>622</td><td>622</td></tr>
<tr><td rowspan="3">⑦ファミリー・サポート・
センター事業
(就学児童)</td><td colspan="2">①量の見込み(延べ人数)</td><td>2,453</td><td>2,393</td><td>2,375</td><td>2,331</td><td>2,287</td></tr>
<tr><td colspan="2">②確保方策(延べ人数)</td><td>6,833</td><td>6,833</td><td>6,833</td><td>6,833</td><td>6,833</td></tr>
<tr><td colspan="2">過不足(②-①)</td><td>4,380</td><td>4,440</td><td>4,458</td><td>4,502</td><td>4,546</td></tr>
</table>

市全域			2020年度	2021年度	2022年度	2023年度	2024年度
⑧一時預かり事業	幼稚園	①量の見込み（延べ人数）	157,053	153,938	148,774	145,331	144,597
		②確保方策（延べ人数）	235,456	235,456	235,456	235,456	235,456
		過不足（②－①）	78,403	81,518	86,682	90,125	90,859
	保育所等	①量の見込み（延べ人数）	11,977	11,827	11,539	11,317	11,214
		②確保方策（延べ人数）	52,975	52,975	52,975	52,975	52,975
		過不足（②－①）	40,998	41,148	41,436	41,658	41,761
⑨延長保育事業		①量の見込み（人）	220	221	221	220	223
		②確保方策（人）	308	308	308	308	308
		過不足（②－①）	88	87	87	88	85
⑩病児・病後児保育事業		①量の見込み（延べ人数）	5,374	5,438	5,428	5,444	5,515
		②確保方策（延べ人数）	17,665	17,665	17,665	17,665	17,665
		過不足（②－①）	12,291	12,227	12,237	12,221	12,150
⑪放課後児童健全育成事業		①量の見込み（人）	3,636	3,612	3,631	3,625	3,538
		②確保方策（人）	3,627	3,744	3,789	3,844	3,944
		過不足（②－①）	▲9	132	158	219	406
⑫実費徴収に係る補足給付事業		実施の有無	実施	実施	実施	実施	実施
⑬多様な事業者の参入促進・能力活用事業							

第6章　計画の推進

推進体制

　計画の推進にあたっては、子どもの活動や子育て支援に関する市民等の多様な活動を支援していくとともに、関係機関との情報交換や交流など、連携強化を図りながら推進するよう努めます。

進捗状況の管理

　計画の適切な進行管理を行うため、「岐阜市子育て支援会議」において、点検・評価をし、PDCAサイクルに基づき計画を改善し、広く市民の理解と協力を得ながら推進するよう努めます。

岐阜市子ども・子育て支援プラン（概要版）

2020（令和2）年3月

発行：　岐阜市
編集：　岐阜市子ども未来部子ども政策課
　　　　岐阜市今沢町18番地　【TEL】058-214-2397

「岐阜市子ども・子育て支援プラン（概要版）」より抜粋

第2章

専門試験
幼稚園教育要領

幼稚園教育要領

幼稚園教育要領解説

幼稚園教育要領－5領域

専門
試験 幼稚園教育要領／幼稚園教育要領

≡ POINT ≡

▶ 幼稚園教育において育成する資質・能力

平成 29 年改訂の「幼稚園教育要領」では，改訂の趣旨，教育基本法，学校教育法の内容等を踏まえ，以下の資質・能力を一体的に育むこととしている。

・豊かな体験を通じて，感じたり，気付いたり，分かったり，できるようになったりする「知識及び技能の基礎」
・気付いたことや，できるようになったことなどを使い，考えたり，試したり，工夫したり，表現したりする「思考力，判断力，表現力等の基礎」
・心情，意欲，態度が育つ中で，よりよい生活を営もうとする「学びに向かう力，人間性等」

そして，「幼児期の終わりまでに育ってほしい姿」として，下記の項目の面から具体的に示されている。

(1)健康な心と体，(2)自立心，(3)協同性，(4)道徳性・規範意識の芽生え，(5)社会生活との関わり，(6)思考力の芽生え，(7)自然との関わり・生命尊重，(8)数量や図形，標識や文字などへの関心・感覚，(9)言葉による伝え合い，(10)豊かな感性と表現

▶ 教育課程の役割

教育課程は幼稚園教育におけるねらいが，<u>幼稚園生活の全体を通して，総合的に達成されるよう</u>，教育期間や幼児の生活経験，発達の過程などを考慮して作成される。また，留意点の一つとして，次の内容が示されている。

幼児の生活は，入園当初の一人一人の遊びや教師との触れ合いを通して幼稚園生活に親しみ，安定していく時期から，他の幼児との関わりの中で幼児の主体的な活動が深まり，幼児が互いに必要な存在であることを認識するようになり，やがて幼児同士や学級全体で目的をもって協同して幼稚園生活を展開し，深めていく時期などに至るまでの過程を様々に経ながら広げられていくものであることを考慮し，活動がそれぞれの時期にふさわしく展開されるようにすること。

　なお，特別の事情のある場合を除き教育週数は39週を下ってはならず，1日の教育時間は4時間を標準としているが，幼児の心身の発達の程度や季節などに適切に配慮することも，ただし書きとして加えられている。

▶▶ 指導計画作成と留意事項

　指導計画は年，学期，月単位の長期計画と週，日単位の短期計画を作成する必要がある。特に短期計画については「幼児の生活のリズムに配慮し，幼児の意識や興味の連続性のある活動が相互に関連して幼稚園生活の自然な流れの中に組み込まれるようにすること」としている。

　作成にあたっては具体性が求められるが「幼児の発達の過程を見通し，幼児の生活の連続性，季節の変化などを考慮して，幼児の興味や関心，発達の実情などに応じて設定する」としている。また，環境については「幼児の生活する姿や発想を大切にし，常にその環境が適切なものとなるようにすること」とある。その他，留意事項として多様な体験と成長，言語活動の充実，見通しや振り返りの機会を持つこと，行事に関する指導が示されている。

▶▶ 教育時間の終了後等に行う教育活動

　保護者の要請等により，教育時間の終了後などに希望する者を対象に行う教育活動の留意点として，主に以下のことが掲げられている。

・教育課程に基づく活動を考慮し，幼児期にふさわしい無理のないものとなるようにすること。その際，教育課程に基づく活動を担当する教師と緊密な連携を図るようにすること。
・家庭や地域での幼児の生活も考慮し，教育課程に係る教育時間の終了後等に行う教育活動の計画を作成するようにすること。その際，地域の人々と連携するなど，地域の様々な資源を活用しつつ，多様な体験ができるようにすること。
・家庭との緊密な連携を図るようにすること。その際，情報交換の機会を設けたりするなど，保護者が，幼稚園と共に幼児を育てるという意識が高まるようにすること。
・地域の実態や保護者の事情と共に幼児の生活のリズムを踏まえつつ，例えば実施日数や時間などについて，弾力的な運用に配慮すること。

　さらに幼稚園における幼児期教育のセンター的機能について言及されており，その具体的内容として，①子育ての支援のために保護者や地域の人々に

機能や施設を開放，②園内体制の整備や関係機関との連携及び協力，③幼児期の教育に関する相談や情報提供に応じる，④幼児と保護者との登園の受け入れ，⑤保護者同士の交流機会の提供をあげている。

演習問題

1 幼稚園教育要領(平成 29 年 3 月告示)についての記述として正しいものを，次の①〜⑤から 1 つ選びなさい。　　　(難易度■■□□□)

①　幼稚園教育要領は，平成 29 年 3 月に改訂され，このときはじめて文部科学省告示として公示され，教育課程の基準としての性格が明確になった。

②　幼稚園教育要領については，学校教育法において「教育課程その他の保育内容の基準」として規定されている。

③　幼稚園教育要領は第 1 章「総則」，第 2 章「ねらい及び内容」，第 3 章「教育課程に係る教育時間の終了後等に行う教育活動などの留意事項」，の全 3 章からなる。

④　「指導計画の作成と幼児理解に基づいた評価」は，第 2 章「ねらいおよび内容」に書かれている。

⑤　新幼稚園教育要領は，旧幼稚園教育要領(平成 20 年 3 月告示)が重視した「生きる力」という理念を継承しているわけでない。

2 平成 29 年 3 月に告示された幼稚園教育要領の「前文」に示されている内容として誤っているものを，次の①〜⑤から 1 つ選びなさい。

(難易度■■■□□)

①　これからの幼稚園には，学校教育の始まりとして，こうした教育の目的及び目標の達成を目指しつつ，一人一人の幼児が，将来，自分のよさや可能性を認識するとともに，あらゆる他者を価値のある存在として尊重し，多様な人々と協働しながら様々な社会的変化を乗り越え，豊かな人生を切り拓き，持続可能な社会の創り手となることができるようにするための基礎を培うことが求められる。

②　教育課程を通して，これからの時代に求められる教育を実現していくためには，よりよい学校教育を通してよりよい社会を創るという理念を学校と社会とが共有し，それぞれの幼稚園において，幼児期にふさわしい生活をどのように展開し，どのような資質・能力を育むようにするのかを教育課程において明確にしながら，社会との連携及び協働によりその実現を図っていくという，社会に開かれた教育課程の実現が重要となる。

③　幼稚園においては，学校教育法第24条に規定する目的を実現するための教育を行うほか，幼児期の教育に関する各般の問題につき，保護者及び地域住民その他の関係者からの相談に応じ，必要な情報の提供及び助言を行うなど，家庭及び地域における幼児期の教育の支援に努める。

④　各幼稚園がその特色を生かして創意工夫を重ね，長年にわたり積み重ねられてきた教育実践や学術研究の蓄積を生かしながら，幼児や地域の現状や課題を捉え，家庭や地域社会と協力して，幼稚園教育要領を踏まえた教育活動の更なる充実を図っていくことも重要である。

⑤　幼児の自発的な活動としての遊びを生み出すために必要な環境を整え，一人一人の資質・能力を育んでいくことは，教職員をはじめとする幼稚園関係者はもとより，家庭や地域の人々も含め，様々な立場から幼児や幼稚園に関わる全ての大人に期待される役割である。

3 次の文は幼稚園教育要領(平成29年3月告示)の第1章「総則」第1「幼稚園教育の基本」である。空欄(A)～(E)に当てはまる語句を語群から選ぶとき，正しい組み合わせを，あとの①～⑤から1つ選びなさい。　　　　　　　　　　　　　　　　　　　(難易度■■■■□)

　幼児期の教育は，生涯にわたる(A)の基礎を培う重要なものであり，幼稚園教育は，(B)に規定する目的及び目標を達成するため，幼児期の特性を踏まえ，(C)を通して行うものであることを基本とする。

　このため教師は，幼児との信頼関係を十分に築き，幼児が身近な(C)に(D)に関わり，環境との関わり方や意味に気付き，これらを取り込もうとして，試行錯誤したり，考えたりするようになる幼児期の教育における見方・考え方を生かし，幼児と共によりよい教育(C)を(E)するように努めるものとする。これらを踏まえ，次に示す事項を重視して教育を行わなければならない。

〔語群〕

ア　労働意欲　　イ　人間形成　　ウ　人格形成
エ　日本国憲法　オ　学校教育法　カ　幼稚園教育要領
キ　状況　　　　ク　環境　　　　ケ　概念
コ　主体的　　　サ　積極的　　　シ　協同的
ス　形成　　　　セ　構築　　　　ソ　創造

① A-ア　　B-エ　　C-ク　　D-サ　　E-ス
② A-ア　　B-カ　　C-ケ　　D-コ　　E-セ
③ A-イ　　B-オ　　C-キ　　D-シ　　E-ス
④ A-ウ　　B-オ　　C-ク　　D-コ　　E-ソ
⑤ A-ウ　　B-エ　　C-ク　　D-サ　　E-ソ

4 次は幼稚園教育要領の第1章「総則」の第1「幼稚園教育の基本」にある重視すべき3つの事項についての記述である。A～Cに続く記述をア～ウから選ぶとき，正しい組み合わせを，あとの①～⑤から1つ選びなさい。

(難易度■■■■□)

A　幼児は安定した情緒の下で自己を十分発揮することにより発達に必要な体験を得ていくものであることを考慮して，

B　幼児の自発的な活動としての遊びは，心身の調和のとれた発達の基礎を培う重要な学習であることを考慮して，

C　幼児の発達は，心身の諸側面が相互に関連し合い，多様な経過をたどって成し遂げられていくものであること，また，幼児の生活経験がそれぞれ異なることなどを考慮して，

　ア　幼児一人一人の特性に応じ，発達の課題に即した指導を行うようにすること。

　イ　幼児の主体的な活動を促し，幼児期にふさわしい生活が展開されるようにすること。

　ウ　遊びを通しての指導を中心として第2章に示すねらいが総合的に達成されるようにすること。

① A-ア　　B-イ　　C-ウ
② A-イ　　B-ウ　　C-ア
③ A-イ　　B-ア　　C-ウ
④ A-ウ　　B-ア　　C-イ
⑤ A-ウ　　B-イ　　C-ア

5 次は幼稚園教育要領(平成29年3月告示)の第1章「総則」の第3「教育課程の役割と編成等」にある事項である。空欄(A)～(E)に当てはまる語句を語群から選ぶとき，正しい組み合わせを，あとの①～⑤から1つ選びなさい。

(難易度■■□□□)

1　……特に，（　A　）が芽生え，他者の存在を意識し，自己を（　B　）しようとする気持ちが生まれる幼児期の発達の特性を踏まえ，入園から修了に至るまでの長期的な視野をもって充実した生活が展開できるように配慮するものとする。

2　幼稚園の毎学年の教育課程に係る教育週数は，特別の事情のある場合を除き，（　C　）週を下ってはならない。

3　幼稚園の１日の教育課程に係る教育時間は，（　D　）時間を標準とする。ただし，幼児の心身の発達の程度や（　E　）などに適切に配慮するものとする。

〔語群〕

ア	自立	イ	依存	ウ	自我
エ	主張	オ	抑制	カ	調整
キ	38	ク	39	ケ	40
コ	4	サ	5	シ	6
ス	習慣	セ	家庭環境	ソ	季節

①　A－ア　　B－エ　　C－ク　　D－サ　　E－ス
②　A－ア　　B－カ　　C－ケ　　D－コ　　E－セ
③　A－イ　　B－オ　　C－キ　　D－シ　　E－ス
④　A－ウ　　B－オ　　C－ク　　D－コ　　E－ソ
⑤　A－ウ　　B－エ　　C－ク　　D－サ　　E－ソ

6　次の文は幼稚園教育要領（平成29年３月告示）の第１章「総則」の第2「幼稚園教育において育みたい資質・能力及び『幼児期の終わりまでに育ってほしい姿』」である。文中の下線部のうち誤っているものを，文中の①～⑤から１つ選びなさい。　　　　　　　　　（難易度■■□□□）

1　幼稚園においては，①生きる力の基礎を育むため，この章の第1に示す幼稚園教育の基本を踏まえ，次に掲げる資質・能力を一体的に育むよう努めるものとする。

(1)　②様々な経験を通じて，感じたり，気付いたり，分かったり，できるようになったりする「③知識及び技能の基礎」

(2)　気付いたことや，できるようになったことなどを使い，考えたり，試したり，工夫したり，表現したりする「④思考力，判断力，表現力等の基礎」

(3) ⑤心情，意欲，態度が育つ中で，よりよい生活を営もうとする「学び
に向かう力，人間性等」

7 幼稚園教育要領(平成29年3月告示)の第1章「総則」の第2「幼稚園教
育において育みたい資質・能力及び『幼児期の終わりまでに育ってほし
い姿』」3では，10点の幼児期の終わりまでに育ってほしい姿があげら
れている。その内容として正しいものを，次の①〜⑤から1つ選びなさ
い。　　　　　　　　　　　　　　　　　　　　　　　　(難易度■■■□□)

① (1)　豊かな心／　(2)　自立心
② (3)　協調性　／　(4)　道徳性・規範意識の芽生え
③ (5)　社会生活との関わり　／　(6)　創造力の芽生え
④ (7)　自然との関わり・生命尊重
　　(8)　数量や図形，標識や文字などへの関心・感覚
⑤ (9)　非言語による伝え合い　／　(10)　豊かな感性と表現

8 幼稚園教育要領(平成29年3月告示)の第1章「総則」の第3「教育課程
の役割と編成等」の内容として正しいものを，次の①〜⑤から1つ選び
なさい。　　　　　　　　　　　　　　　　　　　　　　(難易度■■□□□)

① 教育課程の編成に当たっては，幼稚園教育において育みたい資質・能力
を踏まえつつ，各幼稚園の教育目標を明確にするとともに，教育課程の
編成についての基本的な方針が家庭や地域とも共有しなければならない。
② 幼稚園生活の全体を通して第2章に示すねらいが総合的に達成される
よう，教育課程に係る教育期間や幼児の生活経験や発達の過程などを考
慮して具体的なねらいと内容を保護者に示さなければならない。
③ 自我が芽生え，他者の存在を意識し，自己を抑制しようとする気持ち
が生まれる幼児期の発達の特性を踏まえ，入園から修了に至るまでの長
期的な視野をもって充実した生活が展開できるように配慮する。
④ 幼稚園の毎学年の教育課程に係る教育週数は，特別の事情のある場合
を除き，35週を下ってはならない。
⑤ 幼稚園の1日の教育課程に係る教育時間は，3時間を標準とする。た
だし，幼児の心身の発達の程度や季節などに適切に配慮するものとする。

9 次の文は幼稚園教育要領(平成 29 年 3 月告示)の第 1 章「総則」の第 5「特別な配慮を必要とする幼児への指導」の「1　障害のある幼児などへの指導」である。文中の下線部のうち誤っているものを，文中の①〜⑤から1つ選びなさい。 (難易度■■■□□)

　　障害のある幼児などへの指導に当たっては，集団の中で生活することを通して①<u>全体的な発達</u>を促していくことに配慮し，②<u>医療機関</u>などの助言又は援助を活用しつつ，個々の幼児の障害の状態などに応じた指導内容や指導方法の工夫を③<u>組織的かつ計画的</u>に行うものとする。また，家庭，地域及び医療や福祉，保健等の業務を行う関係機関との連携を図り，④<u>長期的な視点</u>で幼児への教育的支援を行うために，個別の教育支援計画を作成し活用することに努めるとともに，個々の幼児の実態を的確に把握し，個別の指導計画を作成し⑤<u>活用することに努めるものとする</u>。

10 幼稚園教育要領(平成 29 年 3 月告示)の第 2 章「ねらい及び内容」について正しいものを，次の①〜⑤から 1 つ選びなさい。 (難易度■■■□□)

①　ねらいは，幼稚園教育において育みたい資質・能力であり，内容は，ねらいを達成するために指導する事項を幼児の生活する姿から捉えたものである。

②　領域は「健康」「人間関係」「環境」「言葉」「表現」の 5 つからなり，「人間関係」では「他の人々と協調し，支え合って生活するために，情操を育て，人と関わる力を育てる」とされている。

③　各領域に示すねらいは，小学校における教科の展開と同様にそれぞれに独立し，幼児が様々な体験を積み重ねる中で個別的に次第に達成に向かうものである。

④　各領域に示す内容は，幼児が環境に関わって展開する具体的な活動を通して総合的に指導されるものである。

⑤　幼稚園教育要領は「教育課程その他の保育内容の基準」という性格から，幼稚園教育要領に示した内容に加えて教育課程を編成，実施することはできない。

11 次は幼稚園教育要領(平成 29 年 3 月告示)の領域「環境」の「内容の取扱い」にある文章である。空欄(A)〜(E)に当てはまる語句を語群

から選ぶとき，正しい組み合わせを，あとの①〜⑤から1つ選びなさい。

(難易度■■■■□)

○幼児が，(**A**)の中で周囲の環境と関わり，次第に周囲の世界に好奇心を抱き，その意味や操作の仕方に関心をもち，物事の(**B**)に気付き，自分なりに考えることができるようになる過程を大切にすること。また，他の幼児の考えなどに触れて新しい考えを生み出す喜びや楽しさを味わい，自分の(**C**)をよりよいものにしようとする気持ちが育つようにすること。

○身近な事象や動植物に対する(**D**)を伝え合い，共感し合うことなどを通して自分から関わろうとする意欲を育てるとともに，様々な関わり方を通してそれらに対する親しみや畏敬の念，(**E**)を大切にする気持ち，公共心，探究心などが養われるようにすること。

〔語群〕

ア 活動	イ 生活	ウ 遊び	エ 真理
オ 法則性	カ 不思議	キ 考え	ク 発想
ケ 意見	コ 愛情	サ 感動	シ 慈しみ
ス 生命	セ 自然	ソ 環境	

① A−ウ　B−オ　C−キ　D−サ　E−ス
② A−ウ　B−エ　C−キ　D−コ　E−ソ
③ A−ア　B−エ　C−ケ　D−コ　E−ス
④ A−イ　B−オ　C−ク　D−コ　E−セ
⑤ A−イ　B−カ　C−ケ　D−シ　E−ソ

12 幼稚園教育要領(平成29年3月告示)の第1章「総則」の第4「指導計画の作成と幼児理解に基づいた評価」の内容として正しいものを，次の①〜⑤から1つ選びなさい。

(難易度■■■■□)

① 指導計画は，幼児が集団による生活を展開することにより，幼児期として必要な発達を得られるよう，具体的に作成する必要がある。

② 指導計画の作成に当たっては，幼児の具体的な活動は，生活の流れの中で一定の方向性をもっていることに留意し，それを望ましい方向に向かって自ら活動を展開していくことができるように必要な援助を行うことに留意する。

③ 長期的に発達を見通した年，学期，月などにわたる長期の指導計画に

ついては，幼児の生活のリズムに配慮し，幼児の意識や興味の連続性のある活動が相互に関連して幼稚園生活の自然な流れの中に組み込まれるようにする。

④　行事の指導に当たっては，それぞれの行事においてはその教育的価値を十分検討し，適切なものを精選し，幼児の負担にならないようにすることにも留意する。

⑤　幼児一人一人の発達の理解に基づいた評価の実施に当たっては，評価の客観性や連続性が高められるよう，組織的かつ計画的な取組を推進する。

13 幼稚園教育要領(平成 29 年 3 月告示)についての記述として適切なものを，次の①〜⑤から 1 つ選びなさい。　　　　　　(難易度■■■□□)

①　幼稚園教育要領については，学校教育法に，「教育課程その他の保育内容の基準として文部科学大臣が別に公示する幼稚園教育要領によるものとする」と規定されている。

②　学校教育法施行規則には，「幼稚園の教育課程その他の保育内容に関する事項は，文部科学大臣が定める」と規定されている。

③　幼稚園教育要領は教育課程，保育内容の基準を示したものであり，国公立幼稚園だけでなく私立幼稚園においてもこれに準拠する必要がある。

④　保育所保育指針，幼稚園教育要領はともに平成 29 年 3 月に改定(訂)されたが，保育所保育指針は厚生労働省雇用均等・児童家庭局長の通知であるのに対し，幼稚園教育要領は文部科学大臣の告示である。

⑤　幼稚園教育要領は平成 29 年 3 月に改訂され，移行措置を経て平成 31 年度から全面実施された。

14 幼稚園教育要領(平成 29 年 3 月告示)に関する記述として正しいものを，次の①〜⑤から 1 つ選びなさい。　　　　　　(難易度■■□□□)

①　幼稚園教育要領の前身は昭和 23 年に刊行された「保育要領」であり，これは保育所における保育の手引き書であった。

②　幼稚園教育要領がはじめて作成されたのは昭和 31 年であり，このときの領域は健康，社会，自然，言語，表現の 5 つであった。

③　幼稚園教育要領は昭和 31 年 3 月の作成後，平成 29 年 3 月の改訂まで，4 回改訂されている。

④ 幼稚園教育要領は幼稚園における教育課程の基準を示すものであり，文部科学省告示として公示されている。

⑤ 平成29年3月に改訂された幼稚園教育要領では，健康，人間関係，環境，言葉，表現に新たに音楽リズムの領域が加わった。

15 幼稚園教育要領(平成29年3月告示)第1章「総則」に関する記述として正しいものを，次の①〜⑤から1つ選びなさい。　(難易度■■■□□)

① 従来，幼稚園教育の基本としてあげられていた「幼児期における教育は，生涯にわたる人格形成の基礎を培う重要なもの」とする記述は，改正教育基本法に明記されたことから，幼稚園教育要領からは削除されている。

② 幼稚園教育の基本について，教師は，幼児の主体的な活動が確保されるよう幼児の集団としての行動の理解と予想に基づき，計画的に環境を構成しなければならないことがあげられている。

③ 幼稚園教育の目標の1つとして，健康，安全で幸福な生活のための基本的な生活習慣・態度を育て，健全な心身の基礎を培うようにすることがあげられている。

④ 教育課程について，各幼稚園においては，教育課程に基づき組織的かつ計画的に各幼稚園の教育活動の質の向上を図っていくことに努めるものとされている。

⑤ 毎学年の教育週数は，特別の事情のある場合を除き，39週を下ってはならないこと，また1日の教育時間は，4時間を標準とすることが明記されている。

16 幼稚園教育要領(平成29年3月告示)第1章「総則」の第1「幼稚園教育の基本」においてあげている重視すべき事項として，適切ではないものを，次の①〜⑤から1つ選びなさい。　(難易度■■■□□)

① 幼児期にふさわしい生活が展開されるようにすること。

② 施設設備を工夫し，物的・空間的環境を構成すること。

③ 幼児の自発的な活動としての遊びは，遊びを通しての指導を中心とすること。

④ 一人一人の特性に応じた指導が行われるようにすること。

⑤ 幼児一人一人の行動の理解と予想に基づき，計画的に環境を構成すること。

17 幼稚園教育要領(平成 29 年 3 月告示)の第 2 章「ねらい及び内容」について，適切なものを，次の①〜⑤から 1 つ選びなさい。

(難易度■■■□□)

① 「ねらい」は，幼稚園教育において育みたい資質・能力を幼児の遊ぶ姿から捉えたものである。

② 「内容」は，「ねらい」を達成するために指導する事項であり，幼児が環境に関わって展開する具体的な活動を通して個別的に指導される。

③ 「ねらい」は，幼稚園における生活の全体を通じ，幼児が様々な体験を積み重ねる中で相互に関連をもちながら次第に達成に向かうものである。

④ 幼稚園の教育における領域は，小学校の教科にあたるものであり，領域別に教育課程を編成する。

⑤ 特に必要な場合は，各領域のねらいが達成できるようであれば，具体的な内容についてこれを指導しないことも差し支えない。

18 幼稚園教育要領(平成 29 年 3 月告示)の第 2 章「ねらい及び内容」について，領域「健康」の中の「2 内容」のうち，平成 29 年 3 月告示の幼稚園教育要領において改訂された項目を，次の①〜⑤から 1 つ選びなさい。

(難易度■■■■■)

① 先生や友達と触れ合い，安定感をもって行動する。

② いろいろな遊びの中で十分に体を動かす。

③ 進んで戸外で遊ぶ。

④ 様々な活動に親しみ，楽しんで取り組む。

⑤ 先生や友達と食べることを楽しみ，食べ物への興味や関心をもつ。

19 幼稚園教育要領(平成 29 年 3 月告示)の第 1 章「総則」の第 4「指導計画の作成と幼児理解に基づいた評価」における「指導計画の作成上の基本的事項」として，適切ではないものを，次の①〜⑤から 1 つ選びなさい。

(難易度■■■□□)

① 指導計画は，幼児の発達に即して一人一人の幼児が幼児期にふさわしい生活を展開し，必要な体験を得られるようにするために，具体的に作成するものとする。

② 具体的なねらい及び内容は，幼稚園生活における幼児の発達の過程を

見通し，幼児の生活の連続性，季節の変化などを考慮して，幼児の興味
や関心，発達の実情などに応じて設定する。

③　環境は，具体的なねらいを達成するために適切なものとなるように構
成し，幼児が自らその環境にかかわることにより様々な活動を展開しつ
つ必要な体験を得られるようにする。

④　幼児は環境をつくり出す立場にはないことから，教師は幼児の生活す
る姿や発想を大切にし，常にその環境が適切なものとなるようにする。

⑤　幼児の行う具体的な活動は，生活の流れの中で様々に変化するもので
あり，幼児が望ましい方向に向かって自ら活動を展開していくことがで
きるよう必要な援助を行う。

20　幼稚園教育要領(平成 29 年 3 月告示)の第 1 章「総則」の第 4「指導計画
の作成と幼児理解に基づいた評価」について，「指導計画の作成上の留意
事項」として適切なものを，次の①〜⑤から 1 つ選びなさい。

(難易度■■■□□)

①　長期的に発達を見通した長期の指導計画を作成する際は，幼児の生活
のリズムに配慮し，幼児の意識や興味の連続性のある活動が相互に関連
して幼稚園生活の自然な流れの中に組み込まれるようにする必要がある。

②　幼児の行う活動は，個人，グループ，学級全体などで多様に展開され
るが，一人一人の幼児が興味や欲求を満足させるため，特に個人の活動
については幼稚園全体の教師による協力体制をつくり，援助していかな
ければならない。

③　幼児の主体的な活動を促すためには，教師は多様な関わりをもつが，
基本は共同作業者ではなく，理解者としての役割を果たすことを通して，
幼児の発達に必要な豊かな体験が得られるよう適切な指導を行うように
する。

④　言語に関する能力の発達と思考力の発達が関連していることを踏まえ，
幼稚園生活全体を通して，幼児の発達を踏まえた言語環境を整え，言語
活動の充実を図る。

⑤　視聴覚教材やコンピュータなど情報機器を活用する際には，幼稚園生
活で体験したことの復習に用いるなど，幼児の体験との関連を考慮する。

21 幼稚園教育要領(平成29年3月告示)の第3章「教育課程に係る教育時間の終了後等に行う教育活動などの留意事項」について，適切でないものを，次の①～⑤から1つ選びなさい。　　　　　(難易度■■■□□)

① 教育課程に基づく活動との連続を考慮し，幼児期にふさわしい無理のないものとなるようにする。

② 家庭や地域での幼児の生活も考慮し，教育課程に係る教育時間の終了後等に行う教育活動の計画を作成するようにする。

③ 家庭との緊密な連携を図るようにする。

④ 地域の実態や保護者の事情とともに幼児の生活のリズムを踏まえつつ，例えば実施日数や時間などについて，弾力的な運用に配慮する。

⑤ 適切な責任体制と指導体制を整備した上で行うようにする。

22 次は幼稚園教育要領(平成29年3月告示)の第3章「教育課程に係る教育時間の終了後等に行う教育活動などの留意事項」について，幼稚園の運営に当たっての留意事項に関する文章である。空欄(A)～(C)に当てはまる語句を語群から選ぶとき，語句の組み合わせとして正しいものを，あとの①～⑤から1つ選びなさい。　　　　(難易度■■■□□)

　幼稚園の運営に当たっては，(A)のために保護者や地域の人々に機能や施設を開放して，園内体制の整備や関係機関との連携及び協力に配慮しつつ，幼児期の教育に関する相談に応じたり，情報を提供したり，幼児と保護者との登園を受け入れたり，保護者同士の交流の機会を提供したりするなど，幼稚園と家庭が一体となって幼児と関わる取組を進め，地域における幼児期の教育の(B)としての役割を果たすよう努めるものとする。その際，心理や(C)の専門家，地域の子育て経験者等と連携・協働しながら取り組むよう配慮するものとする。

　〔語群〕
　ア　情報提供　　　イ　保護者の交流　　ウ　子育ての支援
　エ　保健　　　　　オ　医療　　　　　　カ　福祉
　キ　情報発信の場　ク　センター　　　　ケ　相談・援助機関

① A－イ　　B－ケ　　C－カ
② A－ウ　　B－ク　　C－エ
③ A－ア　　B－キ　　C－オ
④ A－ア　　B－ク　　C－エ
⑤ A－ウ　　B－ケ　　C－オ

23 以下の幼稚園教育要領(平成 29 年 3 月告示)における指導計画の作成上の留意事項について，空欄(A)〜(C)にあてはまる語句として適切なものの組み合わせを，あとの①〜⑤から 1 つ選びなさい。

(難易度■■■■□)

○行事の指導に当たっては，幼稚園生活の自然の流れの中で生活に変化や潤いを与え，幼児が(A)に楽しく活動できるようにすること。なお，それぞれの行事についてはその(B)価値を十分検討し，適切なものを精選し，幼児の負担にならないようにすること。

○幼児期は(C)な体験が重要であることを踏まえ，視聴覚教材やコンピュータなど情報機器を活用する際には，幼稚園生活では得難い体験を補完するなど，幼児の体験との関連を考慮すること。

ア 主体的　　イ 保育的　　ウ 具体的　　エ 文化的
オ 積極的　　カ 直接的　　キ 能動的　　ク 教育的
ケ 双方的

① A−ア　　B−イ　　C−ウ
② A−オ　　B−イ　　C−カ
③ A−キ　　B−ク　　C−ケ
④ A−ア　　B−ク　　C−カ
⑤ A−オ　　B−エ　　C−ウ

解答・解説

1 ③
解説

① 幼稚園教育要領がはじめて文部省 (当時)による告示となったのは昭和39年改訂時である。これにより，教育課程の基準としての性格が明確になった。

② 学校教育法ではなく学校教育法施行規則 (第38条)である。「幼稚園の教育課程その他の保育内容については，この章に定めるもののほか，教育課程その他の保育内容の基準として文部科学大臣が別に公示する幼稚園教育要領によるものとする」とされている。

③ 正しい。

④ 「指導計画の作成と幼児理解に基づいた評価」は，第1章「総則」の第4に書かれている。旧幼稚園教育要領 (平成20年3月告示)では，指導計画に関する記載は第3章にあった。

⑤ 「生きる力」の理念は継承されている。幼稚園教育要領第1章「総則」第2の1においても「幼稚園においては，生きる力の基礎を育むため，この章の第1に示す幼稚園教育の基本を踏まえ，次に掲げる資質・能力を一体的に育むよう努めるものとする。」としている。

2 ③
解説

今回の幼稚園教育要領の改訂の大きな特徴として，総則の前に「前文」が示されたことがある。前文では「小学校以降の教育や生涯にわたる学習とのつながりを見通しながら，幼児の自発的な活動としての遊びを通しての総合的な指導をする際に広く活用されるものとなることを期待して，ここに幼稚園教育要領を定める。」とあり，小学校教育以降の教育の基礎や幼稚園教育要領を通じてこれからの時代に求められる教育を実現するため，幼児期における教育の重要性を述べている。③は誤りで学校教育法第24条の内容となっている。

3 ④
解説

幼稚園教育要領の改訂にともない，特に「幼児が身近な環境に主体的に関わり，環境との関わり方や意味に気付き，これらを取り込もうとして，

試行錯誤したり，考えたりするようになる幼児期の教育における見方・考え方を生かし，」の部分が新たに追加されているように，教師が幼児に対して主体的に考え行動する力を付けさせるようにすることが重視されている。

4 ②
解説

　組み合わせは，A－イ，B－ウ，C－アとなる。3つの事項のあとに，「その際，教師は，幼児の主体的な活動が確保されるよう幼児一人一人の行動の理解と予想に基づき，計画的に環境を構成しなければならない」としている。

5 ④
解説

　1は第1章「総則」第3の3 (1)による。Aには「自我」，Bには「抑制」が当てはまる。2は第1章「総則」第3の3 (2)による。Cには「39」が当てはまる。記述にある「特別の事情」とは台風，地震，豪雪などの非常変災，その他急迫の事情があるときや伝染病の流行などの事情が生じた場合である。3は第1章「総則」第3の3 (3)による。Dには「4」，Eには「季節」が当てはまる。教育課程に係る1日の教育時間については，幼児の幼稚園における教育時間の妥当性および家庭や地域における生活の重要性を考慮して4時間が標準となっている。

6 ②
解説

　第1章「総則」の第2は，今回の幼稚園教育要領の改訂にともない，新たに追加された文である。②は「様々な経験」ではなく「豊かな体験」が正しい。

7 ④
解説

　「幼児期の終わりまでに育ってほしい姿」は，第2章に示すねらい及び内容に基づく活動全体を通して資質・能力が育まれている幼児の幼稚園修了時の具体的な姿であり，教師が指導を行う際に考慮するものである。
① 「(1)　豊かな心」ではなく「(1)　健康な心と体」が正しい。
② 「(3)　協調性」ではなく「(3)　協同性」が正しい。
③ 「(6)　創造力の芽生え」ではなく「(6)　思考力の芽生え」が正しい。
⑤ 「(9)　非言語による伝え合い」ではなく「(9)　言葉による伝え合い」が正しい。

8 ③
解説

①は「2　各幼稚園の教育目標と教育課程の編成」，②～⑤は「3　教育課程の編成上の基本的事項」の内容である。

① 誤り。「共有しなければならない。」ではなく「共有されるよう努めるものとする。」が正しい。

② 誤り。「内容を保護者に示さなければならない。」ではなく「内容を組織するものとする。」が正しい。

④ 誤り。「35 週」ではなく「39 週」が正しい。

⑤ 誤り。「3 時間を標準とする。」ではなく「4 時間を標準とする。」が正しい。

9 ②
解説

子どもたちの発達の支援は今回の幼稚園教育要領改訂の特徴の1つである。特別支援学級や通級による指導における個別の指導計画等の全員作成，各教科等における学習上の困難に応じた指導の工夫などがある。②は「医療機関」ではなく「特別支援学校」が正しい。

10 ④
解説

① ねらいは「幼稚園教育において育みたい資質・能力を幼児の生活する姿から捉えたもの」，内容は「ねらいを達成するために指導する事項」である。

② 「人間関係」では「他の人々と親しみ，支え合って生活するために，自立心を育て，人と関わる力を養う」とされている。

③ 各領域に示すねらいは，幼稚園における生活の全体を通じ，幼児が様々な体験を積み重ねる中で相互に関連をもちながら次第に達成に向かうものである。それぞれ独立した授業として展開される小学校の教科とは異なる。

④ 正しい。

⑤ 「特に必要な場合には，各領域に示すねらいの趣旨に基づいて適切な，具体的な内容を工夫し，それを加えても差し支えない」とされている。ただしその場合は，「幼稚園教育の基本を逸脱しないよう慎重に配慮する必要がある」とされている。

11 ①

解説

　最初の文章は「内容の取扱い」の (1)，次の文章は (3)からである。Aには「遊び」，Bには「法則性」，Cには「考え」，Dには「感動」，Eには「生命」が当てはまる。出題の文章は基本的に旧幼稚園教育要領 (平成20年3月告示)のものと変わりない。ただし，新幼稚園教育要領 (平成29年3月告示)における環境の内容の取扱いでは，新たに「文化や伝統に親しむ際には，正月や節句など我が国の伝統的な行事，国歌，唱歌，わらべうたや我が国の伝統的な遊びに親しんだり，異なる文化に触れる活動に親しんだりすることを通じて，社会とのつながりの意識や国際理解の意識の芽生えなどが養われるようにすること。」という項目が設けられたので確認されたい。

12 ④

解説

① 「集団による生活」ではなく「幼児期にふさわしい生活」，「発達」ではなく「体験」が正しい。

② 「一定の方向性を持っていることに留意し，それを」ではなく「様々に変化するものであることに留意し，幼児が」が正しい。

③ 「長期的に発達を見通した年，学期，月などにわたる長期の指導計画」ではなく「具体的な幼児の生活に即した週，日などの短期の指導計画」が正しい。

④ 正しい。

⑤ 「客観性や連続性」ではなく「妥当性や信頼性」が正しい。

13 ③

解説

① 学校教育法施行規則第38条に規定されている。学校教育法には幼稚園教育要領についての規定はない。

② 学校教育法施行規則にはこの規定はなく，学校教育法第25条に「幼稚園の教育課程その他の保育内容に関する事項は，第22条及び第23条の規定に従い，文部科学大臣が定める」との規定がある。学校教育法第22,23条は幼稚園の教育目的,幼稚園の教育目標について述べた条文である。

③ 正しい。

④ 保育所保育指針は，それまで局長通知であったが平成20年3月の改定

から厚生労働大臣の告示とされている。このため「改訂」ではなく「改定」が使われる。

⑤　新幼稚園教育要領 (平成 29 年 3 月告示)は平成 30 年度から実施された。

14 ④
解説

　幼稚園教育要領は，明治 32 年幼稚園保育及設備規定 (省令)→大正 15 年幼稚園令 (勅令)→昭和 23 年保育要領 (刊行)→昭和 31 年幼稚園教育要領 (刊行)→昭和 39 年幼稚園教育要領 (告示)→平成元年，10 年，20 年，29 年改訂 (いずれも告示)と変遷してきている。

①　保育所だけでなく，幼稚園，さらに家庭における保育の手引き書であった。

②　昭和 31 年の幼稚園教育要領は健康，社会，自然，言語，音楽リズム，絵画製作の 6 領域であった。なお，このときの幼稚園教育要領は告示ではない。

③　昭和 39 年，平成元年，10 年，20 年，29 年と 5 回改訂されている。

④　正しい。昭和 39 年改訂から文部 (科学)省告示として公示されている。

⑤　従前 (平成 20 年 3 月告示)と同様，健康，人間関係，環境，言葉，表現の 5 領域で構成されている。

15 ④
解説

①　逆である。教育基本法第 11 条に「幼児期の教育は，生涯にわたる人格形成の基礎を培う重要なものである」と規定されたことから，従来は記述がなかった幼稚園教育要領にもこれが明記されることとなった。

②　「幼児の集団としての行動の理解と予想」ではなく，「幼児一人一人の行動の理解と予想」が正しい。

③　第 1 章「総則」からは平成 20 年の改訂より「幼稚園教育の目標」は削除されている。学校教育法における幼稚園教育の目標が見直されたことを踏まえたものである。

④　正しい。この内容をカリキュラム・マネジメントという。

⑤　「教育時間」ではなく，「教育課程に係る教育時間」が正しい。

16 ②
解説

①　適切。重視すべき事項の 1 としてあげられている。

40

② 不適切。「施設設備」ではなく「教材」が適切である。

③ 適切。重視すべき事項の2としてあげられている。

④ 適切。重視すべき事項の3としてあげられている。

⑤ 適切。1～3の事項を重視して教育を行う際，同時に必要なこととして「教師は…幼児一人一人の行動の理解と予想に基づき，計画的に環境を構成」する，「教師は…幼児一人一人の活動の場面に応じて，様々な役割を果たし，その活動を豊かに」することである。

17 ③

解説

① 「遊ぶ姿」ではなく「生活する姿」である。

② 「個別的」ではなく「総合的」である。

③ 適切である。

④ 幼稚園の教育における領域は，それぞれ独立した授業として展開される小学校の教科とは異なる。領域別の教育課程の編成や，特定の活動と結び付けた指導などはしない。

⑤ 「特に必要な場合には，各領域に示すねらいの趣旨に基づいて適切な，具体的な内容を工夫し，それを加えても差し支えない」とされている。「指導しないことも差し支えない」のではなく，「加えても差し支えない」である。ただし，その場合は「幼稚園教育の基本を逸脱しないよう慎重に配慮する」とされている。

18 ⑤

解説

平成20年3月改訂時に加えられた「先生や友達と食べることを楽しむ」が，平成29年3月改訂時に「先生や友達と食べることを楽しみ，食べ物への興味や関心をもつ」へと改訂された。これについて「3 内容の取扱い」では「健康な心と体を育てるためには食育を通じた望ましい食習慣の形成が大切であることを踏まえ，幼児の食生活の実情に配慮し，和やかな雰囲気の中で教師や他の幼児と食べる喜びや楽しさを味わったり，様々な食べ物への興味や関心をもったりするなどし，食の大切さに気付き，進んで食べようとする気持ちが育つようにすること」としている。

19 ④

解説

　幼稚園教育要領(平成29年3月告示)第1章第4節の2は，旧幼稚園教育
要領(平成20年3月告示)の第3章第1節の1(1)(2)と同様の内容となる。
① 　適切である。指導計画の作成においては，学級や学年の幼児たちがど
のような時期にどのような道筋で発達しているかという発達の過程を理
解することも必要になる。その際，幼児期はこれまでの生活経験により，
発達の過程の違いが大きい時期であることに留意しなければならない。
特に，3歳児では個人差が大きいので，一人一人の発達の特性としてこ
のような違いを踏まえて，指導計画に位置付けていくことが必要である。
② 　適切である。また，前の時期の指導計画のねらいや内容がどのように
達成されつつあるかその実態を捉え，次の時期の幼稚園生活の流れや遊
びの展開を見通すことなどが大切である(幼稚園教育要領解説(平成30
年2月，文部科学省)第1章第4節の2(2))。
③ 　適切である。
④ 　適切ではない。「幼児は環境をつくり出す立場にはない」ということは
ない。「いつも教師が環境をつくり出すのではなく，幼児もその中にあっ
て必要な状況を生み出すことを踏まえることが大切である」(幼稚園教育
要領解説(平成30年2月，文部科学省)第1章第4節の2(3))。
⑤ 　適切である。具体的な活動は，やりたいことが十分にできなかったり，
途中で挫折したり，友達との葛藤により中断したりすることがある。教
師はその状況を放置しないで，必要な援助をすることが重要である。

20 ④

解説

① 　記述は週，日などの短期の指導計画についてである。
② 　いずれの活動についても，幼稚園全体の教師による協力体制をつくり，一
人一人の幼児が興味や欲求を満足させるよう適切な援助を行う必要がある。
③ 　教師は理解者を基本とするものではない。共同作業者でもあるほか
様々な役割を果たす。
④ 　適切である。平成29年の改訂時に新規に記述された項目である。
⑤ 　「幼稚園生活で体験したことの復習に用いる」ではなく「幼稚園生活で
は得難い体験を補完する」である。これは，幼児期において直接的な体
験が重要であることを踏まえた記述である。

①

解説

① 適切ではない。正しくは「教育課程に基づく活動を考慮し,」である。幼稚園教育要領解説(平成30年2月)第3章1を参考にすると,「教育課程に基づく活動を考慮するということは,必ずしも活動を連続させることではない」とある。例えば,教育課程に基づく教育時間中は室内での遊びを中心に活動を行った場合は,教育課程に係る教育時間の終了後等に行う教育活動では戸外での遊びを積極的に取り入れるなどである。いずれにしても,教育課程に基づく活動を担当する教師と緊密な連携を図る。

② 適切である。その際,地域の様々な資源を活用しつつ,多様な体験ができるようにする。

③ 適切である。その際,情報交換の機会を設けたりするなど,保護者が,幼稚園と共に幼児を育てるという意識が高まるようにする。

④ 適切である。

⑤ 適切である。

 ②

解説

Aには「子育ての支援」が入る。Bには「センター」が入る。Cには「保健」が入る。旧幼稚園教育要領(平成20年3月)と比較して,「幼稚園と家庭が一体となって幼児と関わる取組を進め」という部分と「心理や保健の専門家,地域の子育て経験者等と連携・協働しながら取り組むよう配慮する」という部分が付け加えられた。改訂された部分は出題されやすいので念入りに確認されたい。

23 ④

解説

A 幼児が行事に期待感をもち,主体的に取り組んで,喜びや感動,さらには,達成感を味わうことができるように配慮する必要がある。

B その行事が幼児にとってどのような意味をもつのかを考えながら,それぞれの教育的価値を十分に検討する必要がある。

C 幼稚園生活では得難い体験の例としては,園庭で見付けた虫をカメラで接写して肉眼では見えない体のつくりや動きを捉えたりすることなどが考えられる。

専門試験　幼稚園教育要領／幼稚園教育要領解説

Q　演習問題

1 幼稚園教育要領解説(平成30年2月，文部科学省)の第1章「総説」第3節「教育課程の役割と編成等」に関する記述として適切でないものの組み合わせを，あとの①〜⑤から1つ選びなさい。　(難易度■■■■□)

ア　幼稚園は，法令と幼稚園教育要領の示すところに従い，創意工夫を生かし，幼児の心身の発達と幼稚園及び地域の実態に即応した適切な教育課程を編成するものとする。

イ　幼稚園生活の全体を通して幼稚園教育要領第2章に示すねらいが総合的に達成されるよう，教育期間や幼児の生活経験や発達の過程などを考慮して具体的なねらいと内容を組織しなければならない。

ウ　幼稚園では，自我が芽生え，他者の存在を意識し，他者を抑制しようとする気持ちが生まれる幼児期の発達の特性を矯正する教育が達成できるよう配慮しなければならない。

エ　幼稚園の毎学年の教育週数は，特別の事情のある場合を除き，40週を下ってはならない。

オ　幼稚園の1日の教育課程に係る教育時間は，幼児の心身の発達の程度や季節などに適切に配慮しながら，4時間を標準とする。

①　ア，ウ，オ　　②　イ，ウ　　③　ウ，エ　　④　イ，エ，オ
⑤　ウ，オ

2 幼稚園教育要領解説(平成30年2月，文部科学省)の第1章「総説」の第1節「幼稚園教育の基本」にある「環境を通して行う教育」に関する記述として，適切なものの組み合わせを，あとの①〜⑤から1つ選びなさい。

(難易度■■■■□)

ア　幼児が自ら周囲に働き掛けてその幼児なりに試行錯誤を繰り返し，自ら発達に必要なものを獲得しようとするようになる姿は，いろいろな活動を教師が計画したとおりに，全てを行わせることによって育てられる。

イ 活動の主体は幼児であり，教師は活動が生まれやすく，展開しやすいように意図をもって環境を構成していく。

ウ 幼児が何を体験するかは幼児の活動にゆだねるほかはないのであり，「幼児をただ遊ばせている」だけでも，幼児の主体的活動を促すことになる。

エ 環境を通して行う教育は，教師の支えを得ながら文化を獲得し，自己の可能性を開いていくことを大切にした教育である。

オ 幼児の周りに遊具や用具，素材を配置し，幼児の動くままに任せることによって，その対象の潜在的な学びの価値を引き出すことができる。

① ア，イ　② ア，ウ，オ　③ イ，エ　④ ウ，エ，オ
⑤ エ，オ

3 幼稚園教育要領解説(平成30年2月，文部科学省)で重視されている「計画的な環境の構成」に関する記述として適切なものを，次の①〜⑤から1つ選びなさい。　(難易度■■□□□)

① 幼児は常に積極的に環境に関わって遊び，望ましい方向に向かって発達していくので，教師は児童が遊ぶのを放っておいてよい。

② 幼児が望ましい方向に発達していくために，環境の構成については十分見通しをもって計画を立てる必要があり，構成したあともなるべく見直しがないようにする。

③ 幼児の周りにある様々な事物や生き物，他者，事象が幼児にとってどのような意味をもつのか教師自身がよく理解する必要がある。

④ 教師は適切な環境を構成する必要があるが，教師自身は環境の一部にはなり得ないことに留意する必要がある。

⑤ 幼児が積極的に環境に関わり，活動を展開できるように，1つの活動に没頭して取り組むよりは，なるべく様々な形態の活動が行われるように環境を構成する。

4 幼稚園教育要領解説(平成30年2月，文部科学省)が「幼稚園教育の基本」で述べている「教師の役割」として適切なものを，次の①〜⑤から1つ選びなさい。　(難易度■■□□□)

① 教師は幼児の自発的な活動としての遊びを生み出すために必要な教育環境を整える役割があるが，それは幼児と共につくり出されるものでは

ない。

② 重要なことは，幼児一人一人が主体的に取り組んでいるかどうかを見極めることであり，そのため状況を判断して，適切な関わりをその時々にしていく必要がある。

③ 入園当初や学年の始めは不安を抱き緊張しているため，主体的な活動ができないことが多いが，時機をみて援助していけばよい。

④ 友達との葛藤が起こることは幼児の発達にとって妨げとなるので，それが起きないように常に援助を行っていく必要がある。

⑤ 年齢の異なる幼児間の関わりは，互いの緊張感を生み出しやすいので，環境の構成にあたっては，異年齢の幼児の交流の機会はなるべくもたないように配慮する。

5 幼稚園教育要領解説(平成 30 年 2 月，文部科学省)で幼稚園の適切な教育課程の編成としてあげられている内容として，適切でないものはどれか，次の①～⑤から 1 つ選びなさい。　　　　　　(難易度■■■□□)

① 幼児の調和のとれた発達を図るという観点から，幼児の発達の見通しなどをもつ。

② 特に，教職員の構成，遊具や用具の整備状況などについて分析し，教育課程の編成に生かす。

③ 近隣の幼稚園・認定こども園・保育所・小学校，図書館などの社会教育施設，幼稚園の教育活動に協力することのできる人などの実態を考慮し，教育課程を編成する。

④ 保護者や地域住民に対して幼稚園の教育方針，特色ある教育活動や幼児の基本的な情報を積極的に提供する。

⑤ 地域や幼稚園の実態及び保護者の養護の基本方針を十分に踏まえ，創意工夫を生かし特色あるものとする。

6 幼稚園教育要領解説(平成 30 年 2 月，文部科学省)で示されている幼稚園の教育課程の編成として，適切なものはどれか，次の①～⑤から 1 つ選びなさい。　　　　　　(難易度■■■□□)

① ねらいと内容を組織する際は，幼稚園教育要領に示されている「ねらい」や「内容」をそのまま教育課程における具体的な指導のねらいや内容とする。

② 教育目標の達成を図るには，入園から修了までをどのように指導しなければならないかを，各領域に示す事項を参考に明らかにしていく。

③ 幼児期は自己を表出することが中心の生活から，次第に他者の存在を理解し，同年代での集団生活を円滑に営むことができるようになる時期へ移行するので，これらの幼児の発達の特性を踏まえる必要がある。

④ 発達の各時期にふさわしい具体的なねらいや内容は，各領域に示された「ねらい」や「内容」の関係部分を視野に入れるとともに，幼児の生活の中で，それらがどう相互に関連しているかを十分に考慮して設定していく。

⑤ 教育課程はそれぞれの幼稚園において，全教職員の協力の下に各教員がそれぞれの責任において編成する。

7 次のア〜オは幼稚園教育要領解説(平成30年2月，文部科学省)で幼稚園の教育課程の編成の実際としてあげられている編成手順の参考例の内容である。それぞれを編成の手順として順を追って並べたとき，適切なものを，あとの①〜⑤から1つ選びなさい。ただし，アは最初，オは最後にくる。　(難易度■■■□□)

ア 編成に必要な基礎的事項についての理解を図る。

イ 幼児の発達の過程を見通す。

ウ 具体的なねらいと内容を組織する。

エ 各幼稚園の教育目標に関する共通理解を図る。

オ 教育課程を実施した結果を評価し，次の編成に生かす。

① ア→イ→ウ→エ→オ

② ア→イ→エ→ウ→オ

③ ア→ウ→イ→エ→オ

④ ア→ウ→エ→イ→オ

⑤ ア→エ→イ→ウ→オ

8 幼稚園教育要領解説(平成30年2月，文部科学省)で説明されている教育週数，教育時間について，正しいものを，次の①〜⑤から1つ選びなさい。　(難易度■■■□□)

① 毎学年の教育課程に係る教育週数は，特別の事情のある場合を除き，39週を上回ってはならない。

② 教育週数から除く特別の事情がある場合とは，主として幼児の疾病の場合のことである。

③ 教育課程に係る時間は幼児の幼稚園における教育時間の妥当性，家庭や地域における生活の重要性を考慮して，最長4時間とされている。

④ 幼稚園における教育時間は，保育所の整備が進んでいるかどうかはかかわりなく定める必要がある。

⑤ 幼稚園において教育が行われる時間は登園時刻から降園時刻までである。

9 幼稚園教育要領解説(平成30年2月，文部科学省)で述べられている「教育課程の編成」について，適切なものはどれか。次の①〜⑤から1つ選びなさい。　　　　　　　　　　　　　　　　　　　　　　(難易度■■□□□)

① 幼稚園教育要領に示されている「ねらい」や「内容」をそのまま教育課程における具体的な指導のねらいや内容とする。

② 幼稚園生活の全体を通して，幼児がどのような発達をするのか，どの時期にどのような生活が展開されるのかなどの発達の節目を探り，短期的に発達を見通す。

③ 教育課程の改善の手順として，一般的には改善案を作成することと，評価の資料を収集し，検討することは同時に行われる。

④ 教育課程の改善については，指導計画で設定した具体的なねらいや内容などは比較的直ちに修正できるものである。

⑤ 教育課程は，全て幼稚園内の教職員や設置者の努力によって改善すべきである。

10 次は幼稚園教育要領解説(平成30年2月，文部科学省)で，幼稚園教育要領(平成29年3月告示)の第2章「ねらい及び内容」の領域「表現」について述べている文章である。空欄(A)〜(D)に当てはまる語句を語群から選ぶとき，語句の組み合わせとして正しいものを，あとの①〜⑤から1つ選びなさい。　　　　　　　　　　　　　　(難易度■■■■□)

豊かな感性や自己を表現する(A)は，幼児期に自然や人々など身近な(B)と関わる中で，自分の感情や体験を自分なりに(C)する充実感を味わうことによって育てられる。したがって，幼稚園においては，日常生活の中で出会う様々な事物や事象，文化から感じ取るものやそのときの

気持ちを友達や教師と共有し，表現し合うことを通して，豊かな
（　D　）を養うようにすることが大切である。

〔語群〕

ア　態度　　イ　意欲　　ウ　習慣　　エ　事象

オ　生き物　カ　環境　　キ　表現　　ク　表出

ケ　開放　　コ　感性　　サ　感覚　　シ　心

① A－ア　　B－エ　　C－キ　　D－シ

② A－イ　　B－カ　　C－ク　　D－シ

③ A－イ　　B－カ　　C－キ　　D－コ

④ A－ウ　　B－オ　　C－ケ　　D－サ

⑤ A－ウ　　B－エ　　C－ク　　D－コ

11 次は幼稚園教育要領解説(平成30年2月，文部科学省)の中で，人格形成の基礎を培うことの重要性を示したものである。（　A　）～（　C　）に当てはまるものをア～クから選ぶとき，正しい組み合わせを，あとの①～⑤から1つ選びなさい。　　　　　　　　　　　　(難易度■■■■□)

幼児一人一人の（　A　）な可能性は，日々の生活の中で出会う環境によって開かれ，環境との（　B　）を通して具現化されていく。幼児は，環境との（　B　）の中で，体験を深め，そのことが幼児の心を揺り動かし，次の活動を引き起こす。そうした体験の連なりが幾筋も生まれ，幼児の将来へとつながっていく。

そのため，幼稚園では，幼児期にふさわしい生活を展開する中で，幼児の遊びや生活といった直接的・具体的な体験を通して，人と関わる力や思考力，感性や表現する力などを育み，人間として，（　C　）と関わる人として生きていくための基礎を培うことが大切である。

ア　相互作用　イ　本質的　　ウ　共生　　エ　社会　　オ　家庭

カ　出会い　　キ　幼稚園　　ク　潜在的

① A－イ　　B－ウ　　C－エ

② A－イ　　B－カ　　C－オ

③ A－ク　　B－カ　　C－キ

④ A－ク　　B－ア　　C－エ

⑤ A－イ　　B－ウ　　C－オ

12 次は幼稚園教育要領解説(平成30年2月，文部科学省)の中の「人間関係」についての記述である。文中の(A)～(E)に当てはまる語句をア～シの中から選ぶとき，正しい組み合わせを，あとの①～⑤から1つ選びなさい。　　　　　　　　　　　　　　　(難易度■■■□□)

　幼児期においては，幼児が友達と関わる中で，自分を主張し，自分が受け入れられたり，あるいは(A)されたりしながら，自分や相手に気付いていくという体験が大切である。このような過程が(B)の形成にとって重要であり，自分で考え，自分の力でやってみようとする態度を育てる指導の上では，幼児が友達との(C)の中で自分と異なったイメージや(D)をもった存在に気付き，やがては，そのよさに目を向けることができるように援助しながら，一人一人の幼児が(E)をもって生活する集団の育成に配慮することが大切である。

　ア　存在感　　　イ　考え方　　ウ　道徳心　　エ　承諾
　オ　達成感　　　カ　共感　　　キ　自立心　　ク　自我
　ケ　自己主張　　コ　葛藤　　　サ　拒否　　　シ　動機

① A－サ　B－ク　C－コ　D－イ　E－ア
② A－エ　B－イ　C－カ　D－シ　E－ウ
③ A－ケ　B－ク　C－サ　D－イ　E－コ
④ A－カ　B－キ　C－オ　D－ア　E－ク
⑤ A－サ　B－オ　C－ケ　D－ク　E－カ

13 次は文部科学省が示した幼稚園教育要領解説(平成30年2月，文部科学省)の中の「一人一人の発達の特性に応じた指導」の記述に挙げられた例である。これを読んで，教師の注意すべき事柄として望ましいものをア～オの中から選ぶとき，適切なものはどれか，正しい組み合わせを，あとの①～⑤から1つ選びなさい。　　　　　(難易度■■■■□)

　幼児数人と教師とで鬼遊びをしているとする。ほとんどの幼児が逃げたり追いかけたり，つかまえたりつかまえられたりすることを楽しんでいる中で，ある幼児は教師の仲立ちなしには他の幼児と遊ぶことができないことがある。その幼児はやっと泣かずに登園できるようになり，教師を親のように慕っている。教師と一緒に行動することで，その幼児にとって教師を仲立ちに他の幼児と遊ぶ楽しさを味わうという体験にしたいと教師は考える。

ア 子どもたちの中に入っていけるように，幼児に鬼遊びのルールを教えてやる。

イ 子どもたちに，この幼児を仲間に入れるよう指導する。

ウ 幼児の内面を理解し，幼児の求めに即して必要な経験を得られるよう援助する。

エ 幼児の発達の特性に応じた集団を作り出すことを考える。

オ 幼児が子どもたちと遊ぶことができるまで，そっと見守る。

① ア，オ ② イ，エ ③ ウ，オ ④ ア，エ

⑤ ウ，エ

14 次は幼稚園教育要領解説(平成30年2月，文部科学省)の「障害のある幼児などへの指導」の記述の一部である。(A)〜(E)にあてはまる語句をア〜コから選ぶとき，正しい組み合わせを，あとの①〜⑤から1つ選びなさい。 (難易度■■■□□)

幼稚園は，適切な(A)の下で幼児が教師や多くの幼児と集団で生活することを通して，幼児一人一人に応じた(B)を行うことにより，将来にわたる(C)の基礎を培う経験を積み重ねていく場である。友達をはじめ様々な人々との出会いを通して，家庭では味わうことのできない多様な体験をする場でもある。

これらを踏まえ，幼稚園において障害のある幼児などを指導する場合には，幼稚園教育の機能を十分生かして，幼稚園生活の場の特性と(D)を大切にし，その幼児の障害の状態や特性および発達の程度等に応じて，発達を(E)に促していくことが大切である。

ア 信頼関係 イ 生きる力 ウ 指導 エ 総合的

オ 人格形成 カ 環境 キ 配慮 ク 全体的

ケ 人間関係 コ 支援

① A－ウ B－コ C－オ D－ケ E－ク

② A－カ B－コ C－イ D－ア E－ク

③ A－カ B－ウ C－イ D－ケ E－ク

④ A－キ B－ウ C－オ D－ケ E－エ

⑤ A－キ B－コ C－オ D－ア E－エ

15 幼稚園教育要領解説(平成 30 年 2 月，文部科学省)から，幼稚園の教育
課程と指導計画について適切でないものを，次の①～⑤から１つ選びな
さい。　　　　　　　　　　　　　　　　　　　　(難易度■■□□□)

① 教育課程は，幼稚園における教育期間の全体を見通したものであり，
幼稚園の教育目標に向かってどのような筋道をたどっていくかを明らか
にした全体的計画である。

② 幼稚園において実際に指導を行うため，それぞれの幼稚園の教育課程
に基づいて幼児の発達の実情に照らし合わせながら，具体的な指導計画
が立てられる。

③ 指導計画では，教育課程に基づき具体的なねらいや内容，環境の構成，
教師の援助などの内容や方法が明らかにされる。

④ 指導計画は，教育課程という全体計画を具体化したものであり，教育
課程が変更されない限りは，忠実にそれに従って展開していく必要があ
る。

⑤ 計画的な指導を行うためには，発達の見通しや活動の予想に基づいて
環境を構成するとともに，幼児一人一人の発達を見通して援助すること
が重要である。

16 次は幼稚園教育要領解説(平成 30 年 2 月，文部科学省)の第３章「教育課
程に係る教育時間の終了後等に行う教育活動などの留意事項の2」である。(
A)～(E)にあてはまる語句をア～コから選ぶとき，正しい組み合わせ
を，あとの①～⑤から１つ選びなさい。　　　　　　　(難易度■■■■□)

　幼稚園の運営に当たっては，子育ての支援のために保護者や地域の人々
に(A)や施設を開放して，園内体制の整備や関係機関との連携及び協力
に配慮しつつ，幼児期の(B)に関する相談に応じたり，(C)を提供
したり，幼児と保護者との登園を受け入れたり，保護者同士の交流の機会
を提供したりするなど，幼稚園と家庭が一体となって幼児と関わる取組を
進め，地域における幼児期の教育の(D)としての役割を果たすよう努め
るものとする。その際，(E)や保健の専門家，地域の子育て経験者等と
連携・協働しながら取り組むよう配慮するものとする。

　ア　リーダー　　イ　情報　　ウ　教育　　エ　医療
　オ　支援　　　　カ　機能　　キ　用具　　ク　心理
　ケ　センター　　コ　子育て

① A-ウ　　B-コ　　C-オ　　D-ケ　　E-ク
② A-カ　　B-コ　　C-イ　　D-ア　　E-ク
③ A-カ　　B-ウ　　C-イ　　D-ケ　　E-ク
④ A-キ　　B-ウ　　C-オ　　D-ケ　　E-エ
⑤ A-キ　　B-コ　　C-オ　　D-ア　　E-エ

解答・解説

1 ③

解説

　ア，イ，オの記述は合致している。

ウ　幼稚園教育要領解説に示されているのは「…自己を抑制しようとする
　気持ちが生まれる幼児期の発達の特性を踏まえた教育」である。現代の，
　子どもの発達特性を考慮する幼稚園教育において，「矯正」を目指すこと
　はない。

エ　幼稚園の毎学年の教育週数は，特別の事情がない限り，39週を下って
　はならないとされている。

オ　「4時間」はあくまで標準。教育時間の終了後等に行う教育活動につい
　ては，平成20年3月に改訂された幼稚園教育要領において位置付けが
　なされ，平成29年3月改訂の幼稚園教育要領にも引き継がれている。

2 ③

解説

ア　不適切。教師が計画どおりに行わせるというよりも，幼児自らが周囲
　の環境に働きかけてさまざまな活動を生み出し，そこから育てられてい
　くものである。

イ　適切。

ウ　不適切。「幼児をただ遊ばせている」だけでは幼児の主体的な活動を促
　すことにはならない。一人一人の幼児に今どのような体験が必要かを考
　え，そのために常に工夫する必要がある。

エ　適切。

オ　不適切。幼児が自分から興味をもって，遊具や用具，素材についてふ
　さわしい関わりができるようにその種類，数量，配置を考える必要があ
　る。そのような環境構成の取組によって，幼児はそれらとのかかわりを
　通してその対象の潜在的な学びの価値を引き出すことができる。

3 ③

解説

①　幼児は常に積極的に環境に関わって遊び，望ましい方向に向かって発
　達していくとは限らない。発達の道筋を見通して，教育的に価値のある
　環境を計画的に構成していく必要がある。

② 幼児の活動の展開は多様な方向に躍動的に変化するので，常に見通しと一致するわけではない。常に活動に沿って環境を構成し直し続けていく。

③ 適切である。幼児が主体的に活動できる環境を構成するには，幼児の周りにある様々な事物や生き物，他者(友達，教師)，自然事象・社会事象を幼児がどう受け止め，幼児にとってどのような意味をもつかをよく理解する必要がある。

④ 教師も環境の重要な一部である。教師の身の置き方，行動，言葉，心情，態度など教師の存在が幼児の行動や心情に大きな影響を与える。

⑤ 活動の結果より，その過程が意欲や態度を育み，生きる力の基礎を培っていく。そのため，幼児が本当にやりたいと思い，専念できる活動を見つけていくことも必要である。

4 ②

解説

① 幼児との信頼関係を十分に築き，幼児と共によりよい教育環境をつくり出していくことも求められている。

② 適切である。例えば集団に入らず一人でいる場合，何か一人での活動に没頭しているのか，教師から離れるのが不安なのか，入ろうとしながら入れないでいるのかなど状況を判断し，その時々に適切な関わり方をしていく。

③ 特に入園当初や学年の始めは学級として打ち解けた温かい雰囲気づくりを心がける。そのことによって幼児が安心して自己を発揮できるようにしていくことが必要である。

④ 葛藤が起こることは幼児の発達にとって大切な学びの機会となる。

⑤ 年下の者への思いやりや責任感，年上の者への憧れや自分もやってみようという意欲をも生み出す。年齢の異なる幼児が交流できるような環境を構成することも大切である。

5 ⑤

解説

① 適切である。

② 適切である。幼稚園規模，教職員の状況，施設設備の状況などの人的・物的条件の実態は幼稚園によって異なってくるとし，これらの条件を客観的に把握した上で，特に，教職員の構成，遊具や用具の整備状況など

について分析することを求めている。

③　適切である。近隣の幼稚園・認定こども園・保育所・小学校，図書館などの社会教育施設，幼稚園の教育活動に協力することのできる人などを「地域の資源」と捉えている。

④　適切である。基本的な情報を積極的に提供し，保護者や地域住民の理解や支援を得ることが大切としている。

⑤　不適切である。「保護者の養護の基本方針」ではなく「幼児の心身の発達」である。

6 ③
解説

①　幼稚園教育要領に示されている「ねらい」や「内容」をそのまま各幼稚園の指導のねらいや内容とするのではなく，幼児の発達の各時期に展開される生活に応じて適切に具体化したねらいや内容を設定する。

②　「各領域に示す事項を参考に」ではなく「各領域に示す事項に基づいて」である。

③　正しい。次第に他者の存在を理解し「他者を思いやったり，自己を抑制したりする気持ちが生まれる」としている。

④　各領域に示された「ねらい」や「内容」の「関係部分を視野に入れる」ではなく「全てを視野に入れる」。

⑤　「各教員がそれぞれの責任において」ではなく「園長の責任において」である。

7 ⑤
解説

幼稚園教育要領解説(平成30年2月，文部科学省)第1章第3節「3(1)④教育課程編成の実際」は，編成に必要な基礎的事項についての理解を図る **ア** →各幼稚園の教育目標に関する共通理解を図る **エ** →幼児の発達の過程を見通す **イ** →具体的なねらいと内容を組織する **ウ** →教育課程を実施した結果を評価し，次の編成に生かす → **オ** という編成手順を参考例として示している。**イ**の「幼児の発達の過程を見通す」については幼児の発達を長期的に見通すことのほか，幼児の発達の過程に応じて教育目標がどのように達成されていくかについて，およその予測をするともしている。したがって，この手順は**エ**の「各幼稚園の教育目標に関する共通理解を図る」の次という

ことである。教育目標について理解し，その教育目標がどのように達成されていくかを予測するというものである。

8 ⑤

解説

① 39週を「上回ってはならない」ではなく「下ってはならない」である。

② 特別の事情がある場合とは，台風，地震，豪雪などの非常変災，その他急迫の事情があるとき，伝染病の流行などの事情が生じた場合である(幼稚園教育要領解説(平成30年2月，文部科学省)第1章第3節3「(2)教育週数」)。

③ 最長4時間ではなく，標準4時間である。

④ 保育所の整備が進んでいない地域においては，幼稚園の実態に応じて弾力的な対応を図る必要がある(幼稚園教育要領解説(平成30年2月，文部科学省)第1章第3節3「(3)教育時間」)。

⑤ 正しい。教育課程に係る1日の教育時間については4時間を標準とし，それぞれの幼稚園において定められた教育時間については，登園時刻から降園時刻までが教育が行われる時間となる。

9 ④

解説

① 適切ではない。具体的な指導の「ねらい」や「内容」は，「幼児期の終わりまでに育ってほしい姿」との関連を考慮しながら，幼児の発達の各時期に展開される生活に応じて適切に具体化したねらいや内容を設定する。

② 適切ではない。「短期的」ではなく「長期的」が正しい。

③ 一般的には「評価の資料を収集し，検討する」→「整理した問題点を検討し，原因と背景を明らかにする」→「改善案をつくり，実施する」という手順になる。

④ 適切である。一方，比較的長期の見通しの下に改善の努力がいるものとして人的，物的諸条件がある。

⑤ 幼稚園内の教職員や設置者の努力によって改善できるものもあれば，家庭や地域の協力を得つつ改善の努力を必要とするものもある。

10 ③

解説

　Aには「意欲」が入る。Bには「環境」が入る。Cには「表現」が入る。Dには「感性」が入る。領域「表現」の「ねらい」のうち，特に「いろいろなものの美しさなどに対する豊かな感性をもつ」「感じたことや考えたことを自分なりに表現して楽しむ」に関わる部分の記述であり，引用文はこのあと「また，そのような心の動きを，やがては，それぞれの素材や表現の手段の特性を生かした方法で表現できるようにすること，あるいは，それらの素材や方法を工夫して活用することができるようにすること，自分の好きな表現の方法を見付け出すことができるようにすることが大切である」と続けている。

11 ④

解説

A　「教育は，子供の望ましい発達を期待し，子供のもつ潜在的な可能性に働き掛け，その人格の形成を図る営みである」(幼稚園教育要領解説(平成30年2月，文部科学省)第1章第1節1)とも言っている。

B　同じく「幼児は，環境との相互作用によって発達に必要な経験を積み重ねていく。したがって，幼児期の発達は生活している環境の影響を大きく受けると考えられる。ここでの環境とは自然環境に限らず，人も含めた幼児を取り巻く環境の全てを指している」(幼稚園教育要領解説(平成30年2月，文部科学省)第1章第2節1(2)②)と言っている。

C　幼児期は社会性が発達する時期であり，「友達との関わりの中で，幼児は相互に刺激し合い，様々なものや事柄に対する興味や関心を深め，それらに関わる意欲を高めていく」(幼稚園教育要領解説(平成30年2月，文部科学省)第1章第1節3(1)③)としている。

12 ①

解説

A　幼児が自分や相手に気付くというのは，受け入れられるだけでなく，時には拒否されることもあるということが重要である。そして，この「拒否」は，他者と関わるなかで生まれるものである。

B　他者との関係の広がりは，同時に自我の形成の過程でもある。

C　「幼児期は，他者との関わり合いの中で，様々な葛藤やつまずきなどを体験することを通して，将来の善悪の判断につながる，やってよいこと

や悪いことの基本的な区別ができるようになる時期である」(幼稚園教育要領解説(平成 30 年 2 月，文部科学省)第 1 章第 2 節 1)。

D 「自分と異なった」ということから，感じ方や考え方，価値観などが考えられる。

E 他者との関わりを通して幼児は，「自己の存在感を確認し，自己と他者の違いに気付き，他者への思いやりを深め，集団への参加意識を高め，自律性を身に付けていく」(幼稚園教育要領解説(平成 30 年 2 月，文部科学省)第 1 章第 1 節 3(1)③)

13 ⑤

解説

幼稚園教育要領解説(平成 30 年 2 月，文部科学省)では，「そう考えた教師は，鬼遊びのルールを守って遊ぶということにならなくても，その幼児の要求にこたえ，手をつないで一緒に行動しようとするだろう」と，この例のあとで解説している。そして，「ある意味で一人一人に応じることは，一人一人が過ごしてきた生活を受容し，それに応じるということ」が必要であり，そのためには，「幼児の思い，気持ちを受け止め，幼児が周囲の環境をどう受け止めているのかを理解すること，すなわち，幼児の内面を理解しようとすることから始まるのである。そして，その幼児が真に求めていることに即して必要な経験を得られるように援助していくのである」としめくくっている。したがって，**ア**，**イ**，**オ**は適切でないことが導かれる。

14 ③

解説

Aは**カ**が正解である。状況をつくることや，幼児の活動に沿って環境を構成するよう配慮することは，障害の有無にかかわらず保育全般において重要なことといえる。**B**は**ウ**が正解である。一人一人が異なった発達の姿を示すので，それぞれに即した指導をしなければならない。**C**は**イ**が正解である。幼稚園教育要領の「第 1 章　第 2 節」より，生きる力の基礎を育むため「知識及び技能の基礎」「思考力，判断力，表現力等の基礎」「学びに向かう力，人間性等」を一体的に育むこととされている。**D**は**ケ**が正解である。多くの幼児にとって，幼稚園生活は親しい人間関係である家庭を離れ，同年代の幼児と過ごす始めての集団生活である。この集団生活を通して自我の発達の基礎が築かれる。**E**は**ク**が正解である。発達を促すに当たって，個別の教育

支援計画および指導計画を作成・活用することなどに留意したい。

15 ④

解説

① 適切である。教育課程は，幼稚園における教育期間の全体を見通したものである。

② 適切である。指導計画は，一人一人の幼児が生活を通して必要な経験が得られるよう具体的に立てられる。

③ 適切である。そのため一般に長期的な見通しをもった年・学期・月，あるいは発達の時期などの計画と，それと関連しさらに具体的にされた週，日など短期の計画を考えることになる。

④ 適切でない。指導計画は1つの仮説である。実際に展開される生活に応じて改善されていく。そこから教育課程の改善も行われる。

⑤ 適切である。そのためには幼稚園全体の物的・人的環境が幼児期の発達を踏まえて教育環境として十分に配慮されることが重要である。

16 ③

解説

　幼児の家庭や地域での生活を含め，生活全体を豊かにし，健やかな成長を確保していくためには，幼稚園が家庭や地域社会との連携を深め，地域の実態や保護者及び地域の人々の要請などを踏まえ，地域における幼児期の教育のセンターとしてその施設や機能を開放し，積極的に子育てを支援していく必要がある。このような子育ての支援の観点から，幼稚園には多様な役割を果たすことが期待されている。その例として，地域の子供の成長，発達を促進する場としての役割，遊びを伝え，広げる場としての役割，保護者が子育ての喜びを共感する場としての役割，子育ての本来の在り方を啓発する場としての役割，子育ての悩みや経験を交流する場としての役割，地域の子育てネットワークづくりをする場としての役割などが挙げられるが，このほかにも，各幼稚園を取り巻く状況に応じて，様々な役割が求められる。

専門試験 | 幼稚園教育要領／幼稚園教育要領－5領域

≡ POINT ≡

▮▶ 各教育領域のねらい，主な内容（健康）

【ねらい】

・明るく伸び伸びと行動し，充実感を味わう。

・自分の体を十分に動かし，進んで運動しようとする。

・健康，安全な生活に必要な習慣や態度を身に付け，見通しをもって行動する。

【主な内容】

○先生や友達と触れ合い，安定感をもって行動する。

○身の回りを清潔にし，衣服の着脱，食事，排泄などの生活に必要な活動を自分でする。

○危険な場所，危険な遊び方，災害時などの行動の仕方が分かり，安全に気を付けて行動する。

▮▶ 各教育領域のねらい，主な内容（人間関係）

【ねらい】

・幼稚園生活を楽しみ，自分の力で行動することの充実感を味わう。

・身近な人と親しみ，関わりを深め，工夫したり，協力したりして一緒に活動する楽しさを味わい，愛情や信頼感をもつ。

・社会生活における望ましい習慣や態度を身に付ける。

【主な内容】

○友達と積極的に関わりながら喜びや悲しみを共感し合う。

○自分の思ったことを相手に伝え，相手の思っていることに気付く。

○よいことや悪いことがあることに気付き，考えながら行動する。

▮▶ 各教育領域のねらい，主な内容（環境）

【ねらい】

・身近な環境に親しみ，自然と触れ合う中で様々な事象に興味や関心をもつ。

- 身近な環境に自分から関わり，発見を楽しんだり，考えたりし，それを生活に取り入れようとする。
- 身近な事象を見たり，考えたり，扱ったりする中で，物の性質や数量，文字などに対する感覚を豊かにする。

【主な内容】

○生活の中で，様々な物に触れ，その性質や仕組みに興味や関心をもつ。

○日常生活の中で，我が国や地域社会における様々な文化や伝統に親しむ。

○日常生活の中で数量や図形などに関心をもつ。

▶ 各教育領域のねらい，主な内容（言葉）

【ねらい】

- 自分の気持ちを言葉で表現する楽しさを味わう。
- 人の言葉や話などをよく聞き，自分の経験したことや考えたことを話し，伝え合う喜びを味わう。
- 日常生活に必要な言葉が分かるようになるとともに，絵本や物語などに親しみ，言葉に対する感覚を豊かにし，先生や友達と心を通わせる。

【主な内容】

○先生や友達の言葉や話に興味や関心をもち，親しみをもって聞いたり，話したりする。

○したり，見たり，聞いたり，感じたり，考えたりなどしたことを自分なりに言葉で表現する。

○絵本や物語などに親しみ，興味をもって聞き，想像をする楽しさを味わう。

▶ 各教育領域のねらい，主な内容（表現）

【ねらい】

- いろいろなものの美しさなどに対する豊かな感性をもつ。
- 感じたことや考えたことを自分なりに表現して楽しむ。
- 生活の中でイメージを豊かにし，様々な表現を楽しむ。

【主な内容】

○生活の中で様々な音，形，色，手触り，動きなどに気付いたり，感じたりするなどして楽しむ。

○感じたこと，考えたことなどを音や動きなどで表現したり，自由にかいたり，つくったりなどする。

○音楽に親しみ，歌を歌ったり，簡単なリズム楽器を使ったりなどする楽しさを味わう。

演習問題

1 幼稚園教育要領(平成29年3月告示)における領域の組み合わせとして 正しいものを，次の①〜⑤から1つ選びなさい。　(難易度■■□□□)
① 健康・人間関係・自然
② 人間関係・環境・言葉
③ 社会・環境・言語
④ 健康・言語・表現
⑤ 人間関係・環境・遊び

2 次は幼稚園教育要領解説(平成30年2月，文部科学省)における領域の 捉え方についての記述である。正しいものの組み合わせを，あとの①〜⑤ から1つ選びなさい。　(難易度■■■■□)
ア 幼稚園教育を，小学校の「教科科目」に準じて区切ったものである。
イ 幼稚園教育が何を意図して行われるかを明確にしたものである。
ウ 幼稚園教育の目標を達成するために教師が指導し，幼児が身に付けて いくことが望まれるものを「内容」としたものである。
エ 幼稚園教育に適した環境づくりを具体的に示したものである。
オ 幼稚園教育の目標を達成するため，教師の指導方法を示したものである。
　① ア，ウ　　② ア，エ　　③ ウ，オ　　④ イ，オ
　⑤ イ，ウ

3 次は幼稚園教育要領(平成29年3月告示)の第2章「ねらい及び内容」に ある文章である。空欄(A)〜(E)に当てはまる語句を語群から選 ぶとき，正しい組み合わせを，あとの①〜⑤から1つ選びなさい。

(難易度■■■■□)

　この章に示すねらいは，幼稚園教育において育みたい(A)を幼児の生活 する姿から捉えたものであり，内容は，ねらいを達成するために指導する事項 である。各領域は，これらを幼児の発達の側面から，心身の健康に関する領域 「健康」，人との関わりに関する領域「(B)」，身近な環境との関わりに関する 領域「環境」，言葉の獲得に関する領域「言葉」及び(C)と表現に関する領域 「表現」としてまとめ，示したものである。内容の取扱いは，幼児の発達を踏ま えた指導を行うに当たって留意すべき事項である。

　各領域に示すねらいは，幼稚園における生活の全体を通じ，幼児が様々な体験を積み重ねる中で相互に関連をもちながら次第に達成に向かうものであること，内容は，幼児が環境に関わって展開する(**D**)な活動を通して(**E**)に指導されるものであることに留意しなければならない。

〔語群〕

ア	道徳性・規範意識	イ	自然	ウ	感性	エ	具体的
オ	総合的	カ	資質・能力	キ	交流	ク	個別的
ケ	人間関係	コ	技能				

① A-ア　　B-ケ　　C-コ　　D-オ　　E-イ

② A-ア　　B-キ　　C-コ　　D-エ　　E-オ

③ A-カ　　B-ケ　　C-ウ　　D-オ　　E-ク

④ A-カ　　B-キ　　C-ウ　　D-オ　　E-ク

⑤ A-カ　　B-ケ　　C-ウ　　D-エ　　E-オ

4 次は幼稚園教育要領(平成29年3月告示)の第2章「ねらい及び内容」に示されている5つの領域について，領域とその冒頭にある領域の意義付けを組み合わせたものである。空欄(**A**)～(**E**)に当てはまる語句を語群から選ぶとき，組み合わせとして正しいものを，あとの①～⑤から1つ選びなさい。　　　　　　　　(難易度■■■□□)

・健康—健康な心と体を育て，自ら健康で(**A**)な生活をつくり出す力を養う。

・人間関係—他の人々と親しみ，支え合って生活するために，(**B**)を育て，人と関わる力を養う。

・環境—周囲の様々な環境に(**C**)や探究心をもって関わり，それらを生活に取り入れていこうとする力を養う。

・言葉—経験したことや考えたことなどを自分なりの言葉で表現し，相手の話す言葉を聞こうとする意欲や態度を育て，言葉に対する(**D**)や言葉で表現する力を養う。

・表現—感じたことや考えたことを自分なりに表現することを通して，豊かな感性や表現する力を養い，(**E**)を豊かにする。

〔語群〕

ア	豊か	イ	安定した	ウ	安全	エ	協調性
オ	自立心	カ	豊かな感性	キ	好奇心	ク	積極性

	ケ	見通し	コ	感性	サ	感覚	シ	感受性
	ス	創造性	セ	想像性	ソ	表現力		

① A－ウ　　B－オ　　C－キ　　D－サ　　E－ス

② A－ア　　B－エ　　C－ケ　　D－コ　　E－セ

③ A－ウ　　B－カ　　C－ク　　D－シ　　E－ソ

④ A－イ　　B－エ　　C－ケ　　D－シ　　E－セ

⑤ A－ア　　B－オ　　C－キ　　D－サ　　E－ソ

5 次の(1)～(3)は幼稚園教育要領(平成29年3月告示)の第2章「ねらい及び内容」に示されている領域「人間関係」の「ねらい」である。空欄（　A　）～（　C　）に当てはまる語句を語群から選ぶとき，語句の組み合わせとして正しいものを，あとの①～⑤から1つ選びなさい。

(難易度■■■■□)

(1) 幼稚園生活を楽しみ，（　A　）力で行動することの充実感を味わう。

(2) 身近な人と親しみ，関わりを深め，工夫したり，協力したりして一緒に活動する楽しさを味わい，愛情や（　B　）をもつ。

(3) （　C　）における望ましい習慣や態度を身に付ける。

〔語群〕

	ア	みんなの	イ	教師等の	ウ	自分の
	エ	信頼感	オ	協調心	カ	一体感
	キ	集団生活	ク	社会生活	ケ	人間関係

① A－ア　　B－オ　　C－ケ

② A－ア　　B－カ　　C－キ

③ A－イ　　B－エ　　C－ケ

④ A－ウ　　B－エ　　C－ク

⑤ A－ウ　　B－オ　　C－キ

6 次の文章は幼稚園教育要領(平成29年3月告示)の第2章「ねらい及び内容」の中の，ある領域の「ねらい」の1つである。これはどの領域の「ねらい」か，正しい領域を，あとの①～⑤から1つ選びなさい。

(難易度■■□□□)

「身近な事象を見たり，考えたり，扱ったりする中で，物の性質や数量，文字などに対する感覚を豊かにする。」

① 健康　② 人間関係　③ 環境　④ 言葉　⑤ 表現

7 幼稚園教育要領の第2章「ねらい及び内容」について，領域「言葉」の「3 内容の取扱い」で平成29年3月告示の幼稚園教育要領から新たに加わった項目を，次の①～⑤から1つ選びなさい。　(難易度■■■□□)

① 言葉を交わす喜びを味わえるようにすること。
② 言葉による伝え合いができるようにすること。
③ 言葉が豊かになるようにすること。
④ 文字に対する興味や関心をもつようにすること。
⑤ 言葉に対する感覚が養われるようにすること。

8 次の1～5は学校教育法第23条にある「幼稚園の教育目標」である。この目標のうち幼稚園教育要領(平成29年3月告示)の5つの領域において，領域の冒頭の意義付けの部分にそのまま表されているものはいくつあるか。正しいものを，あとの①～⑤から1つ選びなさい。

(難易度■■■■□)

1　健康，安全で幸福な生活のために必要な基本的な習慣を養い，身体諸機能の調和的発達を図ること。
2　集団生活を通じて，喜んでこれに参加する態度を養うとともに家族や身近な人への信頼感を深め，自主，自律及び協同の精神並びに規範意識の芽生えを養うこと。
3　身近な社会生活，生命及び自然に対する興味を養い，それらに対する正しい理解と態度及び思考力の芽生えを養うこと。
4　日常の会話や，絵本，童話等に親しむことを通じて，言葉の使い方を正しく導くとともに，相手の話を理解しようとする態度を養うこと。
5　音楽，身体による表現，造形等に親しむことを通じて，豊かな感性と表現力の芽生えを養うこと。

① 1つ　② 2つ　③ 3つ　④ 4つ　⑤ 1つもない

9 次の文は幼稚園教育要領(平成29年3月告示)の領域「環境」のねらいである。空欄(A)～(E)に入る語句の組み合わせとして適切なものを，あとの①～⑤から1つ選びなさい。　(難易度■■■■□)

・身近な環境に親しみ，(A)と触れ合う中で様々な(B)に興味や関

67

心をもつ。

・身近な環境に自分から関わり，（　C　）を楽しんだり，考えたりし，それを生活に取り入れようとする。

・身近な（　B　）を見たり，考えたり，扱ったりする中で，物の（　D　）や数量，文字などに対する（　E　）を豊かにする。

　　ア　自然　　イ　動物　　ウ　事象　　エ　発見　　オ　性質

　　カ　感覚　　キ　表現　　ク　意欲

① A－ア　　B－ウ　　C－キ　　D－ク　　E－カ

② A－ア　　B－ウ　　C－エ　　D－オ　　E－カ

③ A－ア　　B－エ　　C－ウ　　D－キ　　E－ク

④ A－イ　　B－エ　　C－カ　　D－オ　　E－キ

⑤ A－イ　　B－カ　　C－ウ　　D－キ　　E－ク

解 答・解 説

1 ②

　昭和 22 年に保育要領が作成され，これが昭和 31 年に幼稚園教育要領として改訂された。平成元年の幼稚園教育要領の改訂以来，領域は，健康，人間関係，環境，言葉，表現の 5 つで編成されている。それまでは健康，社会，自然，言語，音楽リズム，絵画製作の 6 領域であった。

① 「自然」の領域は昭和 31 年改訂，昭和 39 年改訂である。
② すべて平成 29 年改訂の領域である。
③ 「社会」の領域は昭和 31 年改訂，昭和 39 年改訂である。
④ 「言語」の領域は昭和 31 年改訂，昭和 39 年改訂である。平成元年からは「言語」でなく「言葉」となっている。
⑤ 「遊び」という領域は，昭和 31 年の改訂以来，設けられたことがない。

2 ⑤

ア　領域は小学校の教科科目のように区切らないで，生活全般や遊びなどにおいて子どもの自発的な活動をとおして，幼稚園において総合的に達成されるような教育を示したものである。
イ　正しい。幼稚園教育要領の第 2 章「ねらい及び内容」において，各領域に示されている事項についての解説である。
ウ　正しい。幼児に育つことが期待される心情，意欲，態度などを「ねらい」とし，それを達成するために教師が指導し，幼児が身に付けていくことが望まれるものを「内容」としたものである。
エ　各領域に示された目標などをそのまま教育課程における具体的な指導のねらいとするのではなく，幼児の発達の各時期に展開される生活に応じて適切に具体化したねらいや内容を設定する必要がある。
オ　教師が指導する内容を示したもので，指導方法を示したものではない。

3 ⑤

　A には「資質・能力」が当てはまる。旧幼稚園教育要領(平成 20 年告示)では，ねらいは「幼稚園修了までに育つことが期待される生きる力の基礎となる心情，意欲，態度など」とされていたのに対し，新しい幼稚園教育要

領(平成29年3月告示)では「幼稚園教育において育みたい資質・能力を幼児の生活する姿から捉えたもの」と定義が変更されたので必ず確認しておきたい。Bには「人間関係」が当てはまる。「人間関係」は領域の1つである。Cには「感性」が当てはまる。技能と表現でなく，感性と表現である。Dには「具体的」が当てはまる。Eには「総合的」が当てはまる。「具体的な活動を通して総合的に指導されるものであること」とする。「具体的」と「総合的」を混同しないこと。

4 ①

解説

Aには「安全」が入る。生涯を通じて健康で安全な生活を営む基盤は，幼児期に愛情に支えられた安全な環境の下で，心と体を十分に働かせて生活することによって培われていく(幼稚園教育要領解説(平成30年2月，文部科学省)第2章第2節1)。Bには「自立心」が入る。Cには「好奇心」が入る。幼児は園内，園外の様々な環境に好奇心や探究心をもって主体的に関わり，自分の生活に取り入れていくことを通して発達していく(幼稚園教育要領解説(平成30年2月，文部科学省)第2章第2節3)。Dには「感覚」が入る。Eには「創造性」が入る。幼児は，感じること，考えること，イメージを広げることなどの経験を重ね，感性と表現する力を養い，創造性を豊かにしていく(幼稚園教育要領解説(平成30年2月，文部科学省)第2章第2節5)。

5 ④

解説

Aには「自分の」，Bには「信頼感」，Cには「社会生活」が入る。平成29年3月の改訂で従前のものより改訂があったのは(2)の文章である。「工夫したり，協力したりして一緒に活動する楽しさを味わい，」が加えられたので，必ず確認しておきたい。

6 ③

解説

領域「環境」の「ねらい」の1つ。参考として，幼稚園教育要領解説(平成30年2月，文部科学省)第2章第2節3では「幼児を取り巻く生活には，物については当然だが，数量や文字についても，幼児がそれらに触れ，理解する手掛りが豊富に存在する。それについて単に正確な知識を獲得することのみを目的とするのではなく，環境の中でそれぞれがある働きをしてい

ることについて実感できるようにすることが大切である」としていることを確認したい。

7 ③

解説

「3　内容の取扱い」で「(4)　幼児が生活の中で，言葉の響きやリズム，新しい言葉や表現などに触れ，これらを使う楽しさを味わえるようにすること。その際，絵本や物語に親しんだり，言葉遊びなどをしたりすることを通して，言葉が豊かになるようにすること。」が平成29年3月告示の幼稚園教育要領において新たに加わった。①は「3　内容の取扱い」の(1)に，②は(2)に，④は(5)に，⑤は(3)にある。

8 ⑤

解説

5つの領域は学校教育法第23条の「幼稚園の教育目標」を受けているが，「幼稚園の教育目標」がそのまま幼稚園教育要領の領域に表されているものはない。各領域の意義付けは次のとおりである。「健康」健康な心と体を育て，自ら健康で安全な生活をつくり出す力を養う。「人間関係」他の人々と親しみ，支え合って生活するために，自立心を育て，人と関わる力を養う。「環境」周囲の様々な環境に好奇心や探究心をもって関わり，それらを生活に取り入れていこうとする力を養う。「言葉」経験したことや考えたことなどを自分なりの言葉で表現し，相手の話す言葉を聞こうとする意欲や態度を育て，言葉に対する感覚や言葉で表現する力を養う。「表現」感じたことや考えたことを自分なりに表現することを通して，豊かな感性や表現する力を養い，創造性を豊かにする。

9 ②

解説

保育内容のねらいについては暗唱できるくらいにしておきたい。正しくは「身近な環境に親しみ，自然と触れ合う中で様々な事象に興味や関心をもつ。身近な環境に自分から関わり，発見を楽しんだり，考えたりし，それを生活に取り入れようとする。身近な事象を見たり，考えたり，扱ったりする中で，物の性質や数量，文字などに対する感覚を豊かにする」であるが，この設問の場合は，Bが2箇所に出てくることに注意する。「興味や関心をもつ」，「見たり，考えたり，扱ったりする」の両方の目的語として

使えるものが**ウ**しかないことが分かれば，選択肢③〜⑤は除外できる。また，**C**に「表現」が入るのは日本語として不自然なので選択肢①も除外できる。

第3章

専門試験
教育法規

日本国憲法・教育基本法

学校教育法

教員関係・保健関係，その他法規

専門試験 教育法規／日本国憲法・教育基本法

≡ POINT ≡

　第二次世界大戦前の大日本帝国憲法・教育勅語に代わり，戦後，自由主義と個人主義を基調とする日本国憲法・教育基本法が成立した。教育基本法はもちろん日本国憲法に関しても，幼児教育に関連する条文は把握しておきたい。

▶ 日本国憲法

(教育を受ける権利と受けさせる義務)

第26条　すべて国民は，法律の定めるところにより，その能力に応じて，ひとしく教育を受ける権利を有する。

②　すべて国民は，法律の定めるところにより，その保護する子女に普通教育を受けさせる義務を負ふ。義務教育は，これを無償とする。

　ここでは，第1項が個人に対する権利，第2項が保護者に対する義務と分けられていることに注意する。

▶ 教育基本法

(幼児期の教育)

第11条　幼児期の教育は，生涯にわたる人格形成の基礎を培う重要なものであることにかんがみ，国及び地方公共団体は，幼児の健やかな成長に資する良好な環境の整備その他適当な方法によって，その振興に努めなければならない。

　本条以外では，第1，2条が重要。本条文にある「人格形成の基礎」などが，学校教育法第22条などに反映されている。前文なども含めて，重要条文は暗記しておきたい。

◀ 演習問題 ▶

1 日本国憲法の記述として正しいものを，次の①〜⑤から1つ選びなさい。
(難易度■■■□□)

① その権威は国民に由来し，その権力は国民がこれを行使し，その福利は国民がこれを享受する。

② 我々日本国民は，たゆまぬ努力によって築いてきた民主的で文化的な国家を更に発展させるとともに，世界の平和と人類の福祉の向上に貢献することを願うものである。

③ すべての国民は，個人として尊重される。生命，自由及び幸福追求に対する国民の権利については，公共の福祉に反しない限り，立法その他の国政の上で，最大の尊重を必要とする。

④ 思想及び良心の自由は，公共の福祉に反しない限り，これを侵してはならない。

⑤ 何人も，居住，移転及び職業選択の自由を有する。

2 教育基本法の記述として適切なものを，次の①〜⑤から1つ選びなさい。
(難易度■■■□□)

① われらは，さきに，日本国憲法を確定し，民主的で文化的な国家を建設して，世界の平和と人類の福祉に貢献しようとする決意を示した。この理想の実現は，根本において教育の力にまつべきものである。

② 教育は，人格の陶冶を目指し，自由な国家及び社会の形成者として必要な資質を備えた心身ともに健康な国民の育成を期して行われなければならない。

③ 国及び地方公共団体は，すべて修学が困難な者に対して，奨学の措置を講じなければならない。

④ 学校においては，授業料を徴収することができる。

⑤ 法律に定める学校は，公の性質を有するものであって，国，地方公共団体及び法律に定める法人のみが，これを設置することができる。

3 教育基本法の記述として適切なものを，次の①〜⑤から1つ選びなさい。
(難易度■■■□□)

① 教育を受ける者が，学校生活を営む上で必要な規律を重んずるととも

75

に，自ら進んで学習に取り組む意欲を高めることを重視して行われなければならない。

② 私立学校の有する公の性質及び学校教育において果たす重要な役割にかんがみ，国及び地方公共団体は，私立学校教育の振興に努めなければならない。ただし，公の財産を支出してはならない。

③ 幼児期の教育は，保護者が第一義的責任を有するものであって，国及び地方公共団体は，幼児の健やかな成長に資する良好な環境の整備その他適当な方法によって，その振興に努めなければならない。

④ 父母その他の保護者は，生活のために必要な習慣を身に付けさせるとともに，自立心を育成し，心身の調和のとれた発達を図るよう努めるものとする。

⑤ 学校及び家庭は，教育におけるそれぞれの役割と責任を自覚するとともに，相互の連携及び協力に努めるものとする。

4 次の記述は，教育基本法のうち教育の目標について述べた条文である。空欄（ A ）〜（ C ）に当てはまる語句の組み合わせとして正しいものを，あとの①〜⑤から１つ選びなさい。 (難易度■■□□□)

・幅広い知識と教養を身に付け，真理を求める態度を養い，（ A ）を培うとともに，健やかな身体を養うこと。

・（ B ）を尊重して，その能力を伸ばし，創造性を培い，自主及び自律の精神を養うとともに，職業及び生活との関連を重視し，勤労を重んずる態度を養うこと。

・（ C ）を尊重し，それらをはぐくんできた我が国と郷土を愛するとともに，他国を尊重し，国際社会の平和と発展に寄与する態度を養うこと。

　　ア　個人の価値　　イ　豊かな情操と道徳心　　ウ　生命
　　エ　環境　　　　　オ　伝統と文化

① A−ア　　B−イ　　C−オ
② A−イ　　B−ア　　C−オ
③ A−ア　　B−ウ　　C−エ
④ A−イ　　B−エ　　C−オ
⑤ A−ア　　B−イ　　C−ウ

5 次は教育基本法の条文である。空欄(A)～(C)に当てはまる語句の組み合わせとして正しいものを，あとの①～⑤から１つ選びなさい。

(難易度■■■□□)

(A)は，生涯にわたる(B)の基礎を培う重要なものであることにかんがみ，国及び地方公共団体は，幼児の健やかな成長に資する良好な環境の整備その他適当な方法によって，その(C)に努めなければならない。

ア 幼稚園教育　　イ 幼児期の教育　　ウ 人格形成　　エ 学習

オ 振興

① A－ア　　B－ウ　　C－エ
② A－ア　　B－エ　　C－オ
③ A－イ　　B－ウ　　C－オ
④ A－イ　　B－エ　　C－オ
⑤ A－ウ　　B－エ　　C－オ

6 教員に関する次の記述の空欄(A)～(C)に当てはまる語句の組み合わせとして適切なものを，あとの①～⑤から１つ選びなさい。

(難易度■■■□□)

法律に定める学校の教員は，自己の崇高な使命を深く自覚し，絶えず(A)に励み，その職責の遂行に努めなければならない。

前項の教員については，その(B)の重要性にかんがみ，その身分は尊重され，待遇の適正が期せられるとともに，(C)の充実が図られなければならない。

ア 研究と修養　　イ 修養と研修　　ウ 養成と研修

エ 使命と職責　　オ 修養と職責

① A－ア　　B－イ　　C－ウ
② A－ア　　B－エ　　C－ウ
③ A－イ　　B－ウ　　C－オ
④ A－イ　　B－エ　　C－ウ
⑤ A－ウ　　B－エ　　C－オ

■ 解 答 ・ 解 説 ◀

1 ③

解説

① 正しくは「その権力は国民の代表者がこれを行使し」(前文)。

② 日本国憲法ではなく, 教育基本法の前文の記述である。

③ 第13条(個人の尊重, 生命・自由・幸福追求の権利の尊重)の記述であり, 正しい。

④ 第19条(思想及び良心の自由)には「公共の福祉に反しない限り」という限定は付いていない。

⑤ 正しくは「何人も, 公共の福祉に反しない限り, 居住, 移転及び職業選択の自由を有する」(第22条)。ここでは「公共の福祉」の限定が付いている。

2 ⑤

解説

① 改正前の旧法(1947年公布)の前文である。混同しないよう, よく注意しておくことが必要である。

② 第1条(教育の目的)の条文であるが, 正しくは「…人格の完成を目指し, 平和で民主的な…」。

③ 第4条(教育の機会均等)第3項の条文であるが, 「能力があるにもかかわらず, 経済的理由によって修学が困難な者に対して」が正しい。

④ 学校教育法第6条の条文である。教育基本法で授業料に関する条文は「国又は地方公共団体の設置する学校における義務教育については, 授業料を徴収しない」(第5条第4項)。

⑤ 第6条(学校教育)第1項の記述である。

3 ①

解説

① 学校教育について規定した第6条第2項の記述である。教育基本法においては学習者の「規律」が強調されている。

② 第8条(私立学校)では, 「助成その他の適当な方法によって私立学校教育の振興に努めなければならない」と, 私学助成が合憲であることを明確にしている。

③ 正しくは「幼児期の教育は, 生涯にわたる人格形成の基礎を培う重要なものであることにかんがみ…」(第11条)。

④　正しくは「父母その他の保護者は，子の教育について第一義的責任を有するものであって…」(第10条第1項)。ここで保護者の教育責任が強調されている。

⑤　正しくは「学校，家庭及び地域住民その他の関係者は」(第13条)。学校・家庭・地域の三者の連携を求めていることに注意する必要がある。

4 ②

解説

　教育基本法第2条からの出題で，順に第一号，第二号，第五号の条文である。教育基本法においては，教育の目標について詳しく記述されている。それぞれの項目は学校教育のみならず家庭教育や社会教育にも適用されるものであるが，とりわけ学校教育においては，それぞれの学校で「教育の目標が達成されるよう」(第6条第2項)各号の規定を具体的な指導につなげていくことが求められるので，しっかりと覚えておくことが必要である。

5 ③

解説

　教育基本法は，全18条から構成されている。問題文は第11条「幼児期の教育」である。「幼稚園教育」となっていないのは，幼稚園における教育だけでなく，保育所で行われる保育や，家庭での教育，地域社会におけるさまざまな子ども・子育て支援活動なども幅広く含むものとされているからである。生後から小学校就学前の時期の教育・保育の重要性をかんがみてのこととされる。

6 ②

解説

　教育基本法第9条の規定であり，教員に関する最も重要な規定として穴埋め問題にもなりやすい条文なので，語句も含めてしっかり覚えておく必要がある。教育は教育を受ける者の人格の完成を目指し，その成長を促す営みであるから，教員には確たる理念や責任感とともに，専門的な知識や深い教養も求められている。だから，まず，自ら進んで「絶えず研究と修養」に励むことが求められるのである。そうした「使命と職責」を果たすためにも，教員個人の努力に任せるだけでなく，国や地方公共団体などによる「養成と研修」が表裏一体となって，教員の資質向上を図っていく，というねらいが，この条文には込められている。

専門試験 | 教育法規／学校教育法

≡ POINT ≡

学校教育法の中の幼児教育に関連する条文は把握しておきたい。併せて，幼稚園教育要領は毎年出題されるため目を通しておきたい。

■▶ **学校教育法**

(幼稚園の教育目的)

第22条 幼稚園は，義務教育及びその後の教育の基礎を培うものとして，幼児を保育し，幼児の健やかな成長のために適当な環境を与えて，その心身の発達を助長することを目的とする。

(幼稚園の教育目標)

第23条 幼稚園における教育は，前条に規定する目的を実現するため，次に掲げる目標を達成するよう行われるものとする。

一 健康，安全で幸福な生活のために必要な基本的な習慣を養い，身体諸機能の調和的発達を図ること。

二 集団生活を通じて，喜んでこれに参加する態度を養うとともに家族や身近な人への信頼感を深め，自主，自律及び協同の精神並びに規範意識の芽生えを養うこと。

三 身近な社会生活，生命及び自然に対する興味を養い，それらに対する正しい理解と態度及び思考力の芽生えを養うこと。

四 日常の会話や，絵本，童話等に親しむことを通じて，言葉の使い方を正しく導くとともに，相手の話を理解しようとする態度を養うこと。

五 音楽，身体による表現，造形等に親しむことを通じて，豊かな感性と表現力の芽生えを養うこと。

上述の通り，学校教育法第22条は教育基本法第11条などの主旨を踏まえ，幼稚園教育の基本的方針を目的として示しており，第22条の具体的内容を第23条で示している。

(教諭等の配置)

第27条 幼稚園には，園長，教頭及び教諭を置かなければならない。

② 幼稚園には，前項に規定するもののほか，副園長，主幹教諭，指導教諭，養護教諭，栄養教諭，事務職員，養護助教諭その他必要な職員を置くことができる。

(中略)

⑨ 教諭は，幼児の保育をつかさどる。

⑩ 特別の事情のあるときは，第１項の規定にかかわらず，教諭に代えて助教諭又は講師を置くことができる。

　なお，第１項では教頭が必置となっているが，第３項では特別な事情等があれば教頭を置かなくともよいことが規定されていることにも注意したい。以上より，幼稚園に最低限必要な人員は園長，教諭(助教諭又は講師)のみとなる。

1 学校教育法の幼稚園に関する条文として適切なものを，次の①～⑤から1つ選びなさい。 (難易度■■■□□)

① 幼稚園は，義務教育及びその後の教育の基礎を培うものとして，幼児を教育し，幼児の健やかな成長のために適当な保育を与えて，その心身の発達を助長することを目的とする。

② 集団生活を通じて，喜んでこれに参加する態度を養うとともに家族や身近な人への信頼感を深め，自主，自律及び協同の精神並びに規範意識の芽生えを養うこと。

③ 幼稚園においては，……幼児期の教育に関する各般の問題につき，保護者及び地域住民その他の関係者からの相談に応じ，必要な情報の提供及び助言を行うなど，家庭及び地域における幼児期の教育の支援を行うことができる。

④ 幼稚園に入園することのできる者は，その年度に満3歳に達する幼児から，小学校就学の始期に達するまでの幼児とする。

⑤ 教頭は，園長(副園長を置く幼稚園にあつては，園長及び副園長)を助け，園務を整理する。

2 学校教育法に規定する内容として適切なものを，次の①～⑤から1つ選びなさい。 (難易度■■■□□)

① 私立幼稚園を設置しようとするときは，市町村教育委員会の認可を受けなければならない。

② 幼稚園では，学校運営の評価を行い，改善のために必要な措置を講じなくてはならない。

③ 幼稚園には，園長，教頭，主幹教諭，教諭を必ず置かなければならない。

④ 小学校は，家庭教育の基礎の上に普通教育を行う学校である。

⑤ 特別支援学校は，視覚障害者，聴覚障害者，知的障害者を対象とする学校である。

3 次の記述は，学校教育法に定める幼稚園の目的である。空欄(A)～(C)に当てはまる語句の組み合わせとして正しいものを，あとの①～⑤から1つ選びなさい。 (難易度■■□□□)

幼稚園は，(**A**)及びその後の教育の基礎を培うものとして，幼児を(**B**)し，幼児の健やかな成長のために適当な(**C**)を与えて，その心身の発達を助長することを目的とする。

ア　小学校　　イ　義務教育　　ウ　教育　　エ　保育
オ　環境

① A-ア　　B-イ　　C-エ
② A-ア　　B-ウ　　C-エ
③ A-ア　　B-エ　　C-オ
④ A-イ　　B-ウ　　C-オ
⑤ A-イ　　B-エ　　C-オ

4 学校教育法に定める「幼稚園教育の目標」の記述として誤っているものを，次の①～⑤から１つ選びなさい。　　　　　(難易度■■■□□)

① 健康，安全で幸福な生活のために必要な基本的な習慣を養い，身体諸機能の調和的発達を図ること。

② 生活の仕方を知り，自分たちで生活の場を整えながら見通しをもって行動すること。

③ 身近な社会生活，生命及び自然に対する興味を養い，それらに対する正しい理解と態度及び思考力の芽生えを養うこと。

④ 日常の会話や，絵本，童話等に親しむことを通じて，言葉の使い方を正しく導くとともに，相手の話を理解しようとする態度を養うこと。

⑤ 音楽，身体による表現，造形等に親しむことを通じて，豊かな感性と表現力の芽生えを養うこと。

5 学校教育法における小学校教育の規定として適切なものを，次の①～⑤から１つ選びなさい。　　　　　(難易度■■■□□)

① 中学校及びその後の教育の基礎を培うものとして，児童を教育し，児童の健やかな成長のために適当な環境を与えて，その心身の発達を助長することを目的とする。

② 生涯にわたり学習する基盤が培われるよう，基礎的な知識及び技能を習得させることに，特に意を用いなければならない。

③ 教育指導を行うに当たり，児童の体験的な学習活動，特にボランティア活動など社会奉仕体験活動，自然体験活動その他の体験活動の充実に

努めるものとする。

④ 文部科学大臣の検定を経た教科用図書又は文部科学省が著作の名義を有する教科用図書を使用することができる。

⑤ 性行不良で他の児童の教育に妨げがあると認められる児童があっても，その保護者に対して，児童の出席停止を命ずることはできない。

6 学校教育法施行規則の規定として適切なものを，次の①〜⑤から1つ選びなさい。　　　　　　　　　　　　　　　　（難易度■■■□□）

① 幼稚園の毎学年の教育週数は，特別の事情のある場合を除き，35週を下つてはならない。

② 職員会議は，学校の重要事項の決定機関であり，校長が召集する。

③ 学年は，4月1日に始まり，翌年3月31日に終わる。

④ 教育活動その他の学校運営の状況について，自ら評価を行い，その結果を公表することに努めなければならない。

⑤ 幼稚園の1日の教育課程に係る教育時間は，4時間を標準とする。

7 学校教育法施行規則の条文として適切なものを，次の①〜⑤から1つ選びなさい。　　　　　　　　　　　　　　　　（難易度■■■□□）

① 校長及び教員が児童等に懲戒や体罰を加えるに当たつては，児童等の心身の発達に応ずる等教育上必要な配慮をしなければならない。

② 幼稚園の設備，編制その他設置に関する事項は，この章に定めるもののほか，文部科学大臣の定めるところによる。

③ 幼稚園の毎学年の教育週数は，特別の事情のある場合を除き，39週を下つてはならない。

④ 職員会議を置かなければならない。

⑤ ……当該小学校の教育活動その他の学校運営の状況について，自ら評価を行い，その結果を公表することに努めるものとする。

8 次の記述は，学校評価に関するものである。正しい記述の組み合わせを，あとの①〜⑤から1つ選びなさい。　　　　　（難易度■■■■□）

ア 学校評価は，特別の事情があるときには実施しないことができる。

イ 学校評価には，自己評価，学校関係者評価，第三者評価の3種類がある。

ウ 学校関係者評価の評価者には，その学校の教職員は加われない。

エ　学校評価の結果は，その学校の設置者に報告しなければならない。

オ　第三者評価を実施することに努めるものとする。

①　ア，イ　　②　ア，エ，オ　　③　イ，ウ　　④　イ，ウ，エ

⑤　ウ，エ，オ

9 学校評議員制度に関する学校教育法施行規則の記述として適切なものを，次の①～⑤から１つ選びなさい。　　　　　　　　　　　(難易度■■■■□)

①　学校には，学校評議員会を置くものとする。

②　学校評議員は，校長が委嘱する。

③　学校評議員は，校長の求めに応じて意見を述べる。

④　校長は，学校運営の方針を作成し，学校評議員の承認を得なければならない。

⑤　教育委員会は，学校評議員の意見を尊重しなければならない。

10 幼稚園の設置に関する記述のうち，適切なものを，次の①～⑤から１つ選びなさい。　　　　　　　　　　　(難易度■■■□□)

①　私立幼稚園を設置できるのは，学校法人に限られる。

②　市町村には，幼稚園の設置が義務付けられている。

③　幼稚園の１学級の幼児数は，幼稚園教育要領によって定められている。

④　園舎は２階建以下を原則とし，保育室，遊戯室，便所は１階に置かなければならない。

⑤　幼稚園には，図書室を置かなければならない。

11 幼稚園設置基準に関する記述として適切なものを，次の①～⑤から１つ選びなさい。　　　　　　　　　　　(難易度■■■□□)

①　学級は，学年の初めの日の前日において同じ年齢にある幼児で編制することを原則とする。

②　幼稚園に置く教員等は，他の学校の教員等と兼ねることができないことを原則とする。

③　養護教諭は，必ず置かなければならない。

④　保育室の数は，学級数の３分の１を下回ってはならない。

⑤　運動場を園舎と離れた敷地に設けるときは，バスなどの移動手段を講じなければならない。

12 幼稚園設置基準の条文として適切なものを，次の①～⑤から１つ選びな
さい。　　　　　　　　　　　　　　　　　　　(難易度■■■□□)

① この省令で定める設置基準は，幼稚園を設置するのに必要な最低の基
準を示すものであるから，幼稚園の設置者は，幼稚園の水準の向上を図
ることに努めなければならない。

② １学級の幼児数は，40人以下でなければならない。

③ 保育室，遊戯室及び便所の施設は，第１階に置くことを原則とする。

④ 保育室と遊戯室及び職員室と保健室とは，それぞれ別に設けるものと
する。

⑤ 園具及び教具は，常に改善し，補充するよう努めるものとする。

13 公立学校の休業日に関する法律の規定として，適切でないものを，次の
①～⑤から１つ選びなさい。　　　　　　　　　　(難易度■■■■□)

① 土曜日

② 日曜日

③ 国民の祝日

④ 年間90日の夏季・冬季休業日

⑤ 教育委員会の定める日

14 次は，文部科学省が示した「幼稚園施設整備指針」(平成30年３月)のな
かの「人とのかかわりを促す工夫」についての記述である。文中の
(A)～(C)に当てはまる語句をア～クから選ぶとき，正しい組み
合わせを，あとの①～⑤から１つ選びなさい。　　(難易度■■□□□)

幼児が教師や他の幼児などと(A)をおくる中で，信頼感や思いやりの
気持ちを育て，また，地域住民，高齢者など様々な人々と親しみ，
(B)を育て人とかかわる力を養うことに配慮した施設として計画するこ
とが重要である。その際，近隣の小学校の児童等との(C)に配慮した施
設として計画したり，アルコーブ，デン等を計画し，幼児と人との多様な
かかわり方が可能となる施設面での工夫を行ったりすることも有効である。

ア 遊び　　　イ 道徳心　　　ウ 社会生活　　　エ 相互理解

オ 自立心　　カ 学習活動　　キ 集団生活　　　ク 交流

　① A－キ　　B－オ　　C－ク

　② A－ウ　　B－ア　　C－ク

③ A-エ　　B-イ　　C-オ
④ A-カ　　B-イ　　C-キ
⑤ A-カ　　B-ア　　C-キ

15 次は，文部科学省が示した「幼稚園施設整備指針」(平成30年3月)の中の「自然や人，ものとの触れ合いの中で遊びを通した柔軟な指導が展開できる環境の整備」についての記述である。文中の(A)～(C)に当てはまる語句をア～クから選ぶとき，正しい組み合わせを，あとの①～⑤から1つ選びなさい。　　　　　　　　(難易度■■□□□)

幼稚園は幼児の(A)な生活が展開される場であることを踏まえ，家庭的な雰囲気の中で，幼児同士や教職員との交流を促すとともに，自然や人，ものとの触れ合いの中で幼児の(B)を満たし，幼児の(C)な活動としての遊びを引き出すような環境づくりを行うことが重要である。

ア 自発的　　イ 行動的　　ウ 満足感　　エ 自立的
オ 好奇心　　カ 主体的　　キ 積極的　　ク 達成感

① A-エ　　B-ク　　C-カ
② A-イ　　B-オ　　C-キ
③ A-カ　　B-オ　　C-ア
④ A-ア　　B-ウ　　C-キ
⑤ A-ア　　B-ク　　C-エ

16 学校教育法に掲げられている幼稚園の目的・目標として適切なものを，次の①～⑤から1つ選びなさい。　　　　　　　　(難易度■■■□□)

① 健康，安全で幸福な生活のために必要な態度を養い，身体諸機能の調和的発達を図ること。

② 義務教育及びその後の教育の基礎を培うものとして，幼児を保育し，幼児の健やかな成長のために安全な環境を与えて，その心身の発達を助長すること。

③ 身近な社会生活，生命及び自然に対する興味を養い，それらに対する正しい理解と態度及び思考力の芽生えを養うこと。

④ 日常の会話や，絵本，童話等に親しむことを通じて，読解力を正しく導くとともに，相手の話を理解しようとする態度を養うこと。

⑤ 音楽，遊戯，造形等に親しむことを通じて，豊かな感性と表現力の芽生えを養うこと。

■■■■■■■■■ 解答・解説 ▶ ■■■■■■■■■

1 ②
解説

① 第22条(幼稚園の教育目的)の条文だが, 正しくは「幼児を保育し」「適当な環境を与えて」である。

② 第23条には, 幼稚園の教育目標が五号にわたって示されており, 問題文はそのうちの第二号であり, 適切。

③ 最後の部分は「支援に努めるものとする」が正しい。第24条で家庭・地域への教育支援が努力義務化されたことに注意したい。

④ 第26条(入園資格)の条文であるが,「その年度に満3歳に達する幼児」は「満3歳」が正しい。

⑤ 第27条第6項(幼稚園職員の配置と職務)の条文だが, 最後の部分は「園務を整理し, 及び必要に応じ幼児の保育をつかさどる」。なお, 副園長には園長と同様に,「幼児の保育をつかさどる」職務は入っていない。

2 ②
解説

① 第4条第1項第三号(学校の設置廃止等の認可)では, 幼稚園に限らず, 私立の小学校, 高校などの設置は都道府県知事の認可を受けるべきことを定めている。

② 適切である。第42条(小学校)に規定があり, 幼稚園にも準用されることが第28条に規定されている。学校評価とそれに基づく改善は重要な教育課題であり, 注意しておく必要がある。

③ 第27条第2項では主幹教諭は「置くことができる」職とされており, 必置ではない。

④ 第29条(小学校の教育目的)の規定は「心身の発達に応じて, 義務教育として行われる普通教育のうち基礎的なものを施すことを目的とする」。

⑤ 第72条では, このほかに肢体不自由者又は病弱者(身体虚弱者を含む。)を規定している。

3 ⑤
解説

1876年にわが国で最初の幼稚園が東京女子師範学校の附属として設置された後, 最初の独立の規程は「幼稚園保育及設備規程」(1899年)であった。

1926年の「幼稚園令」では「心身ヲ健全ニ発達セシメ善良ナル性情ヲ滋養シ家庭教育ヲ補フ」という目的が明文化されるところとなった。本間の学校教育法では，幼稚園が「義務教育及びその後の教育の基礎を培う」となっているのは，その後の段階的な学校教育の基礎としての位置付けを強調するねらいがある。

4 ②

解説

　幼稚園の教育目標は，学校教育法第23条で規定されている。②は同条第二号であるが，「集団生活を通じて，喜んでこれに参加する態度を養うとともに家族や身近な人への信頼感を深め，自主，自律及び協同の精神並びに規範意識の芽生えを養うこと」が正しい。なお，②の記述は，幼稚園教育要領(2017年3月告示)における第2章「健康」2「内容」(8)「幼稚園における生活の仕方を知り，自分たちで生活の場を整えながら見通しをもって行動する」である。幼稚園教育要領の内容も，学校教育法の目標を具体化するものであるから，両者には対応関係があることを確認しつつも，混同しないよう，条文に即して覚えておくようにしたい。

5 ③

解説

　小学校教育に関しては，幼稚園教育との連携・接続が大きな課題になっていることからも，しっかり把握しておきたい。

① 正しくは「心身の発達に応じて，義務教育として行われる普通教育のうち基礎的なものを施すことを目的とする」(第29条)。

② 「…基礎的な知識及び技能を習得させるとともに，これらを活用して課題を解決するために必要な思考力，判断力，表現力その他の能力をはぐくみ，主体的に学習に取り組む態度を養うことに，特に意を用いなければならない」(第30条第2項)が正しい。

④ 正しくは「使用しなければならない」(第34条第1項)。

⑤ 第35条では，出席停止を命ずることができること，及びその具体的な行為について明記している。

6 ③

解説

① 正しくは「39週」(第37条)。なお，幼稚園教育要領(平成29年3月告示)

にも同様の規定がある。

② 職員会議は以前,慣例として置かれているだけだったが,2000年の改正で初めて法令上に位置付けられるとともに,「校長の職務の円滑な執行に資するため」に「置くことができる」ものであり,あくまで「校長が主宰する」ものであることも明確化された(第48条第2項など)。

③ 適切である。第59条に明記されており,幼稚園にも準用される。

④ 正しくは「…公表するものとする」(第66条第1項)。努力義務ではなく,実施義務であることに注意。

⑤ 幼稚園教育要領の規定である。学校教育法施行規則第38条では「幼稚園の教育課程その他の保育内容については…幼稚園教育要領によるものとする」としている。

7 ③
解説

① 第26条第1項(懲戒)の規定であるが,体罰は学校教育法第11条で禁止されている。

② 第3章(幼稚園)の第36条(設置基準)には,文部科学大臣ではなく「幼稚園設置基準(昭和31年文部省令第32号)の定めるところによる」とされている。

③ 第37条(教育週数)にこの定めがあり,適切。

④ 正しくは「校長の職務の円滑な執行に資するため,職員会議を置くことができる」(第48条第1項)。職員会議は長く学校の慣例として設けられていたが,2000年の改正で初めて法令に規定された。

⑤ 第66条第1項(自己評価と公表義務)の条文であるが,正しくは「……公表するものとする」である。

8 ④
解説

学校評価は学校に実施が義務付けられているものであり,その内容をきちんと押さえておく必要がある。学校教育法第42条では,小学校について「文部科学大臣の定めるところにより当該小学校の教育活動その他の学校運営の状況について評価を行い,その結果に基づき学校運営の改善を図るため必要な措置を講ずること」と明記されている。また,学校教育法施行規則には,保護者など学校の「関係者による評価」の実施と公表の努力義務(第

67 条), 評価結果を設置者に報告する義務(第 68 条)が規定されている。なお, 「第三者評価」は法令ではなく「学校評価ガイドライン」(文部科学省)に 2008(平成 20)年改訂時から示されている。

9 ③
解説

　学校教育法施行規則第 49 条では, ▽小学校には, 設置者の定めるところにより, 学校評議員を置くことができる▽学校評議員は, 校長の求めに応じ, 学校運営に関し意見を述べることができる▽学校評議員は, 当該小学校の職員以外の者で教育に関する理解及び識見を有するもののうちから, 校長の推薦により, 学校の設置者が委嘱すると規定されている。学校評議員「会」ではなく, 評議員個人に対して, 学校の設置者(教育委員会や学校法人など)が委嘱するものとされていることに注意する必要がある。よって①②は誤り。学校評議員制度も「開かれた学校づくり」を目指すものであるが, ④⑤については「学校運営協議会」(コミュニティ・スクール)と混同しないよう注意したい。

10 ④
解説

① 学校教育法第 2 条では, 学校の設置者を国, 地方公共団体, 学校法人に限っているが, 幼稚園に関しては附則第 6 条で「当分の間, 学校法人によって設置されることを要しない」とされており, 実際に宗教法人立幼稚園などがある。

② 市町村に設置が義務付けられているのは, 小・中学校だけである(学校教育法第 38 条, 第 49 条)。

③ 1 学級当たりの幼児数を定めているのは, 幼稚園設置基準である。

④ 適切である。幼稚園設置基準第 8 条第 1 項にこの規定があり, 3 階建以上とするのは「特別の事情があるため」とされている。

⑤ 図書室は小学校などには必置だが, 幼稚園の場合は「備えるように努めなければならない」(幼稚園設置基準第 11 条)とするにとどめている。

11 ①
解説

① 第 4 条の規定で, 適切である。

② 第 5 条第 4 項の規定は「幼稚園に置く教員等は, 教育上必要と認められ

る場合は，他の学校の教員等と兼ねることができる」となっている。自治
体などによっては幼稚園長と小学校長を兼職することが普通になってい
るところも少なくない。

③　第6条の規定は「養護をつかさどる主幹教諭，養護教諭又は養護助教諭
及び事務職員を置くように努めなければならない」とされており，努力義
務にとどめている。

④　第9条第2項は「保育室の数は，学級数を下つてはならない」としている。

⑤　第8条第2項では「園舎及び運動場は，同一の敷地内又は隣接する位置
に設けることを原則とする」としている。

12 ①

解説

①　第2条(基準の向上)にこの規定があり，適切。

②　第3条(1学級の幼児数)の条文であるが，正しくは「35人以下を原則と
する」。

③　第8条第1項(園地，園舎及び運動場)の条文であるが，正しくは「置か
なければならない」。なお，この規定の後に，但し書きとして，「園舎が
耐火建築物で，幼児の待避上必要な施設を備えるものにあつては，これ
らの施設を第2階に置くことができる」とされている。

④　第9条第1項(施設及び設備等)に「特別の事情があるときは，保育室と
遊戯室及び職員室と保健室とは，それぞれ兼用することができる」との
規定がある。

⑤　第10条第2項の規定であるが，正しくは「～しなければならない」。

13 ④

解説

　学校教育法施行規則第61条は，公立小学校の休業日を▽国民の祝日に関
する法律に規定する日▽日曜日及び土曜日▽学校教育法施行令第29条の規
定により教育委員会が定める日──に限っており，幼稚園などほかの公立
学校種にも準用される。学校教育法施行令第29条では夏季，冬季，学年末
などの休業日を，市町村立学校の場合は市町村教委が，都道府県立学校の
場合は都道府県教委が定めることとしているが，日数の規定は特になく，
授業日数や休業日などを差し引きすれば年間90日程度になるということに
過ぎない。なお，私立学校の場合は学則で定めることとしている(学校教育

法施行規則第 62 条)。したがって，適切でないものは④である。

① ①

解説

A：集団生活では信頼感や思いやりの気持ちを育てることが大切となる。集団生活をとおして幼児は「自分一人でやり遂げなければならないことや解決しなければならないことに出会ったり，その場におけるきまりを守ったり，他の人の思いを大切にしなければならないなど，今までのように自分の意志が通せるとは限らない状況になったりもする。このような場面で大人の手を借りながら，他の幼児と話し合ったりなどして，その幼児なりに解決し，危機を乗り越える経験を重ねることにより，次第に幼児の自立的な生活態度が培われていく」とある(幼稚園教育要領解説(平成 30 年 2 月，文部科学省)序章第 2 節「幼児期の特性と幼稚園教育の役割」1「幼児期の特性」①「生活の場」)。

B：人とのかかわりのなかから自立心も育つ。前文参照。

C：アルコーブやデンは人との交流を図る場の例として挙げられている。アルコーブとは廊下やホールに面し休憩したり読書したりできる小スペース。デンは幼児の身体に合った穴ぐら的空間。

15 ③

解説

A：幼児の主体性が奪われることになると，幼児が興味や関心を抱くことを妨げ，その後の活動の展開を促す好奇心も生まれにくくなる。幼稚園ではなによりも，子どもの主体性を尊重することが求められる。

B：幼稚園教育要領解説(平成 30 年 2 月，文部科学省)第 1 章第 3 節「教育課程の役割と編成等」5「小学校教育との接続に当たっての留意事項(1)「小学校以降の生活や学習の基盤の育成」では「幼稚園教育は，幼児期の発達に応じて幼児の生きる力の基礎を育成するものである。特に，幼児なりに好奇心や探究心をもち，問題を見いだしたり，解決したりする力を育てること，豊かな感性を発揮したりする機会を提供し，それを伸ばしていくことが大切になる」とある。

C：生活に必要な能力や態度は大人が教えるように考えられがちだが，幼児期には，幼児自身が自発的・能動的に環境とかかわりながら，生活の中で状況と関連付けて身に付けていくことが重要である。

16 ③

解説

学校教育法第22条，第23条を参照。

① 第23条第一号。「態度」→「基本的な習慣」となる。幼児期は，人間の基本的な習慣を形成する時期である。正しい生活習慣が身につくよう，家庭と連携しつつ指導する。

② 第22条。「安全な環境」→「適当な環境」となる。安全なだけでは，幼児にとって「適当」な環境とは言えない。

③ 第23条第三号をそのまま記したもので，適切である。

④ 第23条第四号。「読解力」→「言葉の使い方」となる。幼稚園では文字の読み書きを教えてはいるが，童話，絵本等への興味を養うことが目標であり，子どもが確実に読み書きできるようにすることが目標ではない。

⑤ 第23条第五号。「遊戯」→「身体による表現」となる。身体による表現のほうが，対象とする範囲が広いことに注意。

専門試験　教育法規／教員関係・保健関係，その他法規

≡ POINT ≡

　教育公務員特例法は，主として教育公務員(公立幼稚園教諭を含む)の任免等に関する規定である。学校保健安全法は，学校における児童生徒等及び職員の健康の保持増進を図るための法律である。

　また，学校給食法は，「学校給食の普及充実及び学校における食育の推進を図ること」(第1条)を目的とする法律である。併せて，各種の子ども家庭福祉関連法規や国際連合において採択された「世界人権宣言」(1948年)，「児童の権利に関する条約」(1989年)なども把握しておきたい。

▶ 教育公務員特例法

第1条　この法律は，教育を通じて国民全体に奉仕する教育公務員の職務とその責任の特殊性に基づき，教育公務員の任免，人事評価，給与，分限，懲戒，服務及び研修等について規定する。

第2条　2　この法律において「教員」とは，公立学校の教授，准教授，助教，副校長(副園長を含む。以下同じ。)，教頭，主幹教諭(幼保連携型認定こども園の主幹養護教諭及び主幹栄養教諭を含む。以下同じ。)，指導教諭，教諭，助教諭，養護教諭，養護助教諭，栄養教諭，主幹保育教諭，指導保育教諭，保育教諭，助保育教諭及び講師をいう。

▶ 学校保健安全法

(学校保健に関する学校の設置者の責務)

第4条　学校の設置者は，その設置する学校の児童生徒等及び職員の心身の健康の保持増進を図るため，当該学校の施設及び設備並びに管理運営体制の整備充実その他の必要な措置を講ずるよう努めるものとする。

(学校保健計画の策定等)

第5条　学校においては，児童生徒等及び職員の心身の健康の保持増進を図るため，児童生徒等及び職員の健康診断，環境衛生検査，児童生徒等に対する指導その他保健に関する事項について計画を策定し，これを実施しなければならない。

■▶ 児童福祉法

(児童の権利)

第1条 全て児童は，児童の権利に関する条約の精神にのつとり，適切に養育されること，その生活を保障されること，愛され，保護されること，その心身の健やかな成長及び発達並びにその自立が図られることその他の福祉を等しく保障される権利を有する。

条文にある「児童の権利に関する条約」(子どもの権利条約)は1990年に発効，我が国では1994年に批准した国際条約で，国際人権規約に基づいて作成されたものである。子どもの権利条約では「生きる権利」「育つ権利」「守られる権利」「参加する権利」の4つを柱としている。児童福祉法は，少なくとも第4条まではおさえておきたい。

■▶ 児童虐待の防止等に関する法律(児童虐待防止法)

(児童虐待の早期発見等)

第5条 学校，児童福祉施設，病院，都道府県警察，婦人相談所，教育委員会，配偶者暴力相談支援センターその他児童の福祉に業務上関係のある団体及び学校の教職員，児童福祉施設の職員，医師，歯科医師，保健師，助産師，看護師，弁護士，警察官，婦人相談員その他児童の福祉に職務上関係のある者は，児童虐待を発見しやすい立場にあることを自覚し，児童虐待の早期発見に努めなければならない。

(児童虐待に係る通告)

第6条 児童虐待を受けたと思われる児童を発見した者は，速やかに，これを市町村，都道府県の設置する福祉事務所若しくは児童相談所又は児童委員を介して市町村，都道府県の設置する福祉事務所若しくは児童相談所に通告しなければならない。

ここでは，「児童虐待の早期発見等(第5条)」は努力義務(怠っても法的に問題となる場合は限られる)，「児童虐待に係る通告(第6条)」は義務(怠った場合は法的に問題となる)であることに注意したい。なお，虐待の種類には「身体的虐待」「性的虐待」「ネグレクト(育児放棄)」「心的虐待」に分類されることもおさえておくこと(同法第2条)。

▶ 学校保健安全法

(学校安全計画の策定等)

第27条 学校においては，児童生徒等の安全の確保を図るため，当該学校の施設及び設備の安全点検，児童生徒等に対する通学を含めた学校生活その他の日常生活における安全に関する指導，職員の研修その他学校における安全に関する事項について計画を策定し，これを実施しなければならない。

(危険等発生時対処要領の作成等)

第29条 学校においては，児童生徒等の安全の確保を図るため，当該学校の実情に応じて，危険等発生時において当該学校の職員がとるべき措置の具体的内容及び手順を定めた対処要領を作成するものとする。

第27条の学校安全計画とは生活における安全や災害安全などを踏まえた教育，安全管理，家庭・地域との連携等を踏まえた計画である。児童生徒に対する指導項目などが示されている。第29条は「第5章 学校安全」にある防災マニュアル作成の根拠条文である。第5章を学習する際，あわせて確認するとよい。

▶ 障害者基本法

(教育)

第16条 国及び地方公共団体は，障害者が，その年齢及び能力に応じ，かつ，その特性を踏まえた十分な教育が受けられるようにするため，可能な限り障害者である児童及び生徒が障害者でない児童及び生徒と共に教育を受けられるよう配慮しつつ，教育の内容及び方法の改善及び充実を図る等必要な施策を講じなければならない。

近年，我が国ではインクルーシブ教育(障害のある児童と障害のない児童が共に学ぶ仕組み)に取り組んでいる。幼稚園教育要領では障害のある幼児への指導(障害のある幼児などの指導に当たっては，集団の中で生活することを通して全体的な発達を促していくことに配慮し，特別支援学校などの助言又は援助を活用しつつ，個々の幼児の障害の状態などに応じた指導内容や指導方法の工夫を組織的かつ計画的に行うものとする)だけでなく，交流学習も「障害のある幼児児童生徒との交流及び共同学習の機会を設け，共に尊重し合いながら協働して生活していく態度を育むよう努める」としている。

演習問題

1 教員に関する記述として適切なものを，次の①～⑤から１つ選びなさい。
(難易度■■■■□)

① 教員は，すべて全体の奉仕者である。

② 教員は，教育の専門家として，校長の指揮命令から一定の独立性が認められている。

③ 教員免許状取上げの処分を受け，３年を経過しない者は，教員にはなれない。

④ 教員として採用された者は，本人の意思に反して，教員以外の職に任命されることはない。

⑤ 教諭は，教育および校務をつかさどる。

2 次は，教育公務員の任命に関する記述である。空欄(A)～(C)に当てはまる語句の組み合わせとして正しいものを，あとの①～⑤から１つ選びなさい。
(難易度■■■□□)

市町村立学校の教員は，(A)の公務員であるが，(B)が給与を負担する教員の任命権は(B)にある。これを，(C)制度という。

　ア　都道府県教育委員会

　イ　市町村教育委員会

　ウ　公費負担教職員

　エ　県費負担教職員

　オ　私費負担教職員

① A－ア　　B－イ　　C－ウ

② A－ア　　B－イ　　C－エ

③ A－イ　　B－ア　　C－ウ

④ A－イ　　B－ア　　C－エ

⑤ A－イ　　B－ア　　C－オ

3 教育公務員に関する記述として，誤っているものを，次の①～⑤から１つ選びなさい。
(難易度■■■□□)

① 勤務時間中であっても，自らの裁量で，勤務場所を離れて研修を行うことができる。

② 職の信用を傷つけたり，職員の職全体の不名誉となるような行為をしたりすることが禁じられている。

③ 全国どこであっても政治的行為をすることができない。

④ 兼職や兼業が認められる場合がある。

⑤ 争議行為を行うことができない。

4 次は教育公務員特例法についての記述である。正しい記述の組み合わせを，あとの①〜⑤から１つ選びなさい。　(難易度■■■□□)

ア　教育公務員は，その職責を遂行するために，絶えず研究と修養に努めなければならない。

イ　教育公務員は，教育長の定めるところにより，現職のままで，長期にわたる研修を受けることができる。

ウ　教諭等の任命権者は，当該教諭等に対して，その採用の日から１年間の教諭又は保育教諭の職務の遂行に必要な事項に関する実践的な研修を実施しなければならない。

エ　教諭等の任命権者は，当該教諭等に対して，個々の能力，適性等に応じて，公立の小学校等における教育に関し相当の経験を有し，その教育活動その他の学校運営の円滑かつ効果的な実施において中核的な役割を果たすことが期待される中堅教諭等としての職務を遂行する上で必要とされる資質の向上を図るために必要な事項に関する研修を実施することに努めるものとする。

オ　教諭等の任命権者は，児童，生徒又は幼児に対する指導が不適切であると認定した教諭等に対して，その能力，適性等に応じて，当該指導の改善を図るために必要な事項に関する研修を実施しなければならない。

①　ア，イ，エ　　②　ア，ウ，オ　　③　イ，ウ，エ
④　イ，ウ，オ　　⑤　ウ，エ，オ

5 教育公務員の研修に関する記述として，教育公務員特例法に照らして適切なものを，次の①〜⑤から１つ選びなさい。　(難易度■■■□□)

① 校長は，教員の研修について，それに要する施設，研修を奨励するための方途その他研修に関する計画を樹立し，その実施に努めなければならない。

② 教員は，授業に支障がなければ，本属長の承認を受けずに，勤務場所

を離れて研修を行うことができる。

③ 教育公務員は，任命権者の定めるところにより，現職のままで，長期にわたる研修を受けることができる。

④ 任命権者は，初任者研修を受ける者の所属する学校の管理職を除く，主幹教諭，指導教諭，主任教諭，教諭，講師のうちから，初任者研修の指導教員を命じるものとする。

⑤ 任命権者は，中堅教諭等資質向上研修を実施するに当たり，小学校，中学校，高等学校，特別支援学校等のそれぞれの校種に応じた計画書を作成し，実施しなければならない。

6 教育公務員の研修に関する記述として適切なものを，次の①〜⑤から１つ選びなさい。　　　　　　　　　　　（難易度■■■□□）

① 在職期間によって，初任者研修，中堅教諭等資質向上研修，20年経験者研修が義務付けられている。

② 初任者には，所属する学校の校長が指導に当たる。

③ 中堅教諭等資質向上研修は，教員の個々の能力，適性等に応じて，資質の向上を図るために行うものである。

④ 校長が必要と認めたときは，教員に指導改善研修を命じることができる。

⑤ 任命権者が派遣する以外に，大学院への修学を理由にした休業は認められない。

7 学校運営協議会に関する記述として正しい記述の組み合わせを，あとの①〜⑤から１つ選びなさい。　　　　　　　（難易度■■■■□）

ア 学校の校長は，その学校に，学校運営協議会を置くことができる。

イ 学校運営協議会の委員は，地域の住民，保護者その他について，校長が任命する。

ウ 校長は，学校の運営に関して，基本的な方針を作成し，学校運営協議会の承認を得なければならない。

エ 学校運営協議会は，学校の職員の採用その他の任用に関する事項について，任命権者に対して意見を述べることができる。任命権者は，その意見を尊重するものとする。

オ 市町村教育委員会は，所管する学校の指定を行おうとするときは，あ

らかじめ都道府県教育委員会と協議しなければならない。

① ア，イ，ウ　　② ア，エ，オ　　③ イ，ウ，エ

④ イ，エ，オ　　⑤ ウ，エ，オ

8 学校保健に関する記述として適切なものを，次の①〜⑤から１つ選びなさい。　　　　　　　　　　　　　　　　　　　(難易度■■□□□)

① 学校においては，児童生徒等及び職員の健康診断，環境衛生検査，児童生徒等に対する指導その他保健に関する事項について計画を策定し，これを実施しなければならない。

② 学校には，保健室を置くことができる。

③ 学校においては，任意の学年に対して，児童生徒等の健康診断を行う。在学中に必ず１回は健康診断を行うものとする。

④ 教育委員会は，感染症にかかつており，かかつている疑いがあり，又はかかるおそれのある児童生徒等の出席を停止させることができる。

⑤ 学校には，学校医を置くことができる。

9 学校保健安全法の条文として誤っているものを，次の①〜⑤から１つ選びなさい。　　　　　　　　　　　　　　　　　　　(難易度■■■□□)

① 学校においては，毎学年定期に，児童生徒等……の健康診断を行わなければならない。

② 校長は，感染症にかかつており，かかつている疑いがあり，又はかかるおそれのある児童生徒等があるときは，政令で定めるところにより，出席を停止させることができる。

③ 学校の設置者は，感染症の予防上必要があるときは，臨時に，学校の全部又は一部の休業を行うことができる。

④ 校長は，当該学校の施設又は設備について，児童生徒等の安全の確保を図る上で支障となる事項があると認めた場合には，遅滞なく，その改善を図るために必要な措置を講じ，又は当該措置を講ずることができないときは，当該学校の設置者に対し，その旨を申し出るものとする。

⑤ 学校の設置者は，学校給食衛生管理基準に照らして適切な衛生管理に努めるものとする。

10 学校安全の記述として誤っているものを，次の①〜⑤から１つ選びなさい。 (難易度■■■□□)

① 学校の設置者は，児童生徒等の安全の確保を図るため，事故，加害行為，災害等により児童生徒等に生ずる危険を防止し，児童生徒等に危険又は危害が現に生じた場合において適切に対処することができるよう，施設及び設備並びに管理運営体制の整備充実その他の必要な措置を講ずるよう努めるものとする。

② 学校においては，児童生徒等の安全の確保を図るため，当該学校の施設及び設備の安全点検，児童生徒等に対する通学を含めた学校生活その他の日常生活における安全に関する指導，職員の研修その他学校における安全に関する事項について計画を策定し，これを実施しなければならない。

③ 校長は，学校の施設又は設備について，児童生徒等の安全の確保を図る上で支障となる事項があると認めた場合には，遅滞なく，その改善を図るために必要な措置を講じ，又は措置を講ずることができないときは，学校の設置者に対し，その旨を申し出るものとする。

④ 学校においては，児童生徒等の安全の確保を図るため，当該学校の実情に応じて，危険等発生時において当該学校の職員がとるべき措置の具体的内容及び手順を定めた対処要領を作成するものとする。

⑤ 教育委員会は，学校における事故等により児童生徒等に危害が生じた場合において，当該児童生徒等及び当該事故等により心理的外傷その他の心身の健康に対する影響を受けた児童生徒等その他の関係者の心身の健康を回復させるため，これらの者に対して学校に替わって必要な支援を行うものとする。

11 学校給食に関する記述として適切なものを，次の①〜⑤から１つ選びなさい。 (難易度■■■■□)

① 学校給食は，児童生徒の福祉のために行うものである。

② 義務教育諸学校では，学校給食を実施しなければならない。

③ 給食調理場は，各学校に設けなければならない。

④ 学校給食を実施する学校には，栄養教諭を置かなければならない。

⑤ 学校給食費は，2017(平成29)年度に76の自治体で小学校・中学校とも無償化が実施された。

12 認定こども園の記述として適切なものを，次の①～⑤から１つ選びなさい。　(難易度■■■□□)

① 認定こども園は，幼稚園や保育所とはまったく別に創設された子育て支援施設である。

② 国ではなく，都道府県が条例で基準を定め，認定する。

③ 職員は，幼稚園教諭と保育士の両方の資格を保有していなければならない。

④ 保育料は保育所と同様，市町村が条例で決定する。

⑤ 施設設備は，幼稚園，保育所それぞれの基準を満たさなければならない。

13 児童虐待の防止等に関する法律の記述として適切なものを，次の①～⑤から１つ選びなさい。　(難易度■■■□□)

① この法律で「児童」とは，12歳未満の者を対象としている。

② 児童に対する直接の暴力だけでなく，保護者同士の暴力についても禁止している。

③ この法律では，児童に対する保護者の暴力のみを対象としている。

④ 虐待を発見した者は，証拠を見つけた上で，児童相談所などに通告しなければならない。

⑤ 守秘義務を有する学校の教職員には，早期発見の努力義務までは課されていない。

14 次は，児童養護施設に関する説明である。空欄(A)～(C)に当てはまる語句の組み合わせとして正しいものを，あとの①～⑤から１つ選びなさい。　(難易度■■■□□)

児童養護施設は，保護者のない児童，虐待されている児童その他環境上養護を要する児童を入所させて，これを(A)し，あわせて退所した者に対する(B)その他の自立のための(C)を行うことを目的とする施設とする。

　ア　教育　　イ　養護　　ウ　相談　　エ　援助　　オ　支援

① A－ア　　B－イ　　C－ウ

② A－ア　　B－ウ　　C－エ

③ A－ア　　B－ウ　　C－オ

④ A－イ　　B－ウ　　C－エ

⑤ A－イ　　B－ウ　　C－オ

15 食育基本法の内容として適切なものの組み合わせを，あとの①～⑤から１つ選びなさい。 (難易度■■■■□)

ア　父母その他の保護者は，食育について第一義的責任を有するものであって，国及び地方公共団体は，保護者に対する学習の機会及び情報の提供その他の支援のために必要な施策を講ずるよう努めなければならない。

イ　地方公共団体は，基本理念にのっとり，食育の推進に関し，国との連携を図りつつ，その地方公共団体の区域の特性を生かした自主的な施策を策定し，及び実施する責務を有する。

ウ　国民は，家庭，学校，保育所，地域その他の社会のあらゆる分野において，基本理念にのっとり，生涯にわたり健全な食生活の実現に自ら努めるとともに，食育の推進に寄与するよう努めるものとする。

エ　都道府県は，食育推進基本計画を基本として，当該都道府県の区域内における食育の推進に関する施策についての計画を作成するよう努めなければならない。

オ　市町村は，都道府県の食育推進基本計画に従って食育を推進するものとする。

① ア，イ，ウ　　② ア，ウ，エ　　③ イ，ウ，エ
④ イ，ウ，オ　　⑤ ウ，エ，オ

16 次は発達障害者支援法の条文である。空欄（　A　）～（　C　）に当てはまる語句の組み合わせとして正しいものを，あとの①～⑤から１つ選びなさい。 (難易度■■■■□)

　国及び地方公共団体は，基本理念にのっとり，（　A　）に対し，発達障害の症状の発現後できるだけ早期に，その者の状況に応じて適切に，就学前の（　B　），学校における（　B　）その他の（　B　）が行われるとともに，発達障害者に対する就労，地域における生活等に関する（　C　）及び発達障害者の家族その他の関係者に対する（　C　）が行われるよう，必要な措置を講じるものとする。

　ア　発達障害児　　イ　保護者　　ウ　教育　　エ　発達支援
　オ　支援

① A－ア　　B－ウ　　C－エ　　② A－ア　　B－ウ　　C－オ
③ A－ア　　B－エ　　C－オ　　④ A－イ　　B－ウ　　C－エ
⑤ A－イ　　B－ウ　　C－オ

17 学校事故として災害共済給付の対象となる「学校の管理下」の記述として誤っているものを，次の①～⑤から1つ選びなさい。

(難易度■■■■□)

① 法令の規定により学校が編成した教育課程に基づく授業を受けている場合

② 学校の教育計画に基づいて行われる課外指導を受けている場合

③ その他，校内にある場合

④ 通常の経路及び方法により通学する場合

⑤ これらの場合に準ずる場合として文部科学省令で定める場合(寄宿舎にある場合など)

18 次に挙げた条文と法規名などの組み合わせとして正しいものを，あとの①～⑤から1つ選びなさい。 (難易度■■■■□)

A 全て児童は，児童の権利に関する条約の精神にのつとり，適切に養育されること，その生活を保障されること，愛され，保護されること，その心身の健やかな成長及び発達並びにその自立が図られることその他の福祉を等しく保障される権利を有する。

B 幼稚園は，義務教育及びその後の教育の基礎を培うものとして，幼児を保育し，幼児の健やかな成長のために適当な環境を与えて，その心身の発達を助長することを目的とする。

C 幼稚園教育は，幼児期の特性を踏まえ環境を通して行うものであることを基本とする。

D 1学級の幼児数は，35人以下を原則とする。

ア 日本国憲法		イ 児童憲章	
ウ 学校教育法		エ 学校教育法施行規則	
オ 児童福祉法		カ 児童福祉法施行規則	
キ 幼稚園教育要領		ク 幼稚園設置基準	
ケ 教育基本法			

① A－ア　　B－ウ　　C－ケ　　D－ク

② A－イ　　B－ク　　C－カ　　D－エ

③ A－オ　　B－ウ　　C－キ　　D－ク

④ A－オ　　B－キ　　C－ケ　　D－カ

⑤ A－イ　　B－ウ　　C－キ　　D－エ

■■■■■■■■■■■■■■■ 解答・解説 ■■■■■■■■■■■■■■■

1 ③
解説

① 旧教育基本法には「法律に定める学校の教員は，全体の奉仕者」という
規定があったが，2006年の改正で削除された。私立学校の教員を含んだ
規定であるのに，公務員を想起させる表現になっている，という理由か
らである。

② 教育公務員の場合，「上司の職務上の命令に忠実に従わなければならな
い」(地方教育行政法第43条第3項)と明記されている。

③ 適切である。学校教育法第9条第三号，教育職員免許法第5条第1項
第六号に規定がある。

④ 教育公務員であっても，指導不適切教員の認定を経れば，教員以外の
職に転職させることが可能である(地方教育行政法第47条の2第1項)。

⑤ 学校教育法第37条第11項に，教諭は「教育をつかさどる」とある。「校
務をつかさどる」のは校長。

2 ④
解説

地方教育行政法は，市町村立学校の教職員の給与を，都道府県が負担する
ことを定めている。これは県費負担教職員制度といわれ，市町村教育委員会
が設置する小・中学校に関して，市町村の財政力の格差に左右されることな
く，義務教育の水準を保つための措置である(さらに県費負担教職員の給与
の3分の1は，国が負担)。あくまで身分上は市町村の職員であるが，採用
や異動，昇任などの人事は，給与を負担する都道府県教委が行う。よって，
都道府県教委が県費負担教職員の「任命権者」である。ただし，市町村が給
与を全額負担すれば，その教職員に関する人事権は市町村教委が持つこと
ができる。

3 ①
解説

① 誤りである。地方公務員法第35条で，勤務時間中は職務にのみ従事し
なければならないことが規定されており(いわゆる「職務専念義務」)，勤
務場所を離れて研修を行う場合は，市町村教育委員会の承認によって職
務専念義務の免除を受けなければならない。

② 地方公務員法第33条に規定がある。

③ 一般公務員には所属する地方公共団体の区域外での政治的行為が認められているが(地方公務員法第36条第2項)、教育公務員には禁じられている(教育公務員特例法第18条第1項)。

④ 任命権者が認めれば、教育に関する他の事務や事業に従事することができる(教育公務員特例法第17条第1項)。

⑤ 地方公務員法第37条第1項に規定がある。

4 ②
解説

アは第21条(研修)第1項、ウは第23条(初任者研修)第1項、オは第25条(指導改善研修)第1項の条文である。イについては第22条(研修の機会)第3項で、任命権者の定めるところにより、現職のままで、長期にわたる研修を受けることができるとされている。エについては第24条(中堅教諭等資質向上研修)第1項の規定であるが、2002(平成14)年6月の改正で初めて法令上の規定とされた際に、「実施しなければならない」とされた。なお、2017(平成29)年4月より、名称が「十年経験者研修」より「中堅教諭等資質向上研修」に改正された。

5 ③
解説

① 「校長」ではなく「教育公務員の任命権者」が正しい。(教育公務員特例法第21条第2項)

② 勤務場所を離れて研修を行う場合は、授業に支障がなくとも本属長の承認が必要である。(教育公務員特例法第22条第2項)

④ 指導教員は副校長、教頭が行うことも可能である。(教育公務員特例法第23条第2項)

⑤ 計画書の作成基準はそれぞれの校種ではなく、研修を受ける者の能力、適性等について評価を行い、その結果に基づいて作成される(教育公務員特例法第24条第2項)。

6 ③
解説

いずれも教育公務員特例法に規定があるものに関する出題である。

① 同法で義務付けられているのは初任者研修(第23条)と中堅教諭等資質

向上研修(第24条)のみである。これ以外に15年，20年などの経験者研修を課している場合は，都道府県教委などの独自判断によるものである。

② 指導教員は，副校長，教頭，主幹教諭(養護又は栄養の指導及び管理をつかさどる主幹教諭を除く。)，指導教諭，教諭，主幹保育教諭，指導保育教諭，保育教諭又は講師のうちから，指導教員を命じるものとされている。(第23条第2項)。

③ 適切である。第24条第1項に規定がある。

④ 指導改善研修は，任命権者により指導が不適切であると認定された教員に対して行われる(第25条第1項)。

⑤ 専修免許状の取得を促進するため，2000年に「大学院修学休業制度」が創設されている(第26条)。

7 ⑤
解説

学校運営協議会は，2004年の地方教育行政法改正で設置された制度である。同法第47条の5に，10項にわたって規定がある。努力義務であって，教育委員会が指定する学校に置かれ(第1項)，委員も教委が任命する(第2項)。よってア，イは誤り。ただし，教育課程の編成など学校運営の基本的な方針に関して学校運営協議会の承認が必要になること(第4項)とともに，委員が意見を述べることができる範囲は，学校運営(第6項)だけにとどまらず，教員の人事にも及び(第7項)，教員の任命権者である都道府県教委もその意見を尊重しなければならない(第8項)。

8 ①
解説

出題は，学校保健安全法の規定である。

① 第5条であり適切。なお，①でいう「児童生徒等」には幼児も含まれている。

② 保健室は「設けるものとする」(第7条)とされており，必置である。

③ 健康診断は「毎学年定期に」行うものとされている(第13条第1項)。このほか必要があるときは，臨時にも行う(同第2項)。

④ 出席停止は，政令の定めに従って，校長の権限で行うことができる(第19条)。新型インフルエンザ対策など，同法の規定の重要性が再確認されたことであろう。

⑤　学校医は必置であり(第23条第1項)，医師の中から委嘱又は任命する。なお，学校歯科医や学校薬剤師も，大学を除く学校には必置である。

9 ⑤
解説

① 第13条(健康診断)第1項の条文である。なお，第2項に「必要があるときは，臨時に児童生徒等の健康診断を行うものとする」とある。

② 第19条(出席停止)の条文である。

③ 第20条(臨時休業)の規定である。

④ 第28条の規定である。

⑤ これは学校給食法第9条(学校給食衛生管理基準)第2項の条文であるので，誤り。なお，学校給食法は義務教育諸学校で実施される学校給食について定めたものであり，学校給食は，栄養の補充のほか，正しい食生活習慣を身に付けるなど教育の場としても位置付けられている。2005年度からは栄養教諭制度も創設され，「児童の栄養の指導及び管理をつかさどる」(学校教育法第37条第13項)とされている。

10 ⑤
解説

学校安全に関しては，2008年に「学校保健法」を改正して「学校保健安全法」と改称し，その充実が図られたところである。学校現場においてもその重要性が増しており，試験対策としても，各条文を十分確認しておくことが求められる。①は第26条，②は第27条，③は第28条の規定である。④は第29条第1項の規定であり，この対処要領を「危険等発生時対処要領」という。⑤この条文は，「学校においては…」と学校の責務について定めた第29条第3項の規定であり，「教育委員会は」「学校に替わって」は誤り。

11 ⑤
解説

① 学校給食法第1条では，学校給食が児童及び生徒の心身の健全な発達だけでなく，食に関する指導の重要性，食育の推進についても規定しており，「教育」の一環として行うものでもあることを明確にしている。

② 同法第4条では，義務教育諸学校の設置者に対して「学校給食が実施されるように努めなければならない」としており，実施は努力義務である。

③ 同法第6条では，複数の学校を対象にした「共同調理場」を置くことができることが明記されている。

④ 栄養教諭は「置くことができる」職であり(学校教育法第37条第2項)，必置ではない。

⑤ 適切である。

12 ②

解説

認定こども園は，2006年に制定された「就学前の子どもに関する教育，保育等の総合的な提供の推進に関する法律」に基づき，就学前の子どもに教育と保育を一体的に提供する施設である。

① 「認定こども園」の定義は同法第2条第6項による。幼稚園又は保育所等の設置者は，その設置する施設が都道府県の条例で定める要件に適合していれば認定を受けられる。

② 適切である。同法第3条第1項では，都道府県が条例で基準を定め，知事が認定するとしている。

③ 幼保連携型では両方の資格を併有している必要がある(同法第15条第1項)。それ以外では，0〜2歳児については保育士資格が必要，3〜5歳児についてはいずれか1つでも可とされている(内閣府・文部科学省・厚生労働省，2014年7月告示による)。

④ 利用は保護者との直接契約によるものであり，利用料は施設側が決めることができる。

⑤ 内閣府・文部科学省・厚生労働省両省の告示(2014年7月)の中に，認定こども園独自の基準が示されている。

13 ②

解説

① 児童虐待の防止等に関する法律第2条において，「18歳に満たない者」と定義している。「児童」の範囲は法律によって異なるので，注意を要する。

② 適切である。第2条第四号で，配偶者間の暴力を「児童に著しい心理的外傷を与える言動」として禁止している。

③ 第3条で「何人も，児童に対し，虐待をしてはならない」と明記している。

④ 2004年の改正で，証拠がなくても「児童虐待を受けたと思われる」場合には速やかに通告すべきだとしている(第6条第1項)。

⑤　第5条第1項において，児童福祉施設の職員や医師などと並んで，学校の教職員も「児童虐待を発見しやすい立場にある」ことを自覚して早期発見に努めるよう求めている。昨今の深刻な児童虐待の急増から見ても，積極的な対応が不可欠である。

14 ④
解説

　児童福祉法第41条の規定である。なお，よく似た名称の「児童厚生施設」は「児童に健全な遊びを与えて，その健康を増進し，又は情操をゆたかにすることを目的とする施設」(第40条)，「児童自立支援施設」は「不良行為をなし，又はなすおそれのある児童及び家庭環境その他の環境上の理由により生活指導等を要する児童を入所させ，又は保護者の下から通わせて，個々の児童の状況に応じて必要な指導を行い，その自立を支援し，あわせて退所した者について相談その他の援助を行うことを目的とする施設」(第44条)であり，混同しないよう注意すべきである。

15 ③
解説

　食育基本法は，食育を推進するために2005年に制定された。**イ**は第10条，**ウ**は第13条，**エ**は第17条第1項(都道府県食育推進計画)に規定がある。なお，保護者や教育関係者の役割に関しては，「食育は，父母その他の保護者にあっては，家庭が食育において重要な役割を有していることを認識するとともに，子どもの教育，保育等を行う者にあっては，教育，保育等における食育の重要性を十分自覚し，積極的に子どもの食育の推進に関する活動に取り組むこととなるよう，行われなければならない」(第5条)としており，**ア**は誤り。また，第18条には市町村も市町村食育推進計画を作成する努力義務が規定されているから，**オ**も適切ではない。

16 ③
解説

　発達障害者支援法第3条第2項の条文である。発達障害には，自閉症，アスペルガー症候群，学習障害，注意欠陥多動性障害などがあり，「脳機能の障害であってその症状が通常低年齢において発現するもの」(第2条)である。学校教育法において「特殊教育」が「特別支援教育」に改められ，通常の学校に関しても，そうした発達障害を持つ幼児・児童・生徒等への対応が

求められている。とりわけ早期の対応が重要であり、幼稚園教育要領においても「障害のある幼児などの指導に当たっては、集団の中で生活することを通して全体的な発達を促していく」(「第5 特別な配慮を必要とする幼児への指導」)とされていることにも、併せて留意しておきたい。

17 ③
解説

学校をめぐって発生する様々な事故を「学校事故」といい、その責任の所在や補償などについては、「独立行政法人日本スポーツ振興センター法」が制定されている。「学校の管理下」については、同法施行令第5条第2項に、五号にわたって規定がある。出題は各号を順に掲げたものであるが、③の条文は「前二号に掲げる場合のほか、児童生徒等が休憩時間中に学校にある場合その他校長の指示又は承認に基づいて学校にある場合」となっており、校内にある場合がすべて対象になるわけではないので、誤り。学校の管理下における安全確保には、十分注意する必要がある。

18 ③
解説

幼児にかかわる法規などの主だった条文は、覚えておきたい。正解に挙がった法規以外のものでは、児童憲章の「すべての児童は、心身ともに健やかにうまれ、育てられ、その生活を保障される」、学校教育法施行規則の「幼稚園の毎学年の教育週数は、特別の事情のある場合を除き、39週を下ってはならない」などは、しっかりおさえておく。

第4章

専門試験
幼児教育 指導資料等

幼児理解に基づいた評価の主な内容
指導と評価に生かす記録の主な内容

専門試験 幼児教育 指導資料等 幼児理解に基づいた評価の主な内容

≡ POINT ≡

■▶ 幼稚園教育で重要なこと

幼稚園教育では

- ・教育内容に基づいて計画的に環境をつくり出すこと
- ・その環境にかかわって幼児が主体性を十分に発揮し展開すること
- ・望ましい方向に幼児の発達を促すようにすること

が重要とされている。そのため,「幼児理解から出発」し,「温かい関係を基盤に」「一人一人の特性に応じた教育」を行うことが求められている。さらに小学校教育へとつなげることを意識し,子どもの発達や教育を長期的な視点で見ることも必要とされている。

■▶「幼児理解」とは?

全ての保育の出発点と位置付けられる,幼児理解とは「一人一人の幼児と直接に触れ合いながら,幼児の言動や表情から,思いや考えなどを理解しかつ受け止め,その幼児のよさや可能性を理解しようとすること」とされている。そして,安易に分かったと思い込んだりせず,幼児と生活を共にしながら,表面に現れた行動から内面を推し量ってみることや,内面に沿っていこうとする姿勢が大切としている。

■▶ 保育における評価

幼稚園教育における評価は他の幼児と優劣を比較することではなく,「幼児の姿がどのように変容しているかを捉えながら,そのような姿が生み出されてきた様々な状況について適切かどうかを検討して,保育をよりよいものに改善するための手掛かりを求めること」とされている。つまり,幼稚園での生活から「教師の関わり方は適切だったか」「環境の構成はふさわしいものだったか」「あらかじめ教師が設定した指導の具体的なねらいや内容は妥当なものだったか」といったことを振り返ることでもある。したがって,「日々の保育と評価は常に一体になっているものであり,ごく日常的なこと」と捉えることができる。

▐▶ 幼稚園幼児指導要録の概要

　幼稚園幼児指導要録(以下，要録)は学校教育法施行規則第24条第1項を根拠とする公簿であり，「学籍に関する記録」と「指導に関する記録」に大別される。

	学籍に関する記録	指導に関する記録
内容	当該幼稚園で教育を受けたことを外部に対して証明するもの	1年間の指導過程と結果を要約したもので，次年度の指導のための資料の一つ
保存期間	20年	5年

　また，幼児が進学等した場合の要録の送付については事情により若干異なる。

	進学	転学
送付先	進学先の校長	転学先の校長，保育所の長又は認定こども園の長
送付内容	指導要録の抄本又は写し	指導要録の写し及び指導要録の抄本又は写し

▐▶ 「指導に関する記録」作成の役割と基本的な考え方

　「指導に関する記録」には自分の保育を振り返り，自分の指導とその幼児の発達する姿の関係に気付くこと，そして，そのことを手掛かりにして指導を改善していくこと，といった役割がある。

　「指導に関する記録」の記入は各年度末に行われるが，その時期だけに行う特別な作業ではなく，日常の保育の連続線上に位置付けられる。また，次の年度にもその幼児の特性を踏まえた適切な指導が行えるよう，1年間の指導の過程の中でとらえ続けた幼児の発達する姿を振り返ってまとめ直し，その幼児らしさや可能性を捉えるという観点から分かりやすく記入する必要がある。したがって，

・常に幼児と関わる教師の基本的な姿勢を踏まえ，幼児理解に基づく評価がなされていること
・1年間を通して，幼児の実態を諸側面からとらえた保育記録が綴られていること

が求められる。

▬▬▬▬▬▬▬▬▬▬ **Q 演習問題** ▬▬▬▬▬▬▬▬▬▬

1 「幼児理解に基づいた評価」(平成 31 年 3 月, 文部科学省)に示された内容として適切でないものを, 次の①～⑤から 1 つ選びなさい。

(難易度■■□□□)

① 教師が一人一人の幼児を肯定的に見てそのよさや可能性を捉えようとすることが, 幼児の望ましい発達を促す保育をつくり出すために必要となる。

② 一人一人の幼児にとって, 活動がどのような意味をもっているかを理解するためには, 教師が幼児と生活を共にしながら, なぜこうするのか, 何に興味があるのかなど感じ取っていくことが必要である。

③ 幼児の発達する姿は, 具体的な生活の中で興味や関心が, どのように広げられたり深められたりしているか, 遊びの傾向はどうか, 生活への取り組み方はなど, 生活する姿の変化を丁寧に見ていくことによって捉えることができる。

④ 幼児期の教育では, 一人一人の幼児の行動を分析し, 一つの解釈をもとにして, 教師が課題を見つけ与えるという保育を粘り強く続けていくことが必要である。

⑤ 毎日の保育は一人一人の幼児の発達を促すための営みだが, それは, 教師と大勢の同年代の幼児が共に生活することを通して行われるものである。すなわち, 一人一人の幼児の発達は, 集団のもつ様々な教育機能によって促されるということができる。

2 次の文は, 「幼児理解に基づいた評価」(平成 31 年 3 月, 文部科学省)に述べられているものである。よりよい保育を展開していくための幼児理解について適切なものに○, 適切でないものに×をつけなさい。

(難易度■■□□□)

① 活動の意味とは, 幼児自身がその活動において実現しようとしていること, そこで経験していることであり, 教師がその活動に設定した目的などではない。

② 幼児を肯定的に見るとは, 他の幼児との比較で優劣を付け, 優れている面を拾い上げることである。

③ 幼児理解は, 教師が幼児を一方的に理解しようとすることだけで成り

立つものではなく，幼児も教師を理解するという相互理解によるものである。

④　幼児の発達する姿は，自己主張や異議申し立て，反抗やこだわりなどとして表されることはない。

⑤　幼稚園における「ねらい」は育つ方向性ではなく到達目標を示したものである。

3　「幼児理解に基づいた評価」（平成31年3月，文部科学省）では幼児の能動性について述べられている。次の①～⑤について，大切なポイントとして述べられているものに○，述べられていないものに×をつけなさい。
（難易度■■■□□）

①　能動性は活発に行動する姿を指し，成功体験の積み重ねで大きく育成されるものである。

②　幼児期は能動性を十分に発揮することによって発達に必要な経験を自ら得ていくことが大切な時期である。

③　能動性は，周囲の人に自分の存在や行動を認められ，温かく見守られていると感じるときに発揮されるものである。

④　人は周囲の環境に自分から能動的に働き掛けようとする力をもっている。

⑤　能動性を発揮することで児童の能力は大きく飛躍するので，児童の能動性を発揮させる環境づくりが必要になる。

4　幼児理解について，「幼児理解に基づいた評価」（平成31年3月，文部科学省）で述べられていないものを，次の①～⑤から1つ選びなさい。
（難易度■■■■□）

①　幼児理解では幼児の行動を分析し，行動を意味づけることが重要である。

②　幼児理解とは一般化された幼児の姿を基準として，一人一人の幼児の優劣を評定することではない。

③　幼児理解では表面に表れた行動から内面を推し量ることや，内面に沿っていこうとする姿勢が大切である。

④　幼児の発達の理解を深めるには一人一人の個性や発達の課題を捉えることが大切である。

⑤　幼児を理解することは，教師の関わり方に目を向けることでもある。

5 次の文は，「幼児理解に基づいた評価」(平成 31 年 3 月，文部科学省)で述べられている一般的な幼稚園保育のプロセスである。空欄①〜③に該当する文言を述べなさい。　　　　　　　　　　　(難易度■■■■□)

○　幼児の姿から，(　①　)と内容を設定する。

○　(　①　)と内容に基づいて(　②　)を構成する。

○　幼児が(　②　)に関わって活動を展開する。

○　活動を通して幼児が発達に必要な経験を得ていくような適切な(　③　)を行う。

6 「幼児理解に基づいた評価」(平成 31 年 3 月，文部科学省)で述べられている「幼児を理解し保育を展開するため」に基本的に押さえておきたい 5 つの視点を全て述べなさい。　　　　　　　　(難易度■■■■■)

7 幼稚園幼児指導要録は 2 つの記録で構成されている。記録名と保存期間をそれぞれ答えなさい。　　　　　　　　　　(難易度■■■□□)

8 次の文は，「幼児理解に基づいた評価」(平成 31 年 3 月，文部科学省)「第 2 章　幼児理解に基づいた評価の基本的な考え方　3. 日常の保育と幼稚園幼児指導要録　(4)　小学校との連携」からの抜粋である。(1), (2)の問いに答えなさい。　　　　　　　　　　　(難易度■■■■■)

〈事例：小学校へa児のよさを伝えるために〉

　5 歳児進級当初，a児は友達が遊んでいる様子を見ていることが多く，時々気の合う友達と一緒に行動することはあっても，自分から言葉を発する場面は少なかった。また，身支度や活動の準備などの行動もみんなから遅れがちだったため，見守りつつも，必要に応じて個別に声をかけるなどして少し積極的に関わり，a児を支えつつ自ら行動できるようにすることを心がけてきた。

　6 月頃，a児があこがれているリーダー的存在のb児が，a児のビー玉ゲームに興味をもち，仲間入りしてきた。その後も，b児たちがa児の作った物を見て，その作り方を教わろうとしたりすることが増えた。そのことが自信をもつきっかけとなり，a児からもb児の傍にいたり行動を

まねたりして，活発に行動する姿が少しずつ見られるようになった。2学期には，b児たちが行っている集団遊びや運動的な遊びにも自分から入って，一緒に遊ぶ姿が見られるようになり，少しずつ自分から話し掛ける姿が見られるようになった。

　3学期に入っても，まだ言葉で自分の思いを表現したり，やり取りしたりすることには，緊張を伴ってしまうこともあるが，友達のしていることや話を注意深く見聞きするようになり，楽しくやり取りしながら，一緒に行動することが増えてきた。まわりの幼児も，a児の頑張っていることやa児らしい表現を受け止めており，自信をもって行動する姿が見られるようになってきた。それに伴い，身支度や活動の準備なども周囲の様子を見ながら同じペースで行動できるようになってきている。

　このようなa児の姿や指導の振り返りから，担任の教師は，指導要録の作成を考えました。

(1) 事例から読み取れる進級当初のa児の課題を2つ，簡潔に答えなさい。

(2) このような1年を振り返り，a児の個人の重点を考えて記述しなさい。

9 幼児にとっての環境の意味について，「幼児の思いをつなぐ指導計画の作成と保育の展開」(令和3年2月，文部科学省)で述べられていないものを，次の①〜⑤の中から1つ選びなさい。　　(難易度■■■■□)

① 幼児にとっての環境は幼児を取り巻く全てといえるが，意味的には環境が幼児の周囲にあるということにとどまらない。

② 幼児の発達に必要な体験を得られるようにするためには，教師が経験に基づき望ましいと思う活動を計画的に進めることが大切である。

③ 幼児期の発達は生活環境の影響を大きく受けるため，この時期に関わった環境，および環境への関わり等が将来に重要な意味をもつ。

④ 幼児が環境への認識・理解を深めるには，さまざまな環境がもつ特性と幼児の内発性や発達の状況が響き合うことが大切といえる。

⑤ 教師は環境の特性や関わりに対する自身の捉え方にこだわらず，幼児の自由な発想や見立てなどを通して幼児にとっての環境に意味を探ることが大切である。

10 幼児の長期(短期)の指導計画について,「幼児の思いをつなぐ指導計画の作成と保育の展開」(令和3年2月,文部科学省)で述べられていないものを,次の①〜⑤の中から1つ選びなさい。　　　(難易度■■■□□)

① 指導計画には,年間指導計画や学期ごとの指導計画等の長期の指導計画と,それと関連を保ちながらより具体的な幼児の生活に即して作成する週の指導計画(週案)や日の指導計画(日案)等の短期の指導計画がある。

② 長期の指導計画は,教育課程に沿って園生活を長期的に見通しながら,指導方法の概要・方針を作成する。

③ 短期の指導計画は,長期の指導計画を基に,学級の実態を踏まえて学級担任が責任をもって作成する。

④ 学級担任は,幼児の遊びへの取組,人間関係,生活する姿などをよく見て,学級全体の実態を把握して作成する。

⑤ 短期の指導計画では,幼児の生活のリズムに配慮しつつ,自然な園生活の流れの中で,必要な体験が得られるように配慮して作成することが求められる。

11 幼稚園における指導計画には長期の指導計画と短期の指導計画がある。次の①〜⑤は長期の指導計画,短期の指導計画作成の際のポイントだが,このうち「幼児の思いをつなぐ指導計画の作成と保育の展開」(令和3年2月,文部科学省)で短期の指導計画のポイントとして示されているものを全て挙げなさい。　　　(難易度■■■□□)

① 幼児の実態を捉える。

② 具体的なねらい,内容と幼児の生活の流れの両面から,環境の構成を考える。

③ 季節など周囲の環境の変化を考慮に入れ生活の流れを大筋で予測する。

④ 幼児の姿を捉え直すとともに,指導の評価を行い,次の計画作成につなげる。

⑤ 累積された記録,資料を基に発達の過程を予測する。

解答・解説

1 ④
解説

文部科学省は平成29年3月の幼稚園教育要領の改訂を踏まえ，幼稚園教育指導資料第3集「幼児理解と評価」の内容をリニューアルし，平成31年3月に「幼児理解に基づいた評価」として刊行した。選択肢④については同資料に「幼児の行動を分析して，この行動にはこういう意味があると決め付けて解釈をすることではありません」とあるため不適切。

2 ① ○ ② × ③ ○ ④ × ⑤ ×
解説

出題資料では②は「肯定的に見るといっても特別な才能を見付けたり，他の幼児との比較で優劣を付けて，優れている面だけを拾い上げたりするということではありません。まして，幼児の行動の全てをそのままに容認したり，放任したりしてよいということではないのです。それは，教師が幼児の行動を見るときに，否定的に見ないで，成長しつつある姿として捉えることが重要なのです。」，④については「幼児の発達する姿は，自己主張や異議申し立て，反抗やこだわりなどとして表されることもあります。」，⑤については「幼稚園における『ねらい』は到達目標ではなく育つ方向性を示すものですから，一人一人の幼児が『ねらい』に向けてどのように育っていくのかを見ることが必要です。」とされている。

3 ① × ② ○ ③ ○ ④ ○ ⑤ ×
解説

① 能動性について，本資料では「幼児が活発に活動する姿のみを指しているのではありません」と否定している。
⑤ 本問では発達について述べられている。発達について本資料では「能動性を発揮して環境と関わり合う中で状況と関連付けて生活に必要な能力や態度などを獲得していく過程」と位置付けている。

4 ①
解説

幼児理解は，幼稚園教育における原点ともいうべき用語なので，しっかり理解しておくこと。選択肢①について本資料では「幼児の行動を分析し

て，この行動にはこういう意味があると決め付けて解釈をすることではありません」と否定している。

5 ① ねらい ② 環境 ③ 援助

解説

　幼稚園保育に関する文言は資料によって異なるが，いわゆる「PDCAサイクル」が基本になっていることを，まずおさえておきたい。その上で専門用語を当てはめるとわかりやすいだろう。

6 幼児を肯定的に見る，活動の意味を理解する，発達する姿を捉える，集団と個の関係を捉える，保育を振り返り見直す

解説

　本問ではやや難解に述べられているが，要は幼児理解のためにどのような視点で幼児と接し，どういった作業が必要になるかということ。幼児理解の内容とあわせて考えるとよいだろう。

7 （記録名…保存期間の順）
　・「学籍に関する記録」…20年間　　・「指導に関する記録」…5年間

解説

　学校教育法施行規則第24〜28条を参照。保存期間に関する数値は2つあるので，混同に注意したい。

8 (1)　・友達が遊んでいる様子を見ていることが多く，言葉を発する場面が少ない。　・身支度や活動の準備などの行動もみんなから遅れがちになる。　　(2)　友達に自分の思いを伝えながら遊びを進める。

解説

(1)　「幼児理解に基づいた評価」(平成31年3月)の中では次のように指摘されている。「小学校においては，送付された指導要録の内容から一人一人の幼児がどのような幼稚園生活を過ごしてきたか，また，その幼児のよさや可能性などを受け止めて，第1学年を担任する教師がその幼児に対する適切な指導を行うための参考資料としています。つまり指導要録には，幼児が小学校においても適切な指導の下で学習に取り組めるようにするための橋渡しという大切な役割があるのです。」その意味からも，特に最終年度の「指導上参考となる事項」欄の記入に当たっては，「小学校の立場からその幼児の発達する姿が具体的に読み取れるように，また，主体的に自己を発

揮しながら学びに向かうために必要だと思われる事項などを簡潔に読みやすく表現することが必要でしょう」と示されている。

(2) a児は5歳児進級当初友達と距離をおいていたので，周囲にa児のよさが伝わるよう配慮した。a児は自分に自信をもつことで，友達と積極的に関わるようになった。友達と意思疎通を図りながら集団生活を送れるようになってきていることから考える。

9 ②
解説

本資料では，計画的な環境を構成するにあたり，「幼児の発達の見通しをもち，幼児一人一人の興味や関心を大切にして，発達に必要な体験を得られるようにするためには，発達の様々な側面に関わる多様な体験を重ねることが必要です。このことは，単に教師が望ましいと思う活動を一方的にさせたり，幼児に様々な活動を提供したりすればよいということではありません。」と述べられている。

10 ②
解説

「指導方法の概要・方針」ではなく，「具体的な指導内容や方法」が正しい。また，長期指導計画は幼稚園の教職員全員が協力して作成するのがよいとされている。

11 ①，②，④
解説

まず，幼稚園教育(保育)における1日の流れの中で指導計画がどのような役割を果たすかを捉え，短期計画の特徴を知ることが求められる。それぞれの計画の特徴を知っておくとよいが，前述の内容を把握しておくと，区分けは可能であろう。

専門試験 | 幼児教育 指導資料等 指導と評価に生かす記録の主な内容

≡ POINT ≡

■▶ 幼児発達の理解と「記録」

幼稚園における指導では，次のようなサイクルを日，週，月，年の単位で繰り返されて行われる。

```
┌─────────────────────────────┐
│  幼児理解に基づく指導計画の作成  │
└─────────────────────────────┘
           ↓
┌─────────────────────────────┐
│   環境の構成と活動の展開       │ ←─┐
└─────────────────────────────┘    │
           ↓                         │
┌─────────────────────────────┐    │
│  幼児の活動に沿った必要な援助   │    │
└─────────────────────────────┘    │
           ↓                         │
┌─────────────────────────────┐    │
│ 反省や評価に基づいた新たな指導計画の作成 │─┘
└─────────────────────────────┘
```

このサイクルにある「幼児理解」は幼児との応答の中でもたらされる。そして，これらを記録することで理解を深め，次の保育の構想に生かすことになる。指導計画作成にかかる幼児理解の視点は，以下の通りである。

・幼児の言動から，遊びの何に面白さを感じているかを読み取る
・そこでものや人とどのような関係を結んでいるのかを理解するとともに，課題も見いだす
・その課題を乗り越えるためにどのような経験が必要なのかを考える
・その経験を満たす可能性のある環境(遊び・活動を含む)は何かを考え，教師の場に応じた役割を考える(仲間になって動く，環境を提案・提示する等)
・結果として遊びや幼児一人一人の状態がどのように変化するのかを見る

さらに，幼児の主体性を引き出しながら，幼児同士の関係が豊かになるような指導を行うためには，遊ぶ姿を具体的に捉えた記録を基に，幼児にとっての遊びの意義を捉えることが必要，とされている。

■▶ 保育の記録の意義

保育記録の意義については，「幼児理解を深めるため」「幼児理解を基に

次の保育を構想するため」「教師と幼児との関係を省察し，教師自身の幼児の見方を振り返るため」「他の教師と情報を共有し，自分の保育を見直すため」「幼児の学びの軌跡を残し，保護者との連携に生かすため」などが挙げられており，記録への認識を深め保育に生かせることの重要性を示している。

▶ 教員の指導の改善という視点からの記録

前述の通り，記録には幼児理解を出発点とする指導の充実・改善と同時に，教師の指導改善という側面もある。記録には教師の幼児観や保育観が反映されるため，記録を見返すことで，これらを再認識することも可能である。また，記録を同僚と共有し，話し合うことで，情報の共有化と保育を振り返る視点や記録を読み取る力の育成，ひいては幼児指導の充実が期待できる。これを実現するには風通しのよい雰囲気が園内にあることが求められるだろう。

さらに，記録は保護者との連携にも役立つとされている。記録を介して教師と保護者が幼児の成長を共有することによって，幼児理解が広がり，保護者の不安軽減にもつながるとされている。

▶ 映像による記録のメリットと注意点

近年では写真や動画など，映像による記録も多く行われている。そのメリットと注意点を挙げると，次の通りとなる。

〈メリット〉
・制作物や行事の様子ではより臨場感がある記録となる。
・その場で記録できる。
・現場で見逃していた点などを確認できる。
・文字で表しにくい情報も記録できる。

〈注意点〉
・映像を省察する必要がある。
・第三者に見せる場合，教師はその映像を解説する必要がある。
　　　　　　　　(映像だけでは異なる解釈をされる場合がある)
・整理・保存に労力がかかる。
・必要な場面を取り出すのに手間がかかる場合がある。

以上より，映像による記録は特性を理解した上で頼りすぎないこと，保育そのものに影響を与えない範囲で行うこと等が求められる。

演習問題

1 「指導と評価に生かす記録」(令和3年10月，文部科学省)における保育記録の意義と生かし方に関する記述の内容として適切なものの組合せを，あとの①～⑤から1つ選びなさい。　　　　(難易度■■■□□)

A　保育記録は，保護者に幼児の様子を伝え，幼児の成長を保護者と共有することによって，教師の指導が正しいことを保護者に伝えるためのものである。

B　保育記録は，読み返すことで記録に反映されている自分の見方を知ることができるだけでなく，保育の場での出来事を後から話し合うための情報となる。

C　保育記録は，一定期間の記録をまとめることで，後になって幼児の言動の意味が理解できたり，言動の変化から成長を読み取ることができたりすることがある。

D　保育記録は，一人一人の幼児が周囲の環境と関わり，発達に必要な経験ができるよう援助したことを記録し，教師の資質向上に役立てることが目的である。

①　A・B　　②　A・C　　③　A・D　　④　B・C　　⑤　B・D

2 保育と記録について，「指導と評価に生かす記録」(令和3年10月，文部科学省)で述べられていないものを，次の①～⑤から1つ選びなさい。

(難易度■■■□□)

①　幼児の行動の小さな手がかりから幼児の内面の動きを推し量り，初めて理解できることも多いため，記録を通して幼児理解を深めることが重要である。

②　記録は幼児に関することに限定し，言動を客観的に示すことで，記録としての重要性が高まる。

③　幼稚園教育の基本は幼児一人一人の発達の特性に応じることであるため，幼児一人一人について記録しておくことが必要となる。

④　記録は実践等の評価だけでなく，園内の情報共有などにも有用であるため，不可欠なものといえる。

⑤　幼児理解について，幼児は言動の意図が理解困難であるため，意識的に記録を取り，省察することで，新たな発見がある場合がある。

3 次の文は，「指導と評価に生かす記録」(令和3年10月，文部科学省)における，記録と保護者との連携に関するものである。(①)〜(③)に該当する文言をそれぞれ述べなさい。　(難易度■■■□□)

　幼稚園教育や幼児へのかかわり方について，教師にとっては当たり前に思っていることでも，保護者にとっては(①)の材料であることもあります。……こういった場合，保育や幼児の様子を伝え，幼児の成長を保護者と教師とで共有することによって(②)が広がり，(①)が軽減されることもあります。その際，保育や幼児の様子を保護者に伝える手段として(③)などの様々な媒体を利用することが有効です。

4 「指導と評価に生かす記録」(令和3年10月，文部科学省)では，記録の方法の1つとして，映像記録をあげている。次の①〜⑤のうち不適切なものはどれか，1つ選びなさい。　(難易度■■■□□)

① 写真やビデオの記録はその場で記録できる，より臨場感があるといった利点があげられる。

② 写真やビデオは保護者などに保育の様子を伝えるものになり得るが，写真や映像の意味といった説明をしなければ，誤解を受ける可能性もある。

③ 映像の記録は繰り返し見るなどの省察が重要になる。

④ 近年，映像の記録の重要性は増しているので，保育に与える影響とのバランスが重要になる。

⑤ 映像記録は必要な場面の取り出しに時間がかかる等，整理・保管に手間取ることもある。

5 「指導と評価に生かす記録」(令和3年10月，文部科学省)において，指導の過程の評価に含まれる3点としてどのようなことがあげられているか答えなさい。　(難易度■■■■□)

6 次の文は「指導と評価に生かす記録」(令和3年10月，文部科学省)において，園内研修会について述べたものである。(①)〜(③)に当てはまる文言を答えなさい。　(難易度■■■■□)

　幼稚園教師の専門性として，幼児を深く(①)する力は，大切です。(②)は，教師が自分自身の保育や幼児の姿を振り返る際に重要な役割

を果たしています。さらに(　②　)は，他の教師や園全体で情報を共有し，語り合い，学び合うための基盤となるものです。担当学級や学年を超えて，園全体で(　③　)の質の向上と改善に向けて取り組む際，複数の教師で(　②　)を見たり書いたりすることが重要です。複数の教師が一人の幼児，あるいは一つの場面を見ることによって，担任一人だけでは分からなかった幼児の気持ちや行動の意味を(　①　)することができます。

7 記録から読み取る際の注意点について，「指導と評価に生かす記録」(令和3年10月，文部科学省)の内容として不適切なものを，次の①～⑤から1つ選びなさい。　　　　　　　　　　　　　(難易度■■□□□)

① 保育記録を書くことは事実整理や理解等が進むため，記録を書くこと自体が省察であり重要である。

② 記録を読み取ることは，教師が自身の関わりを見つめ直す面でも有効である。これによって環境構成や保育行為の新たな方向が見える。

③ 記録の読み取りによって，児童が環境に関わる姿を思いだし，幼児にとってその環境の意味を考え直すことができる。

④ 教師同士で記録を読み合うことは幼児理解や教師の指導への理解を多面的に進めていく機会にもなる。

⑤ 保育記録は省察を詳細にするため，全ての事項を記録することが求められる。

8 次の文章は，「指導と評価に生かす記録」(令和3年10月，文部科学省)からの抜粋で，日々の記録を指導要録に生かすための事例の一部である。事例にあるC児の記録等から，幼稚園教育要領(平成29年3月告示)領域「言葉」の面からねらいの達成状況を捉える時，表の空欄Ⅰ～Ⅴに入る最も適切な文の組み合わせとして正しいものを，あとの①～⑤から1つ選びなさい。　　　　　　　　　　　　(難易度■■■■■)

事例

C児：10月生まれの一人っ子で父親，母親との三人家族

　　母親は，C児が入園前から人見知りの傾向が強いことを気にしていました。入園当初は，母親と離れることを嫌がっていましたが，次第に幼稚園生活に慣れ，友達とのかかわりも見られるようになってきました。

C児の指導要録の個人の重点

3歳：「安心して自分を出し，自分なりの遊びができるようにする」

4歳：「いろいろな遊びに興味をもって取り組み，自分の思いを表現しながら遊ぶ」

5歳：「友達と思いを伝え合いながら遊ぶことを楽しみ，自信をもっていろいろな活動に取り組めるようにする」

<5歳児での日々の記録から>

6月	2月
<高鬼>	<高鬼>
・高鬼の仲間に加わって遊ぶ。鬼になると，帽子を裏返して白帽子にしてかぶる。鬼の動きをよく見て，捕まらない程度の距離を保ちながらも，鬼を誘うような動きを楽しんでいる。しばらく遊んでいると，鬼役だった幼児が「Cちゃんが，タッチしたのに鬼にならない」と怒った表情で教師に言いに来る。C児は，言い訳をするように，「水を飲もうと思ったの」と言う。教師が「そのことは言ったの？」と聞くと，「後で言おうと思った」と言う。「でも，先に言わないと，鬼はタッチしていいか悪いか，分からないよね」と教師が言うと，被っていた帽子を裏返して白にして，鬼役になり，友達の集まっている方を目指して走って行った。	・友達と一緒に楽しんでいたC児，教師に「一緒にやろう！」と言って誘う。教師も仲間に加わった。教師が少し高い場所にいると，「もっとしゃがまないと見えちゃうよ！」と注意し，見えないところに身を隠すようにして逃げると捕まりにくいことを知らせる。 <ドッジボール> ・C児はボールを持つ相手チームの幼児の動きをよく見て，できるだけその相手から遠い場所に逃げている。ボールが自分のチームのコートに入ると，素早く取りに行き，よくねらって片手で投げる。ボールを当てられてしまい残念そうな表情をするが，これまでのようには泣かずに，次のゲームに向かって気持ちを切り替えて取り組む。外野にいる友達にボールが渡ると，「パス！」と大きな声で言って両手を広げて受け止めようとする。
<折り返しリレー> ・高鬼をしていたメンバー五名で折り返しリレーを始めようとする。「Cは審判やる！」と何度も主張する。他の幼児は何も言わないが，C児の顔を見ながら，それでいいというように2チームに分かれる。C児は，人数が同数にならないことを感じ取って，「三人，二人になっちゃうから」と言う。C児が，「ようい，どん！」と言うと，他の幼児が走る姿をよく見て，3回繰り返し走った後に，「終わり！白チームの勝ち！」と大きな声で勝敗を知らせる。	<巴鬼> ・学級のみんなで集まる。教師が黒板に図を描いてルールを説明すると，C児もうなずきながら教師や友達の話を聞き，自分の考えを話す。 ・好きな遊びの中でも十分楽しんでいるC児はルールを理解しており，友達の動きをよく見ながら動く。他のチームが集まって相談し始めたのを見て，C児も同じチームの幼児と集まって，勝つための方法を相談し始めた。友達の「捕まえる

<サクランボのかくれんぼ>
・指名されたグループの幼児が相談している間は，後ろを向いて，期待感をもって待っている姿が見られた。誰がサクランボ役になって隠れているか，グループで相談する場面では，C児は自分の意見をあまり積極的には主張しない。同じグループの友達の意見を聞いて，それが正解だと感じると，グループの幼児と一緒にその名前を答える。正解だと分かると，「やったー！」と喜ぶ。

人と残る人を分けようよ」という作戦を聞いて，他児が「そうしよう」と賛成したが，C児は，「考えた！」と言って別の作戦を話し始める。しっかりとした言葉で説明するが，同じチームの友達はその作戦の意味が理解できない様子だった。自分の考えを友達に分かってもらえなかったC児は泣き出しそうな表情になる。しかし，走るのが速いと思う男児三名が捕まえに行く役になろうとすると，泣くのをこらえ「男の子だけでずるい！」と強い口調で言う。C児と同じ気持ちだった女児が「ずるい」，「待っているだけじゃ嫌だ」と言うと，捕まえに行く役になりたい幼児でジャンケンをした。C児はジャンケンで負けたが，鬼遊びが始まると気持ちを切り替え見張り役として動く。また，「待っているだけじゃ嫌だから交代しよう」と同じチームの友達に言い，役割を交代して行った。

C児の記録等から幼稚園教育要領　領域「言葉」に定めるねらいの達成状況について

場面 ＼ ねらい	I
遊びに取り組む中で	II 姿から，ねらいはおおむね達成されている。
	・ III
	・自分が見付けたことや自分のしたい遊びについて大きな声で友達に伝えようとしている。
学級全体で行動する場面で	IV その姿から，十分に達成している。
	・鬼の役に慣れてきて自分から大きな声を出す。
	・ V
発達の読み取り	親しい仲間に言葉で伝えようとする姿の変化が見られ，6月に比べて表現することへの自信が生まれてきている。

I
(ア)　感じたことや考えたことを自分なりに表現して楽しむ。

(イ)　様々な出来事の中で，感動したことを伝え合う楽しさを味わう。

(ウ)　自分の気持ちを言葉で表現する楽しさを味わう。

Ⅱ (エ) 感じたり，考えたりしたことを友達に伝えようと，言葉だけで
はなく，身振りや動作などを取り混ぜた自分なりの方法で表現
している

(オ) 自分の気持ちを親しい友達に伝え分かってもらったり，自分が
してほしいことを言葉にして伝えたりしようとする気持ちが強
くなっており，自信をもって自分の考えを言葉で表現している

Ⅲ (カ) 高鬼で逃げるよい方法を教師に教える。

(キ) ドッジボールで自分のチームの友達からボールを受け取るため
に，大きな声を出すとともに，両手を前に広げて知らせる。

Ⅳ (ク) 泣くのをこらえ，自分の気持ちを主張し，自分の表現が友達に
対してどのように受け止められるかを予測せず表現していた
が，気持ちを表したり，友達に伝えたりすることによって，友
達の思いを知ることができ，満足して遊ぶようになった。

(ケ) 自分が考えたことを一人で自信をもって言うことができない姿
も見られたが，学級全体の中で自分の考えたことを自分なりの
言葉で表現することができるようになった。

Ⅴ (コ) 鬼遊びで自分のなりたい役を主張する。

(サ) 自分の考えた作戦の意味を友達に分かってもらえず泣き出しそ
うになるが，友達の思いを聞くことで，気持ちを切り替えて遊
ぶ。

	Ⅰ	Ⅱ	Ⅲ	Ⅳ	Ⅴ
①	(ウ)	(オ)	(キ)	(ケ)	(サ)
②	(イ)	(エ)	(キ)	(ク)	(サ)
③	(ウ)	(オ)	(カ)	(ケ)	(コ)
④	(ア)	(エ)	(カ)	(ク)	(サ)
⑤	(ア)	(エ)	(キ)	(ケ)	(コ)

9 指導計画の評価・改善における教師の指導の改善について，「幼児の思いをつなぐ指導計画の作成と保育の展開」(令和3年2月，文部科学省)では，どのような視点から振り返ることが必要としているか。3つ挙げなさい。　　　　　　　　　　　　　　　　　(難易度■■□□□)

① 幼児への態度は適切であったか。

② 全ての幼児に対して言葉がけができていたか。

③ ねらいや内容は適切であったか。

④ 幼児の成長や発達につながるような具体的な援助ができていたか。

⑤ ねらいを達成するためのふさわしい環境の構成であったか。

10 次の文は，「幼児の思いをつなぐ指導計画の作成と保育の展開」(令和3年2月，文部科学省)に書かれている事例である。この事例から読み取れる学級の実態として適切に捉えられているものを，あとの①～⑤から1つ選びなさい。　　　　　　　　　　　　　　　(難易度■■■■□)

3年保育　5歳児　1月

○　コマ回しの場面で

・J児，T児，U児が遊戯室でコマ回しをしている。「ヨーイ，ゴー」と，声を掛けて一斉にコマを回し，誰のコマが一番最後まで回っているかを競争している。J児が投げたコマが回らなかったので，すぐに拾ってひもを巻き直し，再び投げると，T児が「だめ，途中からやったらずるいぞ」と言う。

・T児が直方体の箱積み木を一つ床に置き，「この上から落ちたら負け」と言う。三人で一斉に投げてみるが，なかなか積み木の上で回すことができない。難易度が上がったことで面白さが増した様子で，J児もU児も繰り返し挑戦している。

・M児は，コマのひもを巻くが途中でひもが緩んでしまう。何度も繰り返しやっていると，J児が「貸してごらん」と言ってM児のコマのひもを巻いて手渡す。受け取る途中でひもが緩んでしまい，投げてみるがうまく回らない。M児はまた，ひもを巻く。「始めに力を入れて強くひもを巻くといいんだよね」と教師が声を掛けると，J児が「最初に強く巻くんだよ。あとはそうっと」と，M児の手元を見ながら言う。

○　ドッジボールの場面で

・園庭でドッジボールが始まる。「入れて。Kちゃん，赤？　じゃあ，ぼくも」とH児が赤のコートに加わると，それにつられて数人が次々と赤に移動し，白チームが２人になってしまった。E児に「だめだよ，Gちゃんは白」と言われてもG児は戻ろうとしない。E児は「誰か，ドッジボールする人いませんか」と周囲に呼び掛け，「ねぇ，白に入ってくれない？」と友達を誘っている。

・ドッジボールをしている途中で，チームを変わったり参加したり抜けたりする幼児がいてチームの人数が変わるので，E児が紙に書いておくといいと言って，友達の名前とチーム名を紙に書き始めた。一人ずつチームを尋ねながら名前を書いていく。ドッジボールは中断し，みんなでE児を取り囲み，文字を書く手元を見つめている。(以下略)

① 　遊びがより楽しくなるようにアイデアを出しているが，自分たちで遊びを進めようとする姿は見られない。

② 　自分なりの目標をもって，関心のあることにじっくりと取り組んでいる。

③ 　みんなで一緒に遊ぶよりも，それぞれが勝ちたい思いから，個々に遊びをすすめようとしている。

④ 　ドッジボールでは勝敗を意識して遊ぶようになり，勝ちたい思いが先立ってはいるが，ルールはしっかり守っている。

⑤ 　ドッジボールでは人数が不均衡になると楽しく遊べないので，「強い」友達と同じチームになりたがる姿は見られない。

━━━━━━━━━━━━ 解答・解説 ━━━━━━━━━━━━

1 ④

解説

　本資料では，専門性を高めるための記録の在り方や，その記録を実際の指導や評価にどのように生かしていくかなどについて実践事例を取り上げて解説をしており，平成3年の初版刊行以降，幼稚教育の動向を踏まえた加筆修正が重ねられてきた。平成29年3月に告示された幼稚園教育要領において，育みたい資質・能力と「幼児期の終わりまでに育ってほしい姿」が新たに示されたことや，カリキュラム・マネジメントの充実，幼児の発達に即した主体的・対話的で深い学びの実現，幼稚園教育と小学校教育との円滑な接続等の観点から改訂が行われたことを踏まえ，記述内容を見直し，「指導と評価に生かす記録」(令和3年10月)として作成された。本資料では保育記録の意義と生かし方について「日々の記録は児童理解を深め，幼児に即した指導計画を作成するための根拠です」，「記録は教師の幼児観や教育観を改めて自覚するためのものでもあるといえます」，「園の遊びや生活の様子を伝えるための記録は，幼児，教師，保護者間の学びをつなぐ手段として活用できるものです」と述べられている。

2 ②

解説

　本資料では「教師の目の前に現れる幼児の姿は，教師との関わりの下に現れている姿である以上，教師は幼児だけでなく，教師自身の考えていたことやかかわり方などについても記録する必要があります」としている。

3 ①　不安　　②　幼児理解　　③　写真や動画

解説

　教師と保護者の認識にギャップが生じた場合，記録を示し，説明することでギャップが解消されることもあることを説明したものである。写真や動画は臨場感があり，客観性も有するので有効であろう。ただし，写真や動画は教師が解説しないと，保護者がかえって不安になることもあるので，注意が必要である。

4 ④
解説

　映像を保育記録として使用する場合は映像の特性をよく理解すること，頼りすぎないことが重要とされている。また，「保育そのものに影響を与えない範囲で」という前提があることにも注意したい。

5 ・指導の過程で見られた幼児の姿を記録し，幼児の学びや育ちを理解すること　　・その理解を基に，ねらいに関連した幼児の発達及びそれ以外の発達を読み取ること　　・幼児の発達の読み取りから，教師自身のねらいの設定の仕方，指導や環境の構成の適切さなどについて評価すること。

解説

　指導を通してどのように発達したのか，何を学んだのかという結果のみの評価ではなく，指導の過程で，幼児の発達や学びにつながる体験を読み取り，幼児にどのような資質・能力が育っているかなどを捉えていくことが，幼稚園教育の質をより高めていくことにつながる。

6 ①　理解　　②　記録　　③　実践
解説

　まず，幼稚園教育が実践を中心に行われることを前提として把握しておくこと。また，園内研修を行う際は，立場や保育経験を超え，率直で自由な語り合い・学び合いの場をどのように構成するかが鍵となる。

7 ⑤
解説

　本資料では「保育終了後の記録作成の際に，全てを記録することはできない」と述べている。そして，「何が書けるか，何を書くか」について教師の選択が行われるとしている。

8 ③
解説

　平成29年告示の幼稚園教育要領は領域「言葉」について，「経験したことや考えたことなどを自分なりの言葉で表現し，相手の話す言葉を聞こうとする意欲や態度を育て，言葉に対する感覚や言葉で表現する力を養う」と述べられており，そのねらいは，「自分の気持ちを言葉で表現する楽しさを味わう」「人の言葉や話などをよく聞き，自分の経験したことや考えたことを

135

話し，伝え合う喜びを味わう」「日常生活に必要な言葉が分かるようになるとともに，絵本や物語などに親しみ，言葉に対する感覚を豊かにし，先生や友達と心を通わせる」の３点を示している。

9 ③，④，⑤

解説

　振り返りは次の指導計画作成のために必要な作業であり，振り返る際には様々な視点を必要とする。したがって，選択肢①，②のような視点も要すると思われるが，ここでは本資料の内容に対する理解度をはかるため，このような出題とした。

10 ②

解説

　①については，学級の実態としては自分たちで遊びを進めている。③については，みんなで一緒に遊ぶと楽しいと感じるようになり，親しい友達を中心としながらも大勢のグループで遊ぶようになってきている。④については，新しい参加者につられて，既存の参加者まで強いチームに移動するなど，ルールが守られていない。⑤については，「強い」友達と同じチームになりたがる姿が見られる。

第5章

専門試験
学校保健・安全

学校保健

学校安全

学校保健・安全／学校保健

≡ POINT ≡

▌▶ 予防すべき学校感染症

学校保健安全法施行規則などで指定されている主な感染症(学校感染症)は，以下の通りである。

	主な感染症名
第1種	エボラ出血熱，クリミア・コンゴ出血熱，痘そう，南米出血熱，ペスト，マールブルグ病，ラッサ熱，急性灰白髄炎，ジフテリア，重症急性呼吸器症候群(病原体がベータコロナウイルス属SARSコロナウイルスであるものに限る。)，中東呼吸器症候群(病原体がベータコロナウイルス属MERSコロナウイルスであるものに限る。)及び特定鳥インフルエンザ(感染症の予防及び感染症の患者に対する医療に関する法律(平成10年法律第114号)第6条第3項第六号に規定する特定鳥インフルエンザをいう。次号及び第19条第二号イにおいて同じ。)
第2種	インフルエンザ(特定鳥インフルエンザを除く。)，百日咳，麻しん，流行性耳下腺炎，風しん，水痘，咽頭結膜熱，新型コロナウイルス感染症(病原体がベータコロナウイルス属のコロナウイルス(令和2年1月に，中華人民共和国から世界保健機関に対して，人に伝染する能力を有することが新たに報告されたものに限る。)であるものに限る。次条第二号チにおいて同じ。)，結核及び髄膜炎菌性髄膜炎
第3種	コレラ，細菌性赤痢，腸管出血性大腸菌感染症，腸チフス，パラチフス，流行性角結膜炎，急性出血性結膜炎，その他の感染症

主な出席停止期間の基準は第1種が「治癒するまで」，結核，髄膜炎菌性髄膜炎及び第3種が「症状により学校医その他の医師において感染のおそれがないと認めるまで」であり，第2種(結核及び髄膜炎菌性髄膜炎を除く)については，病状により学校医その他の医師において感染のおそれがないと認めたときを除き，個別に定められている。

▶ 幼児の救急蘇生法

〈心臓マッサージと人工呼吸〉

幼児に対して心臓マッサージ・人工呼吸を行う場合は，成人と同様，心臓マッサージ(胸骨圧迫)を30回，人工呼吸2回の組み合わせで行う。心臓マッサージは原則片腕で行うが，体格の大きな小児には成人同様，両腕で行ってもよい。また，深さは胸の厚みの$\frac{1}{3}$沈むまで強く圧迫する。

〈AED〉

AEDの手順は成人と同様。小児用パッドや小児用モードがある場合は小児用パッド・小児用モードを使用する。小児用パッドや小児用モードがない場合は成人用を使用しても構わないが，パッドを使用する場合はパッド同士が触れあわないように注意する。

▶ 小児で起きやすい傷病と応急手当

〈アレルギー〉

アレルギーとは，本来人間の体にとって有益な反応である免疫反応が，逆に体にとって好ましくない反応を引き起こすことを指す。アレルギーによる子どもの代表的な疾患としては，食物アレルギー・アナフィラキシー，アレルギー性鼻炎，アレルギー性結膜炎，気管支ぜん息，アトピー性皮膚炎などがある。

アレルギー疾患に対する取り組みのポイントは，「学校のアレルギー疾患に対する取り組みガイドライン《令和元年度改訂》」(令和2年3月25日　日本学校保健会)より①各疾患の特徴をよく知ること，②個々の児童生徒等の症状等の特徴を把握すること，③症状が急速に変化しうることを理解し，日頃から緊急時の対応への準備を行っておくことの3点が挙げられる。

また，幼児がアナフィラキシーを起こし，反応がない場合，自ら注射できない幼児に代わってアドレナリンの自己注射薬(エピペン®)を教職員が注射することは，緊急やむを得ない措置として行われるものであり，医師法違反にはならないと考えられている。

〈鼻血が出る〉

鼻血が出た場合は頭を少し下げ，鼻をつまむようにおさえる。鼻の周囲を冷やすと，止血が早くなる。注意点として「仰向けに寝かせない」「のどに入った血は吐かせる」「ティッシュペーパーなどを鼻に詰める」などがあげられる。

〈熱中症〉

　熱中症は体の体温調節機能の破綻により，塩分や水分が不足する現象である。よって，塩分や水分の補給，体の冷却が求められる。ただし，患者は体温調節機能がなく，冷房の効いた場所に急に入れると悪化する恐れがあるので，木陰などの場所に移動する，衣服を緩める等によって体温の上昇を防ぐ。水分補給を行う場合は小児用のスポーツ飲料，食塩水(0.1 ～ 0.2％程度)を用意する。

〈のどのつまり〉

　のどに何か詰まった場合は「背部叩打法」「腹部突き上げ法」があり，幼児に対しては「背部叩打法」のみ行うことが推奨される場合が多い。「背部叩打法」は頭を体より低く保ち，手のひら全体で肩甲骨間を強く叩く方法。「腹部突き上げ法」は片方の手で握り拳をつくり，患者のへそ上方に当てる。もう片方の手で握り拳をつかみ，素早く手前上方に圧迫しながら突き上げる方法である。「腹部突き上げ法」は患者の内臓を損傷する可能性があるため，実施後は必ず医師の診察を受ける。

Q 演習問題

1 幼稚園における幼児の病気や怪我の対応に関する記述の内容として適切なものの組み合わせを，あとの①～⑤から１つ選びなさい。

(難易度■■□□□)

A 幼児がインフルエンザにかかった場合，感染予防のために，熱が37.5℃を下回るまでは幼稚園への登園を休ませる。

B 幼児が熱中症になった場合，軽症のときは涼しい場所で水分と塩分を補給して対応するが，意識障害が見られるようなときは，ただちに救急要請する。

C ノロウイルスの発生が疑われる場合，幼児のおう吐物は，感染を防ぐために塩素系の消毒液を使用して処理する。

D 幼児が園庭で転んですり傷を負った場合，動き回って病原菌が入ったりしないように，その場でまず消毒液を傷口にすり込む。

① A・B ② A・C ③ A・D ④ B・C ⑤ B・D

2 感染症の説明として適切なものの組み合わせを，あとの①～⑤から１つ選びなさい。
(難易度■■□□□)

A おたふくかぜは，耳の下で顎の後ろの部分(耳下腺)が片側または両側で腫れ，痛みや発熱を伴う感染症で，幼児期から学童期に感染が多い。

B プール熱は，水中のウイルスにより体表面が熱をもって赤くなる皮膚の疾患で，プールでの感染が多いため夏に流行しやすいが，一度感染すると免疫ができる。

C はしかは，発熱，咳，目やにやコプリック斑と呼ばれる口内の斑点，および全身の発疹を主症状とし，感染力が非常に強いが，一度感染すると免疫ができる。

D りんご病は，果実や野菜類に含まれる細菌によって起こる感染症で，発熱のほか，舌の表面にブツブツの赤みができるのが特徴で，学童期に感染が多い。

① A・B ② A・C ③ A・D ④ B・C ⑤ B・D

3 ノロウイルス感染症に関する記述の内容として適切なものの組み合わせを，あとの①～⑤から１つ選びなさい。
(難易度■■□□□)

A　感染すると平均1～2日の潜伏期間を経て，吐き気，おう吐，下痢などの症状があらわれ，発熱をともなうこともある。

B　食物摂取のほか，血液，体液を通じて感染する病気で，感染力が強くないので成人の症例は少なく，抵抗力の弱い乳幼児や児童に患者が集中する。

C　ノロウイルスは，食中毒の原因としても非常に多く，また，吐物や便などを通じて人から人へ感染するため，衛生管理面の予防が重要である。

D　ノロウイルスワクチンを用いると免疫がつくられ，数か月の予防効果が得られるため，接種は流行期である冬季の少し前に行うようにする。

①　A・B　　②　A・C　　③　A・D　　④　B・C　　⑤　B・D

4 学校保健安全法施行規則における感染症の種類として正しいものの組み合わせを，次の①～⑤から1つ選びなさい。　　　(難易度■■■□□)

	第1種	第2種	第3種
①	マールブルグ病	百日咳	コレラ
②	百日咳	マールブルグ病	コレラ
③	コレラ	麻しん	パラチフス
④	パラチフス	麻しん	ペスト
⑤	麻しん	ペスト	パラチフス

5 流行性耳下腺炎(おたふくかぜ)に関する記述の内容として不適切なものを，次の①～⑤から1つ選びなさい。　　　(難易度■■□□□)

①　感染経路は飛沫感染，接触感染である。

②　第2種感染症として指定されている。

③　耳下腺，顎下腺又は舌下腺の腫脹が発現した後3日を経過し，かつ全身状態が良好になるまで出席停止とする。

④　ワクチンによる予防が可能である。

⑤　不可逆性の難聴(片側性が多いが，時に両側性)を併発することがある。

6 咽頭結膜熱(プール熱)に関する記述の内容として不適切なものを，次の①～⑤から1つ選びなさい。　　　(難易度■■□□□)

①　感染経路は接触感染である。

②　ワクチンによる予防はできない。

③　発熱，咽頭炎，結膜炎などの主要症状が消退した後2日を経過するま

で出席停止とする。

④ 塩素消毒が不十分なプールで目の結膜から感染する場合がある。

⑤ 第2種感染症である。

7 心肺蘇生の方法として適切でないものを，次の①〜⑤から1つ選びなさい。　　　　　　　　　　　　　　　　　　（難易度■■□□□）

① 肩を叩きながら声をかけ反応がなかったら，大声で助けを求め，119番通報とAED搬送を依頼する。

② 気道確保と呼吸の確認を行う。

③ 呼吸がなかったら，人工呼吸を10回行う。

④ 人工呼吸が終わったら，すぐに胸骨圧迫を行う。

⑤ AEDが到着したら，まず，電源を入れ，電極パッドを胸に貼る。

8 「救急蘇生法の指針2020(市民用)」(厚生労働省)に基づく一次救命処置における心肺蘇生の方法に関する記述として適当でないものを，次の①〜⑤の中から1つ選びなさい。　　　　　　　　（難易度■■■□□）

① 傷病者を発見した際に，応援を呼んでも誰も来ない場合には，すぐ近くにAEDがあることがわかっていても，傷病者から離れないことを優先する。

② 約10秒かけて呼吸の観察をしても判断に迷う場合には，普段どおりの呼吸がないと判断し，ただちに胸骨圧迫を開始する。

③ 人工呼吸の技術に自信がない場合や，直接，傷病者の口に接触することをためらう場合には，胸骨圧迫だけを行う。

④ 胸骨圧迫は，傷病者の胸が約5cm沈み込むように強く圧迫し，1分間に100〜120回のテンポで絶え間なく行う。

⑤ 突然の心停止直後に，しゃくりあげるような途切れ途切れの呼吸がみられた場合には，ただちに胸骨圧迫を開始する。

9 自動体外式除細動器(AED)の電極パッドの取扱いに関する記述として最も適切なものを，次の①〜⑤から1つ選びなさい。（難易度■■■□□）

① 一度貼った電極パッドは，医師または救急隊に引き継ぐまでは絶対にはがさず，電源を落として到着を待つ。

② 電極パッドは繰り返し使用できるので，適切に保管することが必要である。

③ 電極パッドは正しい位置に貼ることが大切なので，胸部の皮下に硬いこぶのような出っ張りがある場合，出っ張り部分の上に貼ることが必要である。

④ 傷病者の胸部が水や汗で濡れている場合でも，水分を拭き取らずに，直ちに電極パッドを貼ることが大切である。

⑤ 電極パッドと体表のすき間に空気が入っていると電気ショックが正しく行われないため，電極パッドは傷病者の胸部に密着させることが大切である。

10 「救急蘇生法の指針 2020(市民用)」(厚生労働省)で，一次救命処置について書かれたものとして最も適切なものを，次の①〜⑤から１つ選びなさい。 (難易度■■■■□)

① 呼吸の確認には傷病者の上半身を見て，5秒以内で胸と腹の動きを観察する。

② 胸骨圧迫の深さは，小児では胸の厚さの約$\frac{1}{3}$沈む程度に圧迫する。

③ 胸骨圧迫のテンポは１分間に 100 〜 150 回である。

④ 胸骨圧迫と人工呼吸の回数は，20：3 とし，この組み合わせを救急隊員と交代するまで繰り返す。

⑤ AEDを使用する際は，小児に対して成人用パッドを使用してはならない。

11 救急処置に関する説明として最も適切なものを，次の①〜⑤から１つ選びなさい。 (難易度■■■□□)

① 鼻血が出たときは，出血がひどくならないように顔を天井に向かせて座らせるか，仰向けに寝かせて，鼻に脱脂綿等を詰め，10 分程度指で鼻を押さえる。

② 漂白剤や石油を飲んだときは，急いで吐かせる。

③ 骨折と開放創からの大出血があるときは，まず骨折の処置を行ってから止血の処置を行う。

④ 頭部の打撲でこぶができたときは，患部を冷たいタオル等で冷やし，安静にして様子を観察し，けいれんや意識障害が見られるような場合はただちに救急搬送する。

⑤ 指を切断したときは，傷口にガーゼ等を当てて圧迫止血し，切断された指を直接氷水入りの袋に入れて，傷病者とともに医療機関へ搬送する。

12 応急手当について述べた記述として適切なものを，次の①〜⑤から１つ
選びなさい。 (難易度■■■■□)

① 子どもが蜂に刺されたので，患部に残っていた針を抜き，消毒薬をつ
けた。

② ストーブに誤って触れて，子どもが軽いやけどをした。やけどの部分
を水で冷やし，チンク油，ワセリンなど油脂を塗った。

③ 子どもが吐き気を訴えてきたので，吐いた場合を考え，吐しゃ物が気
道に入らないように横にして寝かせ，背中をさすり，胃を冷やすための
氷のうを当てた。

④ 子どもが腹痛を訴えてきたので，腹部を温め，寝かしておいた。

⑤ 子どもが滑り台から落ちて脳しんとうを起こしたので，揺さぶりなが
ら名前を呼び，意識を取り戻させようとした。

13 熱中症の救急処置に関する内容として適当でないものを，次の①〜⑤か
ら１つ選びなさい。 (難易度■■■■□)

① 独立行政法人日本スポーツ振興センターの統計によると，昭和50年か
ら平成27年までの学校の管理下におけるスポーツによる熱中症死亡事
例は，屋外で行う野球が最も多いが，屋内で行う柔道や剣道でも多く発
生しているため，注意が必要である。

② 子どもの口渇感は大人より劣るとともに，大人よりも大きな「体表面積
(熱放散するところ)/体重(熱産生するところ)」比を有することから，熱し
やすく冷めにくい体格特性をもっており，熱中症のリスクが高くなる。

③ 呼びかけや刺激に対する反応がおかしかったり，呼びかけに答えがな
かったりするときには，誤って気道に入ってしまう危険性があるので，
無理に水を飲ませてはいけない。

④ 現場での冷却処置としては，水をかけてあおいだり，頸，腋下，足の
付け根の前面などの太い血管のある部分に，氷やアイスパックを当てた
りする方法が効果的であるが，市販のジェルタイプのシートは体を冷や
す効果がないため，熱中症の処置にはむかない。

⑤ 救急処置は病態によって判断するよりⅠ度〜Ⅲ度の重症度に応じて対
処するのがよい。

14 気道異物の除去に関する内容として適切なものを，次の①～⑤から１つ選びなさい。　　　　　　　　　　　　　　　　（難易度■■■■□）

① 背部叩打法は，傷病者の後方から手掌基部で左右の肩甲骨の中間を力強く，連続して叩く方法をいうが，乳児には行ってはいけない。

② 異物により気道が閉塞し，傷病者に反応がなくなった場合には，異物の除去を最優先する。

③ 腹部突き上げ法は，内臓を損傷する恐れがあるため，握りこぶしを傷病者のみぞおちの上方に当て，ゆっくりと圧迫を加えるように行う。

④ 背部叩打や腹部突き上げを試みても窒息が解消されない場合には，ただちに119番通報する。

⑤ 傷病者が咳をすることが可能であれば，異物が自然に排出されることがあるため，できるだけ咳を続けさせる。

15 次の文は，「学校のアレルギー疾患に対する取り組みガイドライン〈令和元年改訂〉」(令和２年３月25日，文部科学省初等中等教育局健康教育・食育課　監修)の一部である。空欄A～Eに入る語句をア～サから選ぶとき，最も適切な組み合わせはどれか。あとの①～⑤から１つ選びなさい。
　　　　　　　　　　　　　　　　　　　　　　　　（難易度■■■■■）

アレルギーとは，本来人間の体にとって有益な反応である免疫反応が，逆に体にとって好ましくない反応を引き起こすことです。

最も頻度が多いのがIgE抗体([　A　]の一種)によるアレルギー反応です。いわゆる「アレルギー体質」の人は，花粉や食べ物など本来無害なもの(これらがアレルギーの原因になるとき[　B　]と呼ばれます)に対してIgE抗体を作ってしまいます。そして，その[　B　]が体の中に入ってくると，皮膚や粘膜にあるマスト細胞というアレルギーを起こす細胞の上にくっついているIgE抗体と反応して，マスト細胞から体にとって有害な症状をもたらす[　C　]などの物質が出て，じんましんやかゆみ，くしゃみや鼻水などのアレルギー反応を起こしてしまうのです。

児童生徒等のアレルギー疾患は食物アレルギー，アナフィラキシー，気管支ぜん息，アトピー性皮膚炎，アレルギー性結膜炎，アレルギー性鼻炎などがありますが，病気のメカニズムとしては共通な部分が多く，反応の起きている場所の違いが疾患の違いになっていると考えることもできます。メカニズムが共通であることから，いくつかのアレルギー疾患を一緒に

もっている(合併)児童生徒等が多いことにも気をつけなければなりません。たとえば，ほとんどのぜん息児は［　D　］も合併しており，［　D　］の児童生徒等はぜん息にもなりやすいことがわかっています。

　児童生徒が食物アレルギー及びアナフィラキシーを発症した場合，その症状に応じた適切な対応をとることが求められます。発症に備えて医薬品が処方されている場合には，その使用を含めた対応を考えてください。

　緊急時に備え処方される医薬品としては，皮膚症状等の軽症症状に対する内服薬とアナフィラキシーに対して用いられる［　E　］の自己注射薬である「エピペン®」があります。アナフィラキシーに対しては，早期の［　E　］の投与が大変に有効で医療機関外では同薬のみが有効と言えます。

　ア　インシュリン　　　イ　リンパ液　　　ウ　アトピー性皮膚炎
　エ　抗原　　　　　　　オ　アドレナリン　　カ　ウイルス
　キ　アレルゲン　　　　ク　免疫グロブリン　ケ　細菌
　コ　アレルギー性鼻炎　サ　ヒスタミン

	A	B	C	D	E
①	ク	キ	サ	コ	オ
②	イ	キ	サ	ウ	ア
③	ク	カ	エ	ウ	ア
④	イ	キ	エ	コ	ア
⑤	ク	カ	サ	コ	オ

16 幼稚園と家庭との連携を図るための考え方・具体的な対応として適切なものの組み合わせを，あとの①〜⑤から１つ選びなさい。

（難易度■■■□□）

ア　幼稚園で，インフルエンザなど感染症の発生がわかったときには，園としての判断で，ほかの保護者にも連絡をする。

イ　子どもが健やかに育つためには，幼稚園での子どもの様子を保護者に理解してもらうことが必要であるため，幼稚園が決めた参観日などには必ず参加するよう，保護者に指導する。

ウ　保護者との連絡は，いつ必要になるかわからないので，教室には保護者の氏名・住所・携帯を含む電話番号のリストを，保護者の意向にはかかわりなく掲示しておく。

①　ア，イ　　②　イ，ウ　　③　アのみ　　④　イのみ

⑤　ウのみ

17 健康診断に関する記述として適切なものを，次の①〜⑤から１つ選びな
さい。　　　　　　　　　　　　　　　　　　　(難易度■■■□□)

①　定期健康診断は毎年５月30日までに実施する。

②　健康診断は健康障害の有無の判定にのみ用いる。

③　幼稚園で定期健康診断を行った後，総合判定の結果は，14日以内に保
護者に通知しなくてはならない。

④　幼稚園では，幼児の定期健康診断だけでなく，隔年で職員の健康診断
も実施しなくてはならない。

⑤　幼稚園の健康診断に際して，保健調査，事後措置も必要である。

解答・解説

1 ④

解説

学校保健安全法施行規則第19条の出席停止の期間の基準において，インフルエンザは，「発症した後5日を経過し，かつ，解熱した後2日(幼児にあっては，3日)を経過するまで。」と定められている。また，すり傷の応急処置の基本は，砂やゴミなどの異物を除去するため，傷口を水道水で洗い流すことである。浅い傷は，その後，創傷被覆材で保護する。また，出血が止まらないような深い傷は，清潔なガーゼ等で直接圧迫を行いながら，できるだけ早く医療機関を受診する。

2 ②

解説

B 「一度感染すると免疫ができる」が誤り。アデノウイルスは種類が多いだけでなく，免疫がつきにくいとされており，1つの型のアデノウイルスに感染しても，他のアデノウイルスに何度もかかることがある。

D 発症すると，蝶翼状の紅斑が頬に出現して両頬がリンゴのように赤くなることから，りんご病と呼ばれている。ヒトパルボウイルスB19が原因となる感染症で，幼児期から学童期を中心に流行する。

3 ②

解説

ノロウイルスは感染によって，胃腸炎や食中毒を発生させるもので，特に冬季に流行する。手指や食品などを介して経口で感染する場合が多く，ヒトの腸管で増殖し，おう吐，下痢，腹痛などを起こす。子どもやお年寄りなどでは重症化し，吐物を気道に詰まらせて死亡することもある。ノロウイルスについてはワクチンがなく，また，治療は輸液などの対症療法に限られる。

4 ①

解説

学校保健安全法施行規則第18条第1項による。

5 ③

解説

「3日」ではなく「5日」が正しい。

6 ①
解説

接触感染だけでなく，飛沫感染によっても感染する。

7 ③
解説

呼吸がない場合，胸骨圧迫30回と人工呼吸2回の組み合わせを繰り返す。

8 ①
解説

そばにAEDがあることがわかっている場合には，自分で取りに行く。

9 ⑤
解説

① 医師または救急隊に引き継ぐまでは電極パッドをはがさず，電源も切らず，そのまま心肺蘇生を続ける。

② 電極パッドは使い捨てのため，使用後は必ず交換する。使用期限があるため，未使用であっても使用期限に達したときには交換が必要である。

③ 貼り付ける位置にでっぱりがある場合，でっぱりを避けて電極パッドを貼り付ける。このでっぱりは，ペースメーカーやICD(植込み型除細動器)である可能性が高い。

④ 胸の部分が濡れている場合は，電極パッドがしっかり貼り付かないだけでなく，電気が体表の水を伝わって流れてしまい，電気ショックによる十分な効果が得られないことから，乾いた布やタオルで胸を拭いてから電極パッドを貼り付ける。

10 ②
解説

① 5秒ではなく10秒である。

③ 150回ではなく120回である。

④ 20：3ではなく30：2である。

⑤ 小児用パッドがない場合は成人用を使用してもよい。

11 ④
解説

① 「鼻血」はからだを横たえると，鼻部の血圧が上昇するため止まりにく

くなるので寝かせてはいけない。

② 腐食性の強い強酸，強アルカリなどは，吐かせると気道の粘膜にひどいただれを起こす。石油製品は，吐かせると気管へ吸い込み，重い肺炎を起こす。

③ 人間の全血液量は，体重1kg当たり約80mLで，一度にその$\frac{1}{3}$以上を失うと生命に危険がある。出血には，動脈からの出血と静脈からの出血がある。開放性のきずによる大出血は，直ちに止血しなければならないので，骨折の治療より優先する。

⑤ 指が切断されたときには，まず直接圧迫止血を行い，直ちに医療機関に搬送する。その際，切断された指は洗わずにガーゼにくるみ，ビニール袋に入れる。氷を入れた別のビニール袋の中に，指の入ったビニール袋を入れて，医療機関に持参する。

12 ②
解説

① 不適切。蜂の毒を中和するため，消毒薬ではなく，アンモニアをつける。アナフィラキシーにも注意する。

② 適切。やけどを冷やすときは流水で患部の周りが冷え切るくらいにする。

③ 不適切。吐き気を訴えている子どもの背中を叩いたり，さすったりしてはいけない。

④ 不適切。37.5度程度の発熱，おう吐を伴っていないかを調べ，虫垂炎でないことをまず確認する。通常の腹痛なら腹部を温め，寝かしておくという対応でよいが，幼児の虫垂炎は急激に症状が進むので注意が必要。

⑤ 不適切。意識が混濁している場合は，呼吸，脈拍を確かめ，瞳孔が開いていないかを必ず見る。頭をやや低めにして安静を保ち，医師をすぐに呼ぶ。なるべく動かさないようにすることが大切である。

13 ②
解説

思春期前の子どもは，汗腺のような体温調節能力が発達していないため深部体温が大きく上昇し，熱中症のリスクが高い。なお，子どもは大人より熱しやすく冷めやすい体格特性を持つ。

14 ⑤

解説

　異物除去の方法としては腹部突き上げ法(ハイムリック法)と背部叩打法
の2種類がある。異物除去の際，基本的には腹部突き上げ法を優先させる。
しかし，内臓を痛めることがあるため，傷病者が妊婦と乳児の場合は背部
叩打法を行う。また，心肺蘇生を優先し，異物が取れるまで続ける必要が
ある。③は，みぞおちの上方ではなく下方に当てる。

15 ①

解説

　学校におけるアレルギー疾患には，平成20年に作成された「学校のアレ
ルギー疾患に対する取り組みガイドライン」に基づき対応することとされ
ており，10年ぶりに改訂されたのが出題の資料である。これには，「学校
生活管理指導表(アレルギー疾患用)」に示されている，食物アレルギー，ア
ナフィラキシー，気管支ぜん息，アトピー性皮膚炎，アレルギー性結膜炎，
アレルギー性鼻炎について，ガイドラインが設定されている。なお，アナ
フィラキシー症状を来した児童生徒を発見した場合，救命の現場に居合わ
せた教職員が自ら注射できない状況にある児童生徒に代わって注射を行う
ことは，医師法違反にあたらず，人命救助のため行った行為については，
責任はないと考えるのが一般的である。

16 ③

解説

ア　適切。幼稚園全体に関わることなので，ほかの保護者に連絡するかど
　うかは，個々の園児から連絡を受けた担任だけで判断するのではなく，
　園全体としての判断を下すようにする。

イ　不適切。参観日には保護者全員に参加してもらうのが望ましいが，強
　制はできない。園児の兄弟が通う小学校などの行事予定がかかわってく
　ることも考えられるので，なるべく多くの保護者に参加してもらえるよ
　う，保護者の意向も聞いてから日程を調整するようにする。

ウ　不適切。保護者の氏名・住所・電話番号などは個人情報であるから，
　適切な方法で保護されなくてはならない。少なくとも，本人の了解を得
　ずに教室に掲示しておくべきではない。

17 ⑤

解説

　学校保健安全法施行規則を参照。

①　幼稚園の定期健康診断は毎年，6月30日までに実施することになっている。

②　定期健康診断では，幼児の健全な発育，発達のために，栄養状態に重点をおきつつ，疾病や異常など健康障害の早期発見と予防に留意する。

③　総合判定の結果は，定期健康診断を実施後21日以内に保護者に通知することになっている。

④　職員が結核などの感染症にかかっていると，当然，幼児に感染してしまうため，職員も毎年健康診断を受けることになっている。

⑤　正しい。特に，疾病や異常が見つかった際の事後措置は，その疾病などによって対応が変わることもあるので，注意する。

学校保健・安全／学校安全

≡ POINT ≡

■▶ 幼稚園における防災教育

　「『生きる力』を育む防災教育の展開」(平成25年改訂版，文部科学省)によると，防災教育において「必要な知識や能力等を児童生徒等に身に付けさせるためには，その発達の段階に応じた系統的な指導が必要」としている。そして，幼稚園段階における防災教育の目標・内容，および年齢別の目標例を次のように示している。

【目標】
　　安全に生活し，緊急時に教職員や保護者の指示に従い，落ち着いて素早く行動できる幼児

【内容】
〈知識，思考・判断〉
・教師の話や指示を注意して聞き理解する。
・日常の園生活や災害発生時の安全な行動の仕方が分かる。
・きまりの大切さが分かる。
〈危険予測・主体的な行動〉
・安全・危険な場や危険を回避する行動の仕方が分かり，素早く安全に行動する。
・危険な状況を見付けた時，身近な大人にすぐ知らせる。
〈社会貢献，支援者の基盤〉
・高齢者や地域の人と関わり，自分のできることをする。
・友達と協力して活動に取り組む。

【年齢別の目標例】

〈3歳児〉

・園生活を通して，安全と危険を意識していくようになる。

・教職員と共に避難行動がとれるようになる。

〈4歳児〉

・安全に生活するための決まりが分かり，気を付けて行動できるようになる。

・災害時に教職員の指示を聞き，素早く避難行動がとれるようになる。

〈5歳児〉

・安全，危険な場所や行動が分かり，自分で考えて行動できるようになる。

・災害時に落ち着いて指示を聞き，素早く避難行動がとれるようになる。

　さらに幼稚園教育要領では幼稚園における安全について「危険な場所，危険な遊び方，災害時などの行動の仕方が分かり，安全に気を付けて行動する」としており，留意事項として「生活の全体を通じ，幼児が様々な体験を積み重ねる中で相互に関連をもちながら次第に達成に向かうものであること」「内容は，幼児が環境に関わって展開する具体的な活動を通して総合的に指導されるものであること」としている。

▶▶ 防災マニュアル作成の注意点

　防災マニュアルは学校保健安全法第29条第1項を根拠として，各学校で作成されている。幼稚園では広範囲から送迎バスを利用し園児が登降園する，保護者がすぐに園児を迎えられない，といった特徴があるため，これらの事項を踏まえたマニュアルを作成する必要がある。ここでは「学校防災マニュアル(地震・津波災害)作成の手引」から，幼稚園の特性に応じた防災マニュアル作成時の留意点の一部を掲載する。

〈事前の危機管理〉

・引き渡しに向けた体制整備，配慮を要する幼児への対応

〈事後の危機管理〉

・多様な保育形態の中での災害発生を想定し，保護者引き渡しまで手順を明確化する

・避難先となることを想定した体制整備

〈多様な状況下での避難訓練(例)〉

　一斉活動遊び・食事などの園内保育時，朝や午後の預かり保育時，園庭開放時，登降園時における幼児引き渡し時，園外保育時，徒歩等登降園中，送

迎バス運行中

■▶ 災害発生後の心のケア

　災害発生後における乳幼児の反応について，「学校における子どもの心のケア」（平成26年，文部科学省）では，全体的な状況把握はできず，トラウマを「怖かった」「寒かった」「いっぱい歩いた」といった表現で表すことが多いとされている。災害を経験した乳幼児は，その後成長・発達したときに災害の全体像を認識し，トラウマが再現する可能性があることに注意しながら健康観察を行うとしている。

　また，家族や近親者が亡くなった場合，子どもは心理的なよりどころを急に失うことになる。一般的に子どもは悲嘆するが，教員としては子どもの気持ちに寄り添いながら，自然回復を見守るのがよいとされている。また，その人が亡くなったという現実を受け止めること，個人についての話題をタブー視せず，折りに触れて語り合うことが必要とされている。

Q 演習問題

1 「『生きる力』を育む防災教育の展開」(平成25年3月改訂，文部科学省)に示されている，幼稚園における日常の安全指導のポイントとして不適切なものを，次の①～⑤から1つ選びなさい。　(難易度■■■■□)

① 体を動かして遊ぶことを通して，危険な場所や事物，状況などがわかったり，危険を回避するにはどうしたらよいか学び取れるようにする。

② 幼児の個人差，興味関心の方向性を把握し，一人一人に応じた指導を行う。

③ 幼児の行動の中で見られた「ヒヤリとした行動」や「ハッとした出来事」については，帰りの会など落ち着いた場で全体に指導し，理解を深めるようにする。

④ 安全指導の内容は，幼児が自分のこととして理解を深められるよう，具体的に伝える。

⑤ 生活の様々な場面で，困ったことが起きたとき，危険を感じたときなどには，直ちに教職員に伝えることについて指導を繰り返す。

2 次の文は，「『生きる力』を育む防災教育の展開」(平成25年3月改訂，文部科学省)第5章学校における防災教育の展開例　「幼稚園　防災教育年間計画　(例)」の中の年齢別の目標例である。5歳児の目標として適切なものを，次の①～⑤から1つ選びなさい。　(難易度■■■■■)

① 安全に生活するための決まりが分かり，気を付けて行動できるようになる。

② 災害時には，家族や友達，周囲の人々と協力して危険を回避できるようになる。

③ 園生活を通して，安全と危険を意識していくようになる。

④ 災害時に落ち着いて指示を聞き，素早く避難行動がとれるようになる。

⑤ 教職員と共に避難行動がとれるようになる。

3 「『生きる力』を育む防災教育の展開」(平成25年3月改訂，文部科学省)に示されている「幼稚園段階における防災教育の目標」として適切なものの組み合わせを，あとの①～⑤から1つ選びなさい。

(難易度■■■■■)

A きまりの大切さが分かる。

B 火災等が迫る緊急時にも自己判断で避難せず，大人の指示があるまで，必ずその場で待つ。

C 危険な状況を見付けた時，身近な大人にすぐ知らせる。

D 災害時の助け合いの重要性を理解し，主体的に支援活動に参加する。

　　① A，B　　② A，C　　③ A，D　　④ B，C　　⑤ B，D

4 次の文は，「学校防災マニュアル(地震・津波災害)作成の手引き」(平成24年3月，文部科学省)に述べられているものである。(　ア　)〜(　オ　)に当てはまる語句の組み合わせとして適切なものを，あとの①〜⑤から1つ選びなさい。　　　　　　　　(難易度■■■■□)

(1) 学校防災マニュアルは，

　1. 安全な(　ア　)を整備し，災害の発生を未然に防ぐための事前の(　イ　)

　2. 災害の発生時に(　ウ　)かつ迅速に対処し，被害を最小限に抑えるための発生時の(　イ　)

　3. 危機が一旦収まった後，(　エ　)や授業再開など通常の生活の再開を図るとともに，再発の防止を図る事後の(　イ　)

　の三段階の(　イ　)に対応して作成する必要があります。

(2) 地震を感知(実際に揺れを感じた場合や緊急地震速報受信時)したと同時に(　オ　)のための初期対応を図ることが必要です。

　　日常の指導や避難訓練等によって児童生徒等自身の判断力・行動力を養っておくことが，(　オ　)につながります。

	ア	イ	ウ	エ	オ
①	環境	危機管理	適切	心のケア	安全確保
②	施設	危機管理	適切	衣食住の調達	安全確保
③	環境	防災計画	安全	心のケア	安全確保
④	施設	防災計画	安全	心のケア	避難行動
⑤	環境	防災計画	適切	衣食住の調達	避難行動

5 「学校防災マニュアル(地震・津波災害)作成の手引き」(平成24年3月,文部科学省)における避難訓練を行う上での留意事項に関する記述の内容として適切なものの組み合わせを,あとの①~⑤から1つ選びなさい。 (難易度■■■■□)

A 耐震化が図られている建物でも,地震動に対して安全を期すために,速やかに建物の外へ避難することが大切である。

B 地震発生時の基本行動は,「上からものが落ちてこない」「横からものが倒れてこない」「ものが移動してこない」場所に素早く身を寄せて安全を確保することである。

C 何が危ないのか具体的に指導するために,教師自身が落ちてくるもの,倒れてくるもの,移動してくるものとはどんなものなのか把握しておくことが必要である。

D 児童生徒等が自ら判断し行動できるようにするため,避難訓練は,災害の発生時間や場所の想定を変えずに同じ内容で繰り返し行うことが大切である。

① A, B ② A, C ③ A, D ④ B, C ⑤ B, D

6 次の文は,「学校防災マニュアル(地震・津波災害)作成の手引き」(平成24年3月,文部科学省)の中の「幼稚園の特性に応じた防災マニュアル作成時の留意点」より,引き渡しの際の留意点を述べたものである。適切なものの組み合わせを,あとの①~⑤から1つ選びなさい。 (難易度■■■■□)

A 園児は保護者以外に引き渡してはならない。

B 保護者が引き渡しカードを持参できない場合を想定し,在籍者名簿等と照合の上,引き取り者のサイン等で引き渡す手立ても考え,教職員間で共通理解を図る。

C 引き渡し者を確認できる名簿等は園長が保管する。

D 正規教員と臨時教職員間の連携を密にし,いかなる状況の中でも,即座に正確な在園児数の確認ができるようにする。

① A, B ② A, C ③ A, D ④ B, C ⑤ B, D

7 次の文は,「学校における子供の心のケア―サインを見逃さないために―」(平成26年3月,文部科学省)に述べられているものである。(ア)~

159

（　オ　）に当てはまる語句の組み合わせとして適切なものを，あとの①
〜⑤から１つ選びなさい。　　　　　　　　　　　　　（難易度■■■■□）

・被災時，乳幼児だった子供への対応

　幼児期には，子供が体験した被災内容が（　ア　）を生じさせる衝撃とな
りますが，乳幼児期の子供は全体的な（　イ　）に対する理解はほとんどで
きていないと考えられます。つまり，被災したときに，誰とどこにいて，
どのような体験をしたかが（　ア　）の強弱に影響するのですが，幼児期は
自らの体験を（　ウ　）に判断することも（　エ　）することも難しい時期と言
えます。そのため，（　ア　）を「怖かった」「寒かった」「いっぱい歩いた」な
どといった表現で表すことが多いと思われます。

　この時期に被災した子供たちは，その後成長，発達するにつれて，自ら
の体験の意味を理解して衝撃の全体像を認識することになります。そのた
め，数年後，被災した時の怖さを思い出す出来事に遭遇したときに，
（　ア　）が再現する可能性があることを念頭においた（　オ　）が必要です。

	ア	イ	ウ	エ	オ
①	ストレス	状況	客観的	言語化	心のケア
②	トラウマ	災害	客観的	内省化	心のケア
③	トラウマ	状況	客観的	言語化	健康観察
④	ストレス	災害	一般的	言語化	健康観察
⑤	ストレス	状況	一般的	内省化	心のケア

8 「子どもの心のケアのために―災害や事件・事故発生時を中心に―(平成
22年7月，文部科学省)」に記されている災害や事件・事故発生時にお
ける心のケアの基本的理解について，（　ア　）〜（　オ　）に当てはまる
語句の組み合わせとして適切なものを，あとの①〜⑤から１つ選びなさ
い。　　　　　　　　　　　　　　　　　　　　　　（難易度■■■□□）

　災害や事件・事故発生時に求められる心のケアは，その種類や内容によ
り異なるが，心のケアを（　ア　）に行うためには，子どもに現れるストレ
ス症状の特徴や（　イ　）的な対応を理解しておくことが必要である。

　幼稚園から小学校低学年までは，腹痛，嘔吐，食欲不振，（　ウ　）などの
身体症状が現れやすく，それら以外にも（　エ　），混乱などの情緒不安定
や，行動上の異変((　オ　)がなくなる，理由なくほかの子どもの持ち物を
隠す等)などの症状が出現しやすい。

	ア	イ	ウ	エ	オ
①	適切	基本	頭痛	興奮	落ち着き
②	迅速	基本	発熱	興奮	表情
③	適切	基本	発熱	緊張	表情
④	迅速	代表	発熱	興奮	落ち着き
⑤	適切	代表	頭痛	緊張	落ち着き

9 「『生きる力』をはぐくむ学校での安全教育」(平成31年3月，文部科学省)の「第2章　第3節　安全教育の進め方」に関する内容として適切なものを，次の①〜⑤から1つ選びなさい。　(難易度■■■□□)

① 学校における安全教育は，体育科・保健体育科，技術・家庭科及び特別活動の時間においてのみ行うものである。

② 学校行事における安全に関する指導について，表面的，形式的な指導とともに具体的な場面を想定するなど適切に行うことが必要であるが，小学校においては，発達段階を考慮し，表面的，形式的な指導を行う。

③ 安全教育は，視聴覚教材や資料を活用するだけで十分に効果を高めることができる。

④ 安全教育は，学校教育活動全体を通じて計画的な指導が重要であり，そのためには，学校安全計画に適切かつ確実に位置付けるなど，全教職員が理解しておく必要がある。

⑤ 安全教育と安全管理は，密接に関連させて進めていく必要があるが，日常の指導では，学校生活の安全管理として把握した児童生徒等の安全に関して望ましくない行動は取り上げる必要はない。

10 次の文は，「『令和の日本型学校教育』の構築を目指して〜全ての子供たちの可能性を引き出す，個別最適な学びと，協働的な学びの実現〜(答申)」(令和3年1月26日，中央教育審議会)の「第Ⅱ部　各論」の「1. 幼児教育の質の向上について」の一部である。(ア)〜(オ)に当てはまる語句の組み合わせとして適切なものを，あとの①〜⑤から1つ選びなさい。　(難易度■■■□□)

○ 幼児教育の質の向上を図るためには，資質・能力を育む上で(ア)的な環境の在り方について検討を行い，その改善及び充実を図ることが必要である。

○　幼児期は(**イ**)的・具体的な体験が重要であることを踏まえ，(**ウ**)等の特性や使用方法等を考慮した上で，幼児の(**イ**)的・具体的な体験を更に豊かにするための工夫をしながら活用するとともに，幼児教育施設における業務の(**ウ**)化の推進等により，教職員の事務負担の(**エ**)を図ることが重要である。

○　また，幼児教育施設においては，事故の発生・再発防止のための取組を推進するとともに，耐震化，アスベスト対策，(**オ**)，バリアフリー化，衛生環境の改善等の安全対策を引き続き行うことが必要である。

	ア	イ	ウ	エ	オ
①	効果	直接	ICT	軽減	防犯
②	計画	直接	ICT	効率	防犯
③	効果	論理	ICT	効率	感染症対策
④	計画	論理	機械	軽減	感染症対策
⑤	効果	論理	機械	軽減	感染症対策

解 答・解 説 A

1 ③
解説

　出題資料の第5章　1　(2)　①日常生活の中で安全(防災)に関する意識や
態度を高める指導からの出題である。「帰りの会など落ち着いた場で全体に
指導し，理解を深めるようにする。」が誤り。行動から時間を置かずに対象
幼児へ指導し，理解を深めるようにする。

2 ④
解説

　①は4歳児の目標，②は小学校3・4学年の目標，③および⑤は3歳児の
目標である。

3 ②
解説

　本資料では，幼稚園段階における防災教育について，「安全に生活し，緊
急時に教職員や保護者の指示に従い，落ち着いて素早く行動できる幼児」
を目標に「知識，思考・判断」「危険予測・主体的な行動」「社会貢献，支援
者の基盤」の3つに分けて具体的に示している。具体的項目としては，本
問の他に「教師の話や指示を注意して聞き理解する」「友達と協力して活動
に取り組む」等がある。

4 ①
解説

　「学校防災マニュアル(地震・津波災害)作成の手引き」は文部科学省が作成
した，地震・津波が発生した場合の具体的な対応について参考となるような
共通的な留意事項をとりまとめたもの。学校保健安全法第29条第1項にお
いて児童生徒等の安全の確保を図るため，危険等発生時に職員が講じるべき
措置の内容や手順を定めた危機管理マニュアル(危険等発生時対処要領)を各
学校が作成することとされており，その参考となるよう作成されたものである。

5 ④
解説

A　本資料では「耐震化が図られている建物では，地震動によって建物が倒
　　壊する危険性は低く，慌てて建物の外へ飛び出すような行動はかえって

危険」とされている。

D　想定を変えずに同じ内容での訓練を行うのではなく，「災害の発生時間や場所に変化を持たせ，いかなる場合にも安全に対処できるようにすることが望まれる」とされている。なお，災害には地域性があり，学校の自然的環境，社会的環境，施設の耐震化の有無などによって起こりやすさが変わってくることから，それぞれの地域・特性にあった対策が必要となる。

6 ⑤
解説

A　何らかの事情で保護者が引き取れない場合を想定し，代理者を登録しておく。代理者以外には引き渡してはならない。

C　園長が保管するという規定はない。引き渡しは原則として担任が行うが，通園バス乗車中，園外保育時などの担任が引き渡せない場合を想定し，引き渡し者を確認できる名簿等の保管場所・方法を教職員全員で共通理解しておく。

7 ③
解説

　特に注意したい用語は**ア**のトラウマである。トラウマは，本来持っている個人の力では対処できないような圧倒的な体験をすることによって被る，著しい心理的ストレスを指す。トラウマは心的外傷後ストレス障害(Posttraumatic Stress Disorder, PTSD)の発症につながる場合がある。用語の違いを確認しておきたい。

8 ①
解説

　近年，地震，豪雨などの自然災害や，子どもが犯罪に巻き込まれる事件・事故などが発生しており，子どもが災害等に遭遇して強い恐怖や衝撃を受けた場合，その後の成長や発達に大きな障害となることがあるため，子どもの心のケアが重要な課題となっている。

9 ④
解説

　「学校安全資料『生きる力』をはぐくむ学校での安全教育」は，安全教育，安全管理，組織活動の各内容を網羅して解説した総合的な資料として，平

成 13 年 11 月に作成され，その後の学校保健法の改正，学習指導要領の改訂を踏まえて平成 28 年 3 月に，さらに「学校事故対応に関する指針」(平成 28 年 3 月)の策定や学習指導要領の改訂等を踏まえて平成 31 年 3 月に改訂されている。

① 「体育科・～及び特別活動の時間においてのみ行うもの」が誤り。「安全教育は，体育科・保健体育科，技術・家庭科及び特別活動の時間はもとより，各教科，道徳科及び総合的な学習の時間などにおいてもそれぞれの特質に応じて適切に行うよう，学校教育活動全体を通じて計画的な指導が重要であり，そのためには，学校安全計画に適切かつ確実に位置付けるなど，全教職員が理解しておく必要がある。」とされている。

② 「小学校においては，発達段階を考慮し，表面的，形式的な指導を行う。」が誤り。小学校においても「避難訓練など安全や防災に関する学校行事については，表面的，形式的な指導に終わることなく，具体的な場面を想定するなど適切に行うことが必要である。」とされている。

③ 「視聴覚教材や資料を活用するだけで十分効果を高めることができる。」が誤り。「安全教育の効果を高めるためには，危険予測の演習，視聴覚教材や資料の活用，地域や校内の安全マップづくり，学外の専門家による指導，避難訓練や応急手当のような実習，誘拐や傷害などの犯罪から身を守るためにロールプレイングを導入することなど，様々な手法を適宜取り入れ，児童生徒等が安全上の課題について，自ら考え主体的な行動につながるような工夫が必要である。」とされている。

⑤ 「日常の指導では～児童生徒の安全に関して望ましくない行動は取り上げる必要はない。」が誤り。日常の学校生活における指導として「児童生徒等の安全に関して望ましくない行動を取り上げ，適切な行動や実践の方法について考えさせる。」としている。

10 ①
解説

　幼児教育施設では，環境を通して行う教育を基本としていることから，環境が子供の発達にとってどのような意味があるのかといった環境の教育的価値について研究を積み重ねていくことが重要である。

第6章

専門試験
教科知識

国語（絵本）

理科（動植物）

教科知識／国語（絵本）

専門試験

≡ POINT ≡

　国語では絵本の概要を問う問題が頻出である。絵本は幼児期にある子どもたちの夢や希望を育むだけでなく，読み聞かせや色鮮やかな挿絵などから豊かな感性を育む大きな役割がある。自らが幼少期に手にした絵本を想起しつつ，代表的な作品については，題名，作者，あらすじなどを把握しておきたい。ここでは出題実績のある絵本を中心に概要を紹介する。

「ぐりとぐら」　中川李枝子：作　　大村(山脇)百合子：絵

　野ねずみの「ぐり」「ぐら」による物語。「ぐりとぐらのえんそく」「ぐりとぐらのかいすいよく」「ぐりとぐらのあいうえお」等がある。

「こぎつねコンチ」　中川李枝子：作　　大村(山脇)百合子：絵

　きつねはらっぱの近くに住んでいる子ぎつねとお母さんきつねの話。移り変わる季節の中での生活を描いている。

「いやいやえん」　中川李枝子：作　　大村(山脇)百合子：絵

　元気でわがまま，きかんぼうの保育園児のしげるが主人公の短編集。「くじらとり」「ちこちゃん」「やまのこぐちゃん」等がある。

「たんたのたんけん」　中川李枝子：作　　大村(山脇)百合子：絵

　誕生日，たんたのところに舞い込んできた地図を基に探検する話。探検に出発すると，どこからか，ひょうの子があらわれて2人(?)で探検することになる。

「そらいろのたね」　中川李枝子：作　　大村(山脇)百合子：絵

　模型飛行機と交換に「そらいろのたね」を手に入れたゆうじが，そらいろのたねを植えて水をやると，空色の家が生えてきた。空色の家は大きくなり，たくさんの動物や鳥や子どもたちの楽しい遊び場になる。

「ぐるんぱのようちえん」　西内 ミナミ：作　　堀内 誠一：絵

　ゾウのぐるんぱは色々なところで働いてみたが，どこもうまくいかなかった。しかし，小さい子どもを相手に歌を歌ったり，遊んだりすることができたので，幼稚園を開いた。

「**とん　ことり**」　筒井 頼子：作　　林 明子：絵

　引っ越しで山の見える町にやってきたかなえの新しい友達との出会いの物語。かなえに宛てられた不思議な“郵便”の謎を通して描かれている。

「**いたずらきかんしゃちゅうちゅう**」　バージニア・リー・バートン：作・絵

　　　　　　　　　　　　　　　　　　　　　　　村岡 花子：訳

　「ちゅうちゅう」という名の機関車の話。ちゅうちゅうは日常が嫌になり，ある日脱走する。ところが，暗くなって道に迷うと同時に石炭や水もなくなり止まってしまう。そして助けに来てくれた人に脱走を反省する。

「**かもさんおとおり**」　ロバート・マックロスキー：作・絵　　渡辺 茂男：訳

　あるかもの夫婦に8羽のひなが生まれた。ひなが大きくなったので，川から公園の池まで引っ越すことに。仲良しのおまわりさんの助けも借りて，移動する姿を描いたもの。

「**はなのすきなうし**」　マンロー・リーフ：作　　ロバート・ローソン：絵

　　　　　　　　　　　　　　　　　　　　　　　光吉 夏弥：訳

　花の好きな牛・フェルジナンドが闘牛場に行くお話。フェルジナンドが偶然，お尻を蜂に刺されて大暴れした。この光景を見た牛買いたちは勇ましい牛を見つけたと勘違い。闘牛場へと連れて行く。

「**ちいさなねこ**」　石井 桃子：作　　横内 襄：絵

　小さい子猫がお母さん猫の目を盗んで脱走するお話。常に外へ，広い世界へ，冒険へとむかう幼いものの姿を描いている。

「**ふらいぱんじいさん**」　神沢 利子：作　　堀内 誠一：絵

　長い間，子どもたちに目玉焼きを焼いていたふらいぱんじいさんだったが，新しい目玉焼き鍋が登場したため，お役ご免となった。自分の新たな役割を見つけるため，ふらいぱんじいさんが旅に出るお話。

「**どうぞのいす**」　香山 美子：作　　柿本 幸造：絵

　うさぎがつくった「どうぞのいす」に来たろばが，どんぐりをいすに置き，眠ってしまった。次々に動物たちがやって来て，いすにあったものを食べ，代わりに自分のものを置き，これらが繰り返されて，最後に残ったものは？というお話。

「**だるまちゃんとてんぐちゃん**」　加古 里子：作・絵

　だるまちゃんが，友達のてんぐちゃんが持つうちわや帽子，下駄を欲しがるが同じものがないので，似た形のもので代用して真似る。最後はてんぐちゃんの鼻を欲しがったので，お父さんたちが餅で鼻をつくってあげるというお話。

Q 演習問題

1 絵本のタイトルと作者の組合せとして適切なものを，次の①～⑤から1
つ選びなさい。　　　　　　　　　　　　　　　（難易度■■■□□）

① そらいろのたね ——————— 香山美子

② おおきなおおきなおいも ——— 赤羽末吉

③ 14ひきのおつきみ ——————— さとうわきこ

④ どうぞのいす ——————— 中川李枝子

⑤ すいかのたね ——————— いわむらかずお

2 絵本のタイトルと作者の組合せとして適切なものを，次の①～⑤から1
つ選びなさい。　　　　　　　　　　　　　　　（難易度■■■■□）

① ぐりとぐら ——————— 林明子

② スイミー ——————— わたなべしげお

③ わたしとあそんで ——— マリー・ホール・エッツ

④ こんとあき ——————— 中川李枝子

⑤ もりのへなそうる ——— レオ＝レオニ

3 絵本のタイトルと作者の組み合わせとして適切なものを，次の①～⑤か
ら1つ選びなさい。　　　　　　　　　　　　　　（難易度■■■□□）

① ぐるんぱのようちえん ——— かこさとし

② いやいやえん ——————— 中川李枝子

③ からすのパンやさん ——— なかえよしを

④ どろんこハリー ——————— 西内ミナミ

⑤ ねずみくんのチョッキ ——— ジーン・ジオン

4 次の2冊の絵本で作者が同一なものを，次の①～⑤から1つ選びなさい。
　　　　　　　　　　　　　　　　　　　　　　（難易度■■■■□）

① 「キャベツくん」「はじめてのおつかい」

② 「きんぎょがにげた」「おばけのてんぷら」

③ 「さる・るるる」「いもうとのにゅういん」

④ 「ごろごろにゃーん」「ねないこだれだ」

⑤ 「たんたのたんけん」「ももいろのきりん」

5 次の２冊の絵本で作者が異なるものを，次の①〜⑤から１つ選びなさい。
(難易度■■■□□)

① 「スーホの白い馬」「うみのがくたい」
② 「ふらいぱんじいさん」「くまの子ウーフ」
③ 「ちいさなねこ」「くいしんぼうのはなこさん」
④ 「ぶたのたね」「おならうた」
⑤ 「じのないえほん」「うさこちゃんがっこうへいく」

6 次の２冊の絵本で作者が同一なものを，次の①〜⑤から１つ選びなさい。
(難易度■■■■□)

① 「だるまちゃんとてんぐちゃん」「どろぼうがっこう」
② 「おおきくなるっていうことは」「どっちがへん？」
③ 「すてきな三にんぐみ」「にゃーご」
④ 「100かいだてのいえ」「おまえうまそうだな」
⑤ 「どこへいったの？ぼくのくつ」「さつまのおいも」

7 次のA〜Eの作品名とア〜オの内容の組み合わせとして適切なものを，あとの①〜⑤から１つ選びなさい。
(難易度■■■■□)

〈作品名〉
A すいかのたね　(さとうわきこ作・絵)
B みどりいろのたね　(たかどのほうこ作／太田大八絵)
C とん　ことり　(筒井頼子作／林明子絵)
D そらいろのたね　(中川李枝子作／大村百合子絵)
E ともだちや　(内田麟太郎作／降矢なな絵)

〈内容〉
ア のぼりをふりふり，「さびしい人はいませんか。」と歩いていた狐が，本当の友達と出会った話
イ 引っ越してきたばかりの女の子が，郵便受けを介して新しい友達と出会う話
ウ 種と一緒に埋められたあめ玉を，種がなめて大きくなると，まるであめ玉のような豆の入った実がなった話
エ 模型飛行機と取り替えた狐の宝物の種を埋めると，家が生えてきた話
オ ばばばあちゃんが，「いいかげんにめをだしておおきくおなり！！」と怒鳴

171

り返したら，種がはじけ，ぐんぐん大きくなって実をならせるにぎやかな話

① A－オ　　B－ウ　　C－イ　　D－エ　　E－ア

② A－ウ　　B－オ　　C－ア　　D－エ　　E－イ

③ A－エ　　B－オ　　C－イ　　D－ウ　　E－ア

④ A－ウ　　B－エ　　C－イ　　D－オ　　E－ア

⑤ A－エ　　B－ウ　　C－ア　　D－オ　　E－イ

8 絵本「どうぞのいす」(香山美子・作　柿本幸造・絵)に出てくるウサギ・小鳥以外の動物の組み合わせとして適切なものを，次の①〜⑤から１つ選びなさい。　　　　　　　　　　　　　　　　(難易度■■■■□)

① イヌ，ネコ，ニワトリ，ロバ

② ロバ，クマ，キツネ，リス

③ ブタ，ネコ，クマ，タヌキ

④ ネズミ，アヒル，イヌ，リス

⑤ ロバ，イヌ，タヌキ，クマ

9 絵本「はらぺこあおむし」(エリック・カール作　もりひさし訳)の内容に関する記述として最も適切なものを，次の①〜⑤から１つ選びなさい。

(難易度■■■□□)

① ５匹のあおむしが，チョウになるまでの生活を描いたもの。

② あおむしが，仲間のあおむしと一緒に大好きな緑の葉を食べて成長する様子を描いたもの。

③ たくさんのものを食べたあおむしが，腹痛をおこし，虫のお医者さんに治してもらったことを描いたもの。

④ あおむしが，りんご，なし，すもも，いちご，アイスクリーム等を食べてチョウになる様子を描いたもの。

⑤ あおむしが，さなぎ，チョウになり森の中へ，冒険に出かけた様子を描いたもの。

10 絵本「だるまちゃんとてんぐちゃん」(加古里子　作・絵)で，だるまちゃんはてんぐちゃんが持っているものを似たような道具で代用している。てんぐちゃんがもっているものとだるまちゃんが代用したものの組み合わせで適切なものを，次の①〜④から１つ選びなさい。　(難易度■■■□□)

① てんぐのうちわ，扇子

② てんぐの帽子，ご飯茶碗

③ てんぐの下駄，まな板

④ てんぐの鼻，木のお面

11 れもんちゃん，りんごちゃん，チョコちゃん，おもちちゃんという子ども
たちを育てながら，お店を切り盛りするお話を描いた作品は，次の①
〜⑤から１つ選びなさい。　　　　　　　　　　　　（難易度■■■■□）

① コッコさんのおみせ

② ふゆじたくのおみせ

③ ももちゃんのおみせやさん

④ カラスのパンやさん

⑤ サラダとまほうのおみせ

12 次のア〜オの作品とA〜Eの作者名の正しい組み合わせを，あとの①〜
⑤から１つ選びなさい。　　　　　　　　　　　　（難易度■■■□□）

〔作品〕

ア ブレーメンのおんがくたい　　**イ** おやゆびひめ

ウ はらぺこあおむし　　　　　**エ** ぐりとぐら

オ 11ぴきのねことあほうどり

〔作者〕

A 中川李枝子　　**B** 馬場のぼる　　**C** エリック・カール

D グリム　　　　**E** アンデルセン

① ア−E　イ−D　ウ−C　エ−A　オ−B

② ア−D　イ−E　ウ−B　エ−A　オ−C

③ ア−E　イ−D　ウ−A　エ−C　オ−B

④ ア−D　イ−E　ウ−C　エ−A　オ−B

⑤ ア−E　イ−D　ウ−A　エ−B　オ−C

解答・解説

1 ②
解説

「おおきなおおきなおいも」は赤羽末吉の作品で，適切である。①「そらいろのたね」は中川李枝子，③「14ひきのおつきみ」はいわむらかずお，④「どうぞのいす」は香山美子，⑤「すいかのたね」はさとうわきこの作品である。

2 ③
解説

① 「ぐりとぐら」は中川李枝子作，2023年で60周年を迎えた。
② 「スイミー」はレオ゠レオニの作で，レオ゠レオニはねずみのお話「フレデリック」等が有名である。
④ 「こんとあき」は林明子作，こんはキツネのぬいぐるみであきと一緒に旅をする話である。
⑤ 「もりのへなそうる」わたなべしげお作，へなそうるとは森の中にいる怪獣の名である。

3 ②
解説

①「ぐるんぱのようちえん」は西内ミナミ，③「からすのパンやさん」はかこさとし，④「どろんこハリー」はジーン・ジオン，⑤「ねずみくんのチョッキ」はなかえよしをの著作である。

4 ⑤
解説

⑤は中川李枝子の著作である。なお，「キャベツくん」と「ごろごろにゃーん」は長新太，「はじめてのおつかい」と「いもうとのにゅういん」は筒井頼子，「きんぎょがにげた」と「さる・るるる」は五味太郎，「おばけのてんぷら」と「ねないこだれだ」はせなけいこである。

5 ④
解説

「ぶたのたね」は佐々木マキ，「おならうた」は谷川俊太郎の著作である。なお，「スーホの白い馬」は元々モンゴル民話だが，著作者の大塚勇三が絵本用に再編しているので，ここでは作者と考える。

6 ①

　①はかこさとし(加古里子)の著作である。なお，「おおきくなるっていう
ことは」と「さつまのおいも」は中川ひろたか，「どっちがへん？」と「100 か
いだてのいえ」はいわいとしお，「すてきな三にんぐみ」と「どこへいった
の？ぼくのくつ」はトミー・ウンゲラー，「にゃーご」と「おまえうまそうだ
な」は宮西達也である。

7 ①
解説

A　「すいかのたね」は 1987(昭和 62)年に発売された絵本。

B　「みどりいろのたね」は 1988(昭和 63)年に発売された絵本。

C　「とん　ことり」は 1989(平成元)年に発売された絵本。筒井頼子作，林
　明子絵の絵本はほかにも「はじめてのおつかい」「あさえとちいさいいも
　うと」などがある。

D　「そらいろのたね」は 1967(昭和 42)年に発売された絵本。

E　「ともだちや」は 1998(平成 10)年に発売された絵本。

8 ②
解説

　なお，①は「ブレーメンのおんがくたい」，③はノンタンシリーズに出て
くる動物である。

9 ④
解説

　「はらぺこあおむし」は 1969 年に出版され，5000 万部以上の売上を記録
した。エリック・カール氏が亡くなるまでに 62 カ国語に翻訳されている。

10 ③
解説

　①のてんぐのうちわはやつでの葉っぱ，②のてんぐの帽子はお椀，④の
てんぐの鼻はおもちで代用した。

11 ④
解説

　「からすのパンやさん」は，カラスの夫婦は子育てで忙しいためお店が雑

然となり，一時は貧乏になるが，子どもたちがおやつに食べたパンが評判
になり，再び人気を取り戻す話である。

 ④

解説

　新旧を問わず，有名な童話については作者名を知っておくのはもちろん
のこと，ストーリーや絵柄もしっかりと押さえておきたい。グリムとアン
デルセンの童話は混同しやすいので，注意する。

ア　見捨てられたもの同士が力を合わせて自分の幸せを勝ち取る話。

イ　チューリップから生まれた小さな女の子が危険な目にあいながらも自
　　分の親切心から幸せをつかむ話。

ウ　あおむしがたくさんの葉っぱを食べ，やがて蝶になるまでを鮮やかな
　　色彩で描いた絵本。あおむしの食べた部分は，紙面に開いた丸い穴で表
　　現されている。

エ　野ねずみのぐりとぐらが落ちていた卵でカステラをつくり，森の仲間
　　と分け合って食べる話。

オ　11匹のねこたちがつくったコロッケをあほうどりが買う，ユーモア
　　たっぷりの話。

教科知識／理科(動植物)

理科では身近な動植物の概要が頻出である。小中高で学んだ既習事項を想起しつつ，幼稚園で幼児がかかわりを持つ動植物の飼育や生育の在り方，注意事項について理解を深めていきたい。ここでは出題実績のある動植物を中心に紹介する。

アゲハ(チョウ)

日本では約20種類見ることができ，そのうちよく見かけるものとして「キアゲハ」「ナミアゲハ」等があげられる。幼虫はパセリやにんじん，あるいは柑橘系の葉に生息していることが多い。成虫は花に飛来するが，水分補給のため，水たまりなどにいることもある。

ウサギ

性格としては自己主張が強く，抱っこが嫌い，撫でられるのが好きといったことが多い。また，一緒に生活することで徐々になつき，知らない人が来ると警戒することもある。主食はペレットと牧草で，野菜や果物・穀類などはすべておやつとして少量与えるのがよい。

カタツムリ

カタツムリの体表は粘液で湿っており，背上には巻いた殻，頭には先端に眼のある大触角(後触角)，味覚を司る小触角(前触角)がある。移動が遅く幼児でも捕まえやすいが，寄生虫を保有している可能性があるため，触ったら手を洗う必要がある。

カブトムシ

体長はオス，メスともに30〜50mm程度で，オスには頭に角がある特徴を持ち，最も知られた昆虫の一つである。エサとして幼虫が腐葉土など，成虫が樹液などがあげられる。また，完全変態を行う。寿命は1〜3か月ほどが一般的だが，飼育状態によっては延びる場合もある。

クワガタムシ

大きなはさみが特徴的な昆虫で，はさみは顎に該当する。樹液や腐敗した果実など，糖分とそこに繁殖した酵母菌を多く含むものに集まる習性を持つ。

寿命はカブトムシよりも長く，日本に広く分布されているオオクワガタは2
〜3年生きるといわれている。

カメ

カメはからだの大部分を甲羅で覆っているのが特徴である。長寿であるこ
ともよく知られており，飼育するには専門家と相談が必要とされている。ま
た，気性の荒いカメだと指などを嚙むことがあるので，注意を要する。

ザリガニ

日本ではアメリカザリガニ，ニホンザリガニ，ウチダザリガニが生息して
おり，一般的にはアメリカザリガニを指す。アメリカザリガニは赤か褐色の
からだを持ち，主に水深が浅く，流れの緩い泥底の環境に生息する。エサは
雑食で水草や藻をはじめ，小魚や水生昆虫なども食べる。

モンシロチョウ

モンシロチョウは全国的に分布する蝶である。白(黄色)の羽に黒色の紋様
があるのを特徴とする。成虫は主に花の蜜を吸う。一般的にアオムシと呼ば
れる幼虫はキャベツ，アブラナ，ブロッコリーなどのアブラナ科の植物を食
べることが多いため，そのような植物が植生する場所に行くと発見しやすい。

サヤエンドウ

サヤエンドウは，煮物や汁物に彩りとしてよく使われる。生育の適温は15
〜20℃だが，低温にあたることで花芽の分化が進むことから，秋まき春採り
栽培が一般的である。ただし，株が大きくなると耐寒性が失われるため早ま
きは避ける。なお，サヤエンドウをさらに生育させると，スナックエンドウ，
グリーンピースになる。

トウモロコシ

トウモロコシは一般的に3月下旬から5月上旬に種を播き，6月下旬から8
月上旬に収穫する(直播きの場合)。日光と肥料を好むので，両方とも十分に
与えるようにする。収穫はいわゆる「ひげ」が茶色になったとき。できるだけ
早朝に収穫すると甘みが強い。ただし，鮮度が落ちるのも早いので，収穫し
たらすぐに茹でるのがよいとされている。

ミニトマト

ミニトマトは一般的に5月上旬から6月までに苗を植え付け，支柱を立て
根づかせる。温度の生育限界は15℃であるため，気温がそれ以下になりそう
な場合は不織布をかけるといった対策が必要になる。生育には整枝が必要で
あり，また肥料は控えめにするほうがよいとされている。

演習問題

1 動物についての正しい記述を，次の①〜⑤から１つ選びなさい。

① カモノハシは卵を産む鳥類であるが，子は乳で育てる。

② フクロウは木の実を主食とするので，幼稚園で飼育し，子どもに世話をさせても危険はない。

③ カメは水中で生活し，エラ呼吸をする。

④ ツバメの仲間はほとんどが渡り鳥である。

⑤ アユはコケを主食とし，ふつう２年生きる。

2 次のア〜エは，幼稚園で飼育する例の多い生き物である。ア〜エの生き物とえさの組み合わせとして適切なものを，あとの①〜⑤から１つ選びなさい。

ア カブトムシ(成虫)　**イ** モンシロチョウ(幼虫)
ウ スズムシ　　　　　**エ** アゲハ(幼虫)

	ア	イ	ウ	エ
①	リンゴ	キャベツの葉	ナス	サンショウの葉
②	リンゴ	ミカンの葉	アブラムシ	サンショウの葉
③	腐葉土	キャベツの葉	アブラムシ	サンショウの葉
④	腐葉土	ミカンの葉	ナス	ダイコンの葉
⑤	リンゴ	キャベツの葉	ナス	ダイコンの葉

3 幼稚園で飼育する例の多い生物の生態や特徴に関する記述として最も適切なものを，次の①〜⑤から１つ選びなさい。　

① ウサギは，草食性で，主に草や木の葉，野菜などを食べ，これらの栄養分をよく吸収するために，体外に出した自分のやわらかいふんをもう一度食べる。

② カエルの幼生であるオタマジャクシは，水中でふ化するのでエラがあるが，エラ呼吸は行わず，水面に顔を出して肺呼吸する。

③ カタツムリは，成長するたびにより大きな貝殻に移る習性があるため，飼育する場合は，土や川砂の上に大きさの違う巻き貝などを置くと良い。

④ ザリガニは，エビやカニと異なり脱皮は行わず，また，肉食のため，

小魚やミミズ，昆虫などを食物とし，水草などの植物は食べない。

⑤　カメは，エラ呼吸と肺呼吸を行う両生類で，卵からふ化した時は甲羅をもたないが，成長して脱皮するたびに大きな甲羅を背負うようになる。

4 昆虫の中で卵から成虫になる過程で完全変態しないものを，次の①〜⑤から1つ選びなさい。　（難易度■■■□□）

①　カブトムシ　　②　オオスズメバチ　　③　ナミアゲハ

④　ハナアブ　　　⑤　トノサマバッタ

5 次に示した昆虫は，幼虫の時に何と呼ばれているのかを答えなさい。　（難易度■■■■□）

①　モンシロチョウ　　②　アキアカネ　　③　ウスバカゲロウ

6 ウサギの一般的な特徴として適切なものを，次の①〜⑤から1つ選びなさい。　（難易度■■■■□）

①　ウサギの前歯は一生伸び続けるが，一定の長さになると脱落する。

②　とても人懐っこく，誰に対しても警戒心がない。

③　ウサギの睡眠は浅く，寝たり，起きたりを繰り返している。

④　ウサギは水をあまり飲まないので，水の交換は2日に1度程度でよい。

⑤　野菜や果物が好物なので，食事として積極的に与えるのがよい。

7 カタツムリの特徴として適切でないものを，次の①〜⑤から1つ選びなさい。　（難易度■■■■□）

①　陸に住んでいるが，貝の仲間である。

②　1匹で雄・雌の両方の機能をもっている雌雄同体という生き物である。

③　寄生虫を保有している可能性があるため，手で触ったら手を洗う必要がある。

④　真夏の暑い時期は体が乾燥してしまうので，木や草のかげで，殻の入り口に膜を張り，秋の雨が多くなる時期まで眠って過ごす。

⑤　歯がないので，藻類や植物の葉，腐葉土などを粘液で溶かして食べる。

8 モルモットの特徴として適切でないものを，次の①〜⑤から１つ選びなさい。　　　　　　　　　　　　　　　　　　　（難易度■■■□□）

① 跳躍力が低いため，飼育する場合は囲いの高さが 40cm あればよい。

② おやつにチョコレートをあげてもよい。

③ 排泄物の量が多く，毛が長いので，臭いが強くなりやすい。

④ 生まれてすぐに歯もあり，目も開いているため，生まれた子に人手をかける必要はない。

⑤ 寿命は５年から７年ぐらいである。

9 栽培した野菜を収穫する時期として明らかに適切でないものを，次の①〜⑤から１つ選びなさい。ただし，関東地方平野部における一般的な栽培方法とする。　　　　　　　　　　　　　　　（難易度■■■■□）

① トウモロコシ　　　――――　８月上旬

② サトイモ　　　　　――――　11 月中旬

③ サヤエンドウ　　　――――　９月中旬

④ フキノトウ　　　　――――　３月上旬

⑤ ツルレイシ(ニガウリ)　――――　８月中旬

10 サツマイモの栽培について適切なものを，次の①〜⑤から２つ選びなさい。　　　　　　　　　　　　　　　　　　　（難易度■■■□□）

① 苗を植え付けるには，砂壌土などの肥料が効いていない土が適切である。

② 代表的な植え付けの１つである垂直植えは収穫数は増えるが，１つあたりの重量は減るという特徴がある。

③ 施肥についてはカリウムのみを与えると，イモが大きくつきやすい。

④ サツマイモは雑草と同化させると甘みが増すため，除草は行わない。

⑤ サツマイモは無農薬でも栽培できるが，寄生虫などが発生することもあるため，殺虫剤を使用することもある。

11 次の①〜⑤のうち，食用部分が根であるものはどれか。次の①〜⑤から２つ選びなさい。　　　　　　　　　　　　　　（難易度■■□□□）

① サツマイモ　　② ジャガイモ　　③ サトイモ　　④ キャッサバ

⑤ キクイモ

12 環境省ホームページには，地球温暖化対策のページ「COOL CHOICE」がある。当該ページではグリーンカーテンについて触れられているが，グリーンカーテンに適した植物として紹介されていないものはどれか，次の①～⑤から１つ選びなさい。 (難易度■■■□□)

① ミニスイカ　　　② トウモロコシ　　③ フウセンカズラ
④ パッションフルーツ　　⑤ アサガオ

13 アサガオの栽培で注意したい点として適切でないものを，次の①～⑤から１つ選びなさい。 (難易度■■■■□)

① アサガオの種の外皮は硬いので，傷をつけると芽を出しやすくなる。
② アサガオを大きく育てたい場合は月に２～３度，肥料を与えるとよい。
③ アサガオは水を好むので，水やりは朝，昼，夕方の３回にするとよい。
④ アサガオがかかる病気にはうどん粉病やモザイク病がある。
⑤ アサガオは短日植物であるため，日中以外は明るいところに置かないようにする。

14 次の作物に適切なコンパニオンプランツをあげなさい。

(難易度■■■■□)

① トウモロコシ　　② キュウリ　　③ ナス

15 アサガオを栽培する時の作業の順序として適切なものを，あとの①～⑤から１つ選びなさい。 (難易度■■■■□)

ア 種をまく　　　　イ 雑草を取り除く
ウ 支柱を立てる　　エ 移植する
オ 種の選別をする　　カ 培養土や肥料を土に混ぜる
キ 間引きする

　① オ－ア－カ－エ－キ－ウ－イ
　② オ－ア－カ－イ－エ－ウ－キ
　③ オ－カ－ア－キ－エ－ウ－イ
　④ オ－カ－ア－エ－キ－ウ－イ
　⑤ オ－ア－カ－イ－エ－キ－ウ

解答・解説 A

1 ④

解説

哺乳類，爬虫類，両生類，鳥類などの特徴を確認しておこう。

① カモノハシやハリモグラは変温動物のような特質を備え卵を産む。この部分だけを考えると鳥類あるいは爬虫類であるが，体の仕組みと乳で子を育てることから哺乳類に分類されている。

② フクロウは鋭い足の爪や口ばしで野ネズミなど小型の動物や昆虫などを捕らえて食べる肉食の鳥である。幼児だけでなく，大人でも飼育には危険を伴う。

③ エラで呼吸をするのは魚類である。カメは肺で呼吸をする爬虫類である。

④ 正しい。日本には春から夏にかけてやってきて，秋には暖かい地域へと帰っていく。

⑤ アユはコケを主食とするが，ふつう1年しか生きられないため，年魚とも呼ばれる。

2 ①

解説

出題されている虫は，頻出であるため特徴をおさえておきたい。カブトムシは，幼虫の時には腐葉土などの腐食の進んだものを食べるが，成虫になると樹液や果汁などを食べる。モンシロチョウの幼虫(アオムシ)は，キャベツを好み，キャベツ畑などによくみられる。スズムシは，キュウリやナスなどを主な餌とするが，共食いをすることもある。アゲハの幼虫(いもむし)は，ミカン系の柑橘の葉しか食べないため，キャベツやダイコンの葉は好まない。

3 ①

解説

②の「オタマジャクシ」はえら呼吸をする。③の「カタツムリ」は生まれた時から貝殻をもっており，成長とともに貝殻も大きくなるので，他の貝殻に移ることはない。成長するたびに他の大きな貝殻に移るのはヤドカリである。④の「ザリガニ」は脱皮を行う。また，雑食で小魚なども植物も食べる。⑤の「カメ」は，爬虫類であり，生まれた時から甲羅をもつ。

4 ⑤

解説

　完全変態とは，幼虫がさなぎを経て成虫になる現象のことであり，さなぎから成虫になる昆虫を区別すればよい。

5 ①　アオムシ　　②　ヤゴ　　③　アリジゴク

解説

　昆虫の中には幼虫の時にその名前と異なる呼び方がされるものがある。出題された昆虫は，公園などや身近な森林でも見かけることができるものであるため覚えておきたい。

6 ③

解説

① 　ウサギの歯は脱落しない。そのため，藁や咬み木などを与え，前歯をすり減らし，長さを調整することが必要になる。
② 　ウサギは人に懐きやすいが警戒心も強く，知らない人を警戒することが多い。
④ 　ウサギの水やりは重要であり，こまめに水を替えることが必要である。
⑤ 　ウサギの主食はペレットと牧草がよく，野菜や果物はおやつとして与えるのがよいとされている。

7 ⑤

解説

　カタツムリは，絵本や物語でも多く登場し，また日常でも目にすることができる，子どもにとってなじみの深い存在である。口内に歯舌をもちすりつぶす形で餌を食べるため，⑤が誤り。

8 ②

解説

　チョコレートを与えると中毒を起こすので，与えてはいけない。その他注意すべき食品として玉ねぎ，ねぎ，にら，にんにくなどがあげられる。

9 ③

解説

　サヤエンドウを含むエンドウは，一般に10月下旬〜11月上旬に種をまき，5〜6月が収穫時期となる。

10 ①, ⑤

解説

 ② 垂直植えは収穫数は減るが，1つ当たりの重量が比較的大きいという特徴がある。

 ③ カリウムだけでは栄養を吸収できない。カリウムの半量程度の窒素を施すとよい。

 ④ 除草をしないと，土の養分が雑草にも行き渡るだけでなく，日当たりも悪くなり，サツマイモが十分に育たない。

11 ①, ④

解説

 なお，ジャガイモ，サトイモ，キクイモの食用部分は茎である。

12 ②

解説

 グリーンカーテンは主につるが伸びる植物を建物の壁面付近にカーテン状に育成することで，建物に直射日光が当たるのを防止したりするもの。トウモロコシはつる状に育成するわけではないので，グリーンカーテンに適しているとはいえない。

13 ③

解説

 夏の日中，植物に水をあげようとすると気温や土の温度が高い結果，お湯を与えることと同義になり，植物を傷める原因になる。アサガオへの水やりは朝と夕方の2回行うのが適切である。

14 ① インゲン，エダマメ等 ② ニラ，ネギ等 ③ ラッカセイ，パセリ等

解説

 コンパニオンプランツとは，異なる種類の野菜を一緒に栽培することで，病害虫を抑えたり生長を助けるといった効果を期待するものである。例えば，トウモロコシの主な天敵はアワノメイガであるが，アワノメイガはマメ科の植物を忌避する特徴があるため，マメ科の植物を一緒に植えるとよいとされている。

15 ③

解説

　種の選別をする，培養土や肥料を土に混ぜる，種をまく，間引きする，移植する，支柱を立てる，雑草を取り除く，の順で作業を進める③が正しい。オの「種の選別」とカの「土の準備」はどちらが先になってもかまわないが，どちらもアの「種をまく」の前に行わなくては意味がない。したがって，①，②，⑤は除外できる。また，イの「雑草を取り除く」は必要に応じて行えばよいが，双葉が出てキの「間引きする」，続いて本葉が出てエの「移植する」を行ってからでないと，雑草を抜く時にアサガオも引き抜いてしまうことがあるので，手順としては不適切である。間引きと移植の手順が逆になっているので，④も除外され，正解は③とわかる。

第7章

専門試験
教育史・教育心理

教育史

教育心理

専門試験 教育史・教育心理／教育史

≡ POINT ≡

　教育史に関する出題では，人物と業績が中心に出題されている。ここでは，出題頻度が高い人物を中心に掲載する。

ロック(1632 ～ 1704 年)

　イギリスの思想家・哲学者。イギリス経験論の大成者で，すべての知性は経験から得られるという「精神白紙説〈タブラ＝ラサ〉」は，人の発達における環境優位説につながった。主著に『人間悟性(知性)論』がある。

ルソー(1712 ～ 78 年)

　フランスの思想家。教育的主著『エミール』の冒頭「造物主の手から出るときはすべて善いものである」という信念のもと，自然に従う教育(自然主義教育)や，自然に先立って教育をしてはいけないという消極的教育を主張した。児童中心主義の立場から，注入より自発性を，言語より直観や経験を重視した。

ペスタロッチ(1746 ～ 1827 年)

　スイスの教育思想家・実践家。言語中心の主知主義教育を批判し，知的・道徳的・技能的な能力の調和的な発達を目指し，直接経験や感覚を通じた教授(直観教授)を展開した。また，幼児教育における家庭の役割を重視し，「生活が陶冶する」教育の原則を示した。主著に『隠者の夕暮』などがある。

フレーベル(1782 ～ 1852 年)

　ドイツの教育家で，世界最初の幼稚園の創設者。子どもの本質を神的なものとし，不断の創造によってその本質が展開されると考え，子どもの遊戯や作業を重視した。また，そのための教育遊具として「恩物」を考案した。主著に『人間教育』がある。

エレン＝ケイ(1849 ～ 1926 年)

　スウェーデンの婦人思想家。主著『児童の世紀』では，20 世紀は子どもが幸福になり，解放される時代と主張し，20 世紀初頭の児童中心主義保育を求める新教育運動に大きな影響を与えた。

デューイ(1859 ～ 1952 年)

アメリカのプラグマティズムの代表的哲学者。シカゴ大学に実験学校(デューイ・スクール)を開設し，実生活における必要性から子どもが自発的に問題を発見し，解決していく問題解決学習を考案，実践した。また，個人の環境との相互作用を経験と呼び，教育において，経験が連続的に再構成されていく過程を教育の本質ととらえた。主著に『学校と社会』『民主主義と教育』がある。

モンテッソーリ(1870 ～ 1952 年)

イタリアの医師であり，幼児教育の実践家・思想家。幼児教育施設「子どもの家」での経験を活かし，感覚重視の幼児教育法(モンテッソーリ・メソッド)を確立した。主著に『子どもの発見』がある。

松野クララ(1853 ～ 1941 年)

ドイツ人。フレーベル創設の養成校で保育の理論や実践を学んだ。日本人と結婚して日本に居住し，東京女子師範学校附属幼稚園創設当時の首席保母として「恩物」の使い方や遊戯など，日本に初めてフレーベルの教授法を導入した。

倉橋惣三(1882 ～ 1955 年)

日本において児童中心主義を提唱し，幼稚園教育の基礎を築いた幼児教育研究者。1917 年に東京女子高等師範学校附属幼稚園の主事となった。フレーベルの教育精神のもと，子どもの自発性を尊重し，自由な遊びの中で子どもの自己充実を援助できる環境を構築する「誘導保育」を提唱した。

━━━━━━━━━━━━━ **演習問題** ━━━━━━━━━━━━━

1 次の記述のうち誤っているものを，①〜⑤から１つ選びなさい。

(難易度■□□□□)

① シュテルンは人間の発達について，遺伝的要因と環境的要因の輻輳説を唱えた。

② ロックは教育万能論に対して疑問を投げ掛けた。

③ ルソーは消極教育論を提唱し，「子どもの発見者」と称された。

④ フレーベルは世界で最初の幼稚園を設立した。

⑤ デューイは問題解決学習を提唱した。

2 次の人物に関する記述として適切なものを，①〜⑤から１つ選びなさい。

(難易度■■■□□)

① 羽仁もと子は玉川学園を創設し，全人教育や労作教育を目指した。

② 及川平治は東京高等師範学校附属訓導として綴方教授を提唱した。

③ 倉橋惣三は東京女子高等師範学校幼稚園主事を務め，「幼児教育の父」と呼ばれる。

④ 澤柳政太郎は「児童の村小学校」を設立した。

⑤ 谷本富は「婦人と子ども」を編集し，『幼稚園保育法眞諦』の著書がある。

3 次の文は，フレーベルについて述べたものである。(A)〜(C)に当てはまるものをア〜ケから選ぶとき，正しい組み合わせを，あとの①〜⑤から１つ選びなさい。

(難易度■■□□□)

フレーベルの教育学の特徴は，なんといっても遊びを重視したことである。「遊んでいるとき，子どもは力を得，強い存在となる。遊びによって子どもは心を表現し，(A)と交わる」というのである。そして，遊びにとって不可欠なものとして，1つは遊びの道具である(B)，もう1つはその遊びを指導する大人の存在があるとした。正しい指導法でその道具遊びをするとき，本来(C)な存在である子どもは，それに気づき，そこへ帰っていくと彼は考えた。

ア 家族　　イ 恩物　　ウ 精神的　　エ 積み木　　オ 感覚的

カ 仲間　　キ 大人　　ク 神的　　ケ ブロック

① A-ア　　B-エ　　C-オ
② A-キ　　B-ケ　　C-ク
③ A-カ　　B-イ　　C-ウ
④ A-カ　　B-イ　　C-ク
⑤ A-ア　　B-ケ　　C-ウ

4 次のA～Cは幼児教育について述べたものである。それぞれア～キのどの人物と関係が深いか。正しい組み合わせを，あとの①～⑤から１つ選びなさい。　　　　　　　　　　　　　　　　（難易度■■■■□）

A　どんなに貧しくても，どんなに不良な子どもでも，神からすべての子どもたちに人間性の力を与えられている。道徳的な人間を育てるには健全な家庭生活が営まれなければならず，教育においても家庭の温かさが不可欠である。

B　子どもは本来神的な存在なので，教育者は子どもがもともと持っているものを実現させるよう手助けし，そのことに気づいていない子どもに，自覚させ表現するよう導くことである。

C　自然は子どもが子どもらしくあることを望んでいる。大人になったら必要になるからといって，美徳や知識を積極的に子どもに教える必要はない。できるだけ子どもの自然のよさを残し伸ばしてやればよい。

ア　ルソー　　　　　イ　ロック　　　　ウ　モンテッソーリ
エ　ペスタロッチ　　オ　フレーベル　　カ　デューイ
キ　マラグッツィ

① A-ア　　B-ウ　　C-オ
② A-エ　　B-キ　　C-オ
③ A-エ　　B-カ　　C-ア
④ A-イ　　B-ウ　　C-カ
⑤ A-エ　　B-オ　　C-ア

5 次の文は，ルソーについて述べたものである。（　A　）～（　C　）に当てはまるものをア～キから選ぶとき，正しい組み合わせを，あとの①～⑤から１つ選びなさい。　　　　　　　　　　　　　　（難易度■■■□□）

ルソーの生きた当時のフランスは，1789年の革命以前の封建的王制下の政治・社会制度のなかにあったが，多くの（　A　）たちが出て旧制度を打ち

倒そうとしていた。ルソーの思想はこうした時代背景と密接に結びついており、『社会契約論』で新しい社会の構想を描き、(B)では、その新しい社会を担う人間をどう教育するかを描いた。彼は、(B)のなかで「(C)は子どもが大人になるまえに子どもであることを望んでいる」と述べ、児童期までの教育は、できるかぎり子どもの(C)のよさを残し、それを伸ばすように手助けしてやればよいと考えた。旧制度下では、子どもは大人になるための準備期間であり、子どもを大人に近づけるようにすることが教育だったが、ルソーの、子ども時代の独自性の尊重を唱えた「子どもの発見」は、当時としては画期的な教育論であった。

　　ア　自然　　　　　イ　『パンセ』　　　ウ　社会主義者
　　エ　『エミール』　オ　神秘思想家　　カ　神
　　キ　啓蒙思想家

① A－ウ　　B－イ　　C－カ
② A－キ　　B－エ　　C－ア
③ A－キ　　B－イ　　C－ア
④ A－ウ　　B－エ　　C－カ
⑤ A－ウ　　B－エ　　C－ア

6 次は、倉橋惣三の幼児教育についての記述である。(A)～(C)に当てはまるものをア～クから選ぶとき、正しい組み合わせを、あとの①～⑤から１つ選びなさい。　　　　　（難易度■■■■■）

　幼児を無理やり目的に向かって引っ張るのではなく、自然な生活形態のなかで、子どもたちが知らず知らずのうちに(A)を身に付けるようにすることが望ましいとした。そして、明治以来の定型と機械化とによって幼児のいきいきしさを奪う(B)を批判し、幼児に(C)を与えることを重視した。その自由な活動のなかから子どもの生活を誘導していく誘導保育を保育の真諦とした。

　　ア　恩物主義　　イ　行動主義　　ウ　満足感　　エ　道徳
　　オ　達成感　　　カ　一斉保育　　キ　自由感　　ク　教育的価値

① A－エ　　B－カ　　C－ウ
② A－ウ　　B－ア　　C－ク
③ A－エ　　B－イ　　C－オ
④ A－ク　　B－イ　　C－キ

⑤　A-ク　　B-ア　　C-キ

7 次は，日本における保育思想の歴史に関する記述である。A〜Dの記述は，ア〜エのうちどの人物のことか。正しい組み合わせを，あとの①〜⑤から１つ選びなさい。　　　　　　　　　　　　（難易度■■■■□）

A　有産階級に限られていた幼児教育を，貧しい家庭の子どもたちにも施す必要性を感じて，日本で最初の託児所となる幼稚園を開園した。

B　知的障害児教育の父と呼ばれる。はじめ，濃尾震災によって被災した孤児を引き取り孤児施設を開設したが，孤児の中に知的障害児が含まれていたのがきっかけとなり，知的障害児施設に改めた。

C　「家なき幼稚園」を開設した。自然の中で育てることの大切さを保育の中心とし，公園，河原，里山などの戸外で保育を行った。

D　自然主義教育を幼児教育の基本として『幼児教育法』を著す。「幼児教育」という言葉を日本で初めて使ったことでも知られる。

　　ア　橋詰良一　　イ　和田実　　ウ　野口幽香　　エ　石井亮一

①　A-ア　　B-イ　　C-エ　　D-ウ
②　A-イ　　B-ア　　C-ウ　　D-エ
③　A-ウ　　B-イ　　C-エ　　D-ア
④　A-ウ　　B-エ　　C-ア　　D-イ
⑤　A-エ　　B-イ　　C-ウ　　D-ア

8 次は，保育思想の歴史に関する記述である。A〜Dの記述は，ア〜エのうちどの人物のことか。正しい組み合わせを，あとの①〜⑤から１つ選びなさい。　　　　　　　　　　　　（難易度■■■□□）

A　知識の一方的な伝達を中心とした伝統的な学校教育を批判し，教育とは，経験を繰り返すことによって成長し，その成長を高めるようにさらに経験を絶え間なく再組織し改造することであると主張した。

B　人間は誕生の瞬間から知的な働きが存在することを明らかにし，子どもの知能や発達に関して，科学的な理論構築を行い発達段階説を提唱した。

C　スラム街に住む貧しい労働者の子どもたちを収容するために「子どもの家」を開設した。そこで，子どもたちは自分自身の感覚をとおして世界の様子を知るということに気づき，子どもの発達に適した環境設定や遊具の必要性を唱えた。

D 自分が自分を作り上げていくことによって子どもは発達するという児童中心主義に基づく児童教育と婦人の母性的使命を唱え，新教育運動，婦人解放運動に大きな影響を与えた。

　ア　エレン・ケイ　　イ　モンテッソーリ　　ウ　ピアジェ
　エ　デューイ

① A-ア　　B-イ　　C-エ　　D-ウ
② A-イ　　B-ア　　C-ウ　　D-エ
③ A-エ　　B-ウ　　C-イ　　D-ア
④ A-ウ　　B-エ　　C-ア　　D-イ
⑤ A-エ　　B-イ　　C-ウ　　D-ア

9 次の文は，レッジョ・エミリア・アプローチについての記述である。文中の（　A　）〜（　C　）に当てはまる語句をア〜キから選ぶとき，その組み合わせとして正しいものを，あとの①〜⑤から１つ選びなさい。

（難易度■■□□□）

（　A　）にあるレッジョ・エミリア市の幼稚園の先端的教育を考えたのは（　B　）である。彼は，子どもが気の合う仲間や家族などの私的で親密な関係とは別のさまざまな考えを持った人たちとの関係を経験することによって，世界が多様であることや自己と異なった（　C　）を持った他者を理解することが重要だと考えた。そのため，プロジェクトという形でその相互関係を経験できる小集団を組織化し，さらに家族もその活動に参加するようにした。

　ア　モンテッソーリ　　イ　アイデンティティ　　ウ　スイス
　エ　イタリア　　　　　オ　マラグッツィ
　カ　パーソナリティ　　キ　コンピテンス

① A-エ　　B-オ　　C-イ
② A-ウ　　B-ア　　C-カ
③ A-エ　　B-ア　　C-イ
④ A-ウ　　B-ア　　C-キ
⑤ A-ウ　　B-オ　　C-カ

10 次の文は，『モンテッソーリ法』についての記述である。（　A　）〜（　C　）に当てはまるものをア〜キから選ぶとき，正しい組み合わせを，

あとの①〜⑤から１つ選びなさい。 (難易度■■□□□)

　子どもは自分を(**A**)する動機を本来もっており，自分自身の(**B**)をとおして外の世界についての知識を学ぶ。子どもの発達に適した環境に置かれるとき，その子どもは興味をもって自発的に学ぶことができる。したがって，教育とは，子どもがそうした自分の要求に応えてくれるような環境に置かれたときに，自らが自発的に学んでいく(**C**)な過程だということができる。

　　ア　動的　　イ　認識　　ウ　知識　　エ　啓発

　　オ　本質　　カ　静的　　キ　感覚

① A−イ　　B−オ　　C−カ

② A−エ　　B−キ　　C−ア

③ A−イ　　B−キ　　C−カ

④ A−エ　　B−ウ　　C−ア

⑤ A−イ　　B−ウ　　C−カ

11 次のA〜Cは教育史上の人物の著作の冒頭の一文であり，a〜cはその著作である。またア〜ウは，人物の教育思想に関係ある語である。これらの人物，冒頭の一文，著作，関係ある語を組み合わせたとき，正しいものを，あとの①〜⑤から１つ選びなさい。 (難易度■■■□□)

A　創造主の手から出るときにはすべてがよいが，人間の手になるとすべてが悪くなっていく。

B　玉座の上にあっても，木の葉の屋根の陰に住まっても，その本質において同じ人間。

C　万物のなかに，一つの永遠の法則があって，作用し，支配している。

　〔著作・関係ある語〕

　　a　『隠者の夕暮』　　b　『エミール』　　c　『人間の教育』

　　ア　消極教育　　イ　万有内在神論　　ウ　直観のABC

① フレーベル　　──A──　b　──イ

② フレーベル　　──B──　b　──ウ

③ ルソー　　　　──C──　a　──ア

④ ペスタロッチ　──B──　a　──ウ

⑤ ペスタロッチ　──C──　c　──イ

12 コメニウスに関する記述について不適切なものを，次の①～⑤から１つ選びなさい。 (難易度■■■■□)

① 主著「大教授学」において，あらゆる人にあらゆる事柄を享受するための教授法について示した。

② 世界初の絵入り教科書とされる「世界図絵」を作成した。

③ 教育によるドイツの再建を目指し，「ドイツ国民に告ぐ」という大講演を行った。

④ 直観教授の理念と方法を示し，感覚を伴った教育の重要性を説いた。

⑤ すべての男女が，階級差別のない単線型の学校教育において，普遍的知識の体系を学ぶ必要性を説いた。

13 次の記述に該当する人物を，あとの①～⑤から１つ選びなさい。

(難易度■■■□□)

　明治18年，内閣制度の発足に伴い，初代文部大臣に就任。欧米の先進国の文明を導入し，日本の富強を図るための国家主義教育をとなえ，この目的の実現に向けて学校制度の改革，教育内容の改善，教員養成方針の確立に尽力した。明治19年に小学校令・中学校令・帝国大学令・師範学校令を公布し，近代学校制度の土台を固めた。また，教科書の検定制度を初めて実施。教育内容の改善を図り，「学校及其程度」により国家的基準を明示した。師範教育に関しては，国民教育の根幹をなすものとして重視し，順良・信愛・威重の三気質を教育目標に据え，その実現のために全寮制による軍隊式教育を行った。

① 倉橋惣三　　② 福沢諭吉　　③ 森有礼　　④ 新渡戸稲造

⑤ 大隈重信

14 次の文章の出典と著者の組み合わせとして正しいものを，あとの①～⑤から１つ選びなさい。 (難易度■■■□□)

「…人々は子ども時代とはどういうものであるかということをちっとも知らない。昔ながらの間違った考えをしているものだから，教育すればするほどいよいよ子どもというものがわからなくなってしまう。もっとも聡明といわれている人々でさえ，子どもの学習能力を考慮にいれないで，大人にとって大切なことを子どもに一所懸命教えている。かれらはいつも子どもを大人に近づけることばかり夢中になっていて，大人になるまでの子ど

もの状態がどんなものであるかを考えてみようとはしない。私が全力を注いだのは，じつにこのあるがままの子どもの状態についての研究であって…」

① 『エミール』　　　　　　ペスタロッチ
② 『教育に関する考察』　　ロック
③ 『子どもの発見』　　　　フレーベル
④ 『エミール』　　　　　　ルソー
⑤ 『子どもの発見』　　　　モンテッソーリ

15 次の説明文と人物名の組み合わせとして正しいものを，あとの①〜⑤から１つ選びなさい。　　　　　　　　　　(難易度■■□□□)

A　世界で最初の「幼稚園」を開設し，幼児教育思想を述べた『人間の教育』を著した。

B　恩物による保育を批判し，恩物を「積み木玩具」に換えた。また，戸外での自由でのびのびした遊びを大切にする保育を目指した。

C　「生活は陶冶する」と言って家庭教育を重んじた。また，直観教授も重視した。

D　子どもが自由で自発的な活動を中心として生活できる「子どもの家」を設立し，そこでは感覚教育を重視した保育を行った。

　　ア　マカレンコ　　　　イ　フレーベル　　ウ　倉橋惣三
　　エ　ルソー　　　　　　オ　コメニウス　　カ　ペスタロッチ
　　キ　モンテッソーリ　　ク　ロック

① A−イ　　B−ウ　　C−カ　　D−キ
② A−キ　　B−ア　　C−エ　　D−オ
③ A−キ　　B−ク　　C−ウ　　D−ア
④ A−オ　　B−カ　　C−イ　　D−ウ
⑤ A−イ　　B−オ　　C−ク　　D−カ

16 幼稚園と保育所について公的に示されたものを発表年順に正しく並べたものを，次の①〜⑤から１つ選びなさい。　　　　(難易度■■■■■)

① 保育要領—幼稚園と保育所の関係について—幼児教育振興プログラム
② 保育要領—幼児教育振興プログラム—幼稚園と保育所の関係について
③ 幼稚園と保育所の関係について—保育要領—幼児教育振興プログラム

④　幼稚園と保育所の関係について―幼児教育振興プログラム―保育要領

⑤　幼児教育振興プログラム―保育要領―幼稚園と保育所の関係について

17　教育史に関する記述について適切なものを，次の①～⑤から１つ選びな
さい。　　　　　　　　　　　　　　　　　　　　　　　　（難易度■■■■■）

①　貝原益軒は日本で最初の体系的教育書といわれる『養生訓』を著した。

②　明治13年の改正教育令では国家の統制色が強くなり，道徳が学科目の
首位に置かれ，徳育重視となった。

③　明治19年の小学校令で尋常小学校の６年間が就学義務とされ，法令上
の義務教育制度が明確になった。

④　大正時代には，子どもの個性・自発性を尊重する児童中心主義教育の
理論と実践を，倉橋惣三が指導した。

⑤　大正７年，北原白秋が児童文学・童謡の雑誌『赤い鳥』を創刊，芸術教
育運動を展開した。

解答・解説 A

1 ②

解説

① シュテルン(1871 ~ 1938)は人間の発達は遺伝と環境の相互作用によって生じると考えた。

② ロック(1632 ~ 1704)は人間の精神を「白紙(タブラ・ラサ)」と捉え，後天的な教育を重視した。よって誤り。

③ フランスの啓蒙思想家ルソー(1712 ~ 78)は『エミール』で教育について論じた。

④ フレーベル(1782 ~ 1852)は教育遊具「恩物」の考案者で，主著に『人間の教育』がある。

⑤ デューイ(1859 ~ 1952)は経験主義的教育論を展開。主著に『学校と社会』など。

2 ③

解説

① 羽仁もと子(1873 ~ 1957)が設立したのは自由学園で，自労自作の生活中心主義教育を行った。玉川学園の創設者は小原國芳(1887 ~ 1977)。

② 及川平治(1875 ~ 1939)は「分団式動的教育」を実践した兵庫県明石女子師範学校附属小学校主事であり，綴方教授を提唱したのは芦田惠之介(1873 ~ 1951)。

③ 正しい。

④ 澤柳政太郎(1865 ~ 1927)は成城小学校の設立者。「児童の村小学校」を設立したのは野口援太郎。　⑤ 「婦人と子ども」を編集し，『幼稚園保育法眞諦』を著したのは倉橋惣三。谷本富は日本初の教育学博士。

3 ④

解説

　幼稚園教育に携わる人にとって，現代幼稚園教育の父といわれるフレーベルは，避けて通れない人物のひとりである。彼は1782年，ドイツの小さな田舎町の厳格な牧師の家に生まれた。ペスタロッチとの出会いによって，生涯幼児教育に身をささげることとなった。子どもは本来，神的な存在であるとし，そのことを子どもに自覚させ，表現するよう導くことが教育の目的であるとした。そして，遊びに着目し，遊んでいるとき，子どもは外

の世界の認識へと導かれると同時に，世界のなかで自分を反映させることができると考えた。その際，世界と子どもをつなぐものとして，ひとつは教具としての恩物(神からの贈り物の意)，もうひとつは遊びを指導する大人の存在の２つがあるとした。フレーベルの教育思想と恩物とは深い結びつきがあるので，恩物についてよく理解しておくこと。

4 ⑤
解説

　Aはペスタロッチ，Bはフレーベル，Cはルソーがあてはまる。各人物の詳細はポイントを参照。マラグッツィ(1920 〜 1994)はイタリアで行われた幼児教育の革新的実践，レッジョ・エミリアのリーダー。

5 ②
解説

　ルソーの思想について，フランス革命の時代背景抜きには語れない。フランス革命によってそれまで続いたキリスト教会に代表される古い伝統的権威や秩序が崩壊し，理性による思考の普遍性と不変性を主張する啓蒙思想家たちが，数多く現れた。こうしたなかで，ルソーは新しい社会のあり方を説いた『社会契約論』を著す一方，教育学の古典とも言える『エミール』で新しい社会に対応した教育をどうするかを示した。『エミール』で「どんなものでも，自然という造物主の手から出るときは善であり，人間の手に渡ってからは悪となる」と述べているように，ルソーにとって子どもは本来善であり，児童期までの教育はできるかぎり子どもの自然のよさを残してやることであるとした。

6 ⑤
解説

　倉橋惣三はフレーベルに影響を受け「誘導保育」を保育の真諦として幼児教育の革新に取り組んだが，フレーベル主義の形骸化を批判，その著書『幼稚園眞諦』のなかで，「フレーベル精神を忘れて，その方法の末のみを伝統化した幼稚園を疑う。定型と機械化によって，幼児のいきいきしさを奪う幼稚園を慨く」と述べた。彼の考えた誘導保育とは，子どもは自由であると思っているにもかかわらず，その自由な活動のなかに教育的価値がきちんと配慮されているようにすることである。わが国の保育学会を設立するなど，日保の近代保育へ多大な功績を遺した。

④

解説

橋詰良一は大正11年春，大阪府池田市の呉服神社境内に「家なき幼稚園」を開設したことで知られる。子どもたちを自然の中で育てることが最善だとして，晴天時には草原や河原などへ出かけ戸外で保育を行った。和田実は，ルソーやフレーベルが幼児教育で説いた自然主義教育を受け継ぎ，明治41年に『幼児教育法』を著し，遊戯を中心とした幼児教育を主張した。わが国における幼児教育の先駆者のひとりである。野口幽香は，明治33年，わが国で最初の託児所である「二葉幼稚園」を東京に創設した。幼稚園といっても入園者は貧困家庭の子どもたちで，早朝から夜遅くまで預かるなど，社会事業家としての彼女の一面をよく表すものだった。石井亮一は知的障害児教育に先駆的役割を果たした人物として知られる。1891年，「聖三一孤女学院」を創設したが，のちに「滝乃川学園」と改称し，入園者を知的障害者に限定し，その保護・教育・自立を目指す総合的な教育・福祉施設とした。

8 ③

 解説

エレン・ケイはスウェーデンの社会思想家，教育学者，女性運動家として幅広く活躍。「20世紀は児童の世紀」だとして新教育運動を展開した。モンテッソーリは貧困家庭の子どもたちを収容するためにローマに「子どもの家」を創設。「幼児は本来自己啓発する動機をもっている」として，そのための遊具も開発した。ピアジェはスイスの20世紀最大の心理学者といわれる。大人と質量的に異なる子どもの思考を出生から青年期まで4つの発達段階で区分し幼児教育にも大きな影響を与えた。デューイは20世紀前半を代表する哲学者，教育改革者で，多様な人々とともに生きる民主主義の考え方に立ち，共同活動を重視，美的・道徳的な意味を含め，あらゆるものが共同活動から生まれてくると説いた。

9 ①

解説

戦後まもなく北イタリアのレッジョ・エミリア市で，教育家マラグッツィの指導と，市当局のバックアップにより地域の共同保育運動として始まったレッジョ・エミリア・アプローチは，革新的な幼児教育として世界的に注目されるようになった。その教育では，子どもは救済の対象ではな

く，大人とともに創造的な活動をとおして個性を表現し共同性を築く自立した存在とみなされる。そして，そこで自己と他者のアイデンティティの感覚を経験し，世界の多様性を学ぶ。家族や仲間といった私的で濃密な関係のなかで安らぐのではなく，別の相互関係を経験させることによって，自発的なコミュニケーションのチャンスが与えられ，アイデアを交換し，環境を変えていくということに満足を覚えるというものである。

10 ②
解説

フレーベル同様，モンテッソーリも幼稚園教育で忘れてはならない人である。彼女は 1870 年，イタリアに生まれた。当時，男性に限られていた医学部へ入学し，イタリアで初の女性医学博士となる。医師となった彼女がまず力を注いだのは，悲惨な状況に置かれていた障害児の教育だった。そこで，障害児であっても健常児に匹敵する学習能力があることを知る。その後，ローマのスラム街に住む子どもたちのために，彼らを収容する「子どもの家」を創設した。こうした実践のなかで，子どもは自分自身の感覚をとおして世界を学ぶのであり，本来，その欲求をもっていることに気づく。そして，その欲求に応えられるような環境に置かれるとき，子どもは自らのかかわりのなかで成長すると考えた。その考えに基づいて集中力や感覚，知識を豊かにする遊具も開発した。

11 ④
解説

Aはルソー(1712 ～ 78)の『エミール』の冒頭の一文である。外からの強制的な詰め込み教育(「積極教育」)でなく，子どもの自然の成長力や活動性に応じた自然による教育(「消極教育」)を主張する。Bはペスタロッチ(1746 ～ 1827)の『隠者の夕暮』の冒頭の一文である。彼は，人間はすべて平等の人間性を有するとし，すべての人間に内在している諸能力を開発し，伸長していくのが教育の基本であるとした。また豊かな直観こそが言葉の獲得や思考力の発達の基礎になることを強調し，直観を構成する要素として「直観のABC(数・形・語)」をあげている。Cはフレーベル(1782 ～ 1852)の『人間の教育』の冒頭の一文である。神が宇宙の中心であり神によって万物は生かされており(万有内在神論)，人間は創造的存在であり，子どものなかに宿る神的なもの(神性)を開発することこそが教育の本質であるとした。神から子

どもたちへの贈り物を意味する「恩物」という教育遊具を考案している。したがって，ペスタロッチ・**B**・**a**・**ウ**の組み合わせの④が正しい。

12 ③
解説

コメニウスは 17 世紀にチェコで活躍した宗教家・教育者。年齢や教授内容をそろえた現在の学校制度につながる仕組みを作ったことから，近代教育学の父と呼ばれる。主著の『大教授学(あらゆる人にあらゆる事柄を享受する普遍的な技法を提示する大教授学)』において，直観教授の理念と方法を示すとともに，世界初の絵本(絵入り教科書)とされる『世界図絵』を作成して，感覚を伴った教育の重要性を説いた。不適切なのは③であり，これは，カント哲学を継承したフィヒテについての記述である。

13 ③
解説

① 倉橋惣三は東京女高師附属幼稚園の主事を長年務め，幼児教育の発展に尽くした児童心理学者。

② 「学問のすゝめ」を著した慶應義塾大学の創設者。

③ 日本の初代文部大臣・森有礼は，教育こそが富国強兵の根本，良妻賢母教育は国是とすべきであるとし，強力な国家主義教育政策を推進した。明治 20 年には学位令を発令し，日本における学位制度を定めたほか，さまざまな学校制度の整備を行い，近代国家としての教育制度の確立を目指した。黒田清隆内閣においても留任したが，明治 22 年，大日本帝国憲法発布式典の当日，凶刃に倒れた。

④ 札幌農学校に学び，日本文化の海外への紹介に努めた，農学者・教育者。

⑤ 第 8 代，第 17 代内閣総理大臣にして早稲田大学の創設者。

14 ④
解説

① ペスタロッチの主著は『ゲルトルート児童教育法』，『隠者の夕暮』。

② 『教育に関する考察』はイギリス名誉革命の思想家として名高いロックの著した教育論で，イギリス紳士(ジェントルマン)になるための教育の一環として幼児教育の重要性を説いているが，問題文の出典ではない。

③ 『子どもの発見』はモンテッソーリの著作。フレーベルの主著には『人

間の教育』がある。

④　正しい。「子どもの発見者」とよばれるルソーであるが，著書は『エミール』である。「万物をつくる者の手をはなれるときすべてはよいものであるが，人間の手にうつるとすべてが悪くなる」という冒頭の言葉が示すように，ルソーの自然礼讃，人為排斥の哲学を教育論として展開した書である。

⑤　『子どもの発見』の著者・モンテッソーリは，ローマのスラム街に設立した「子どもの家」における実践で知られる。

15 ①
解説

教育史における主要人物とその業績や教育思想の内容は，しっかり把握しておきたい。正解に名前が挙がった以外の人物については，以下のようになる。マカレンコ：集団主義教育を唱えた。著書に『愛と規律の家庭教育』がある。ルソー：「子どもの発見者」と呼ばれるルソーは，幼児が未成熟で未完成であっても，幼児を認め，尊重しなければならないとした。コメニウス：母親による家庭教育を「母親学校」と呼び，重視した。著書に『大教授学』がある。ロック：著書『教育に関する考察』で習慣形成を基調とし，幼児教育を重んじる理論を展開した。同書の序文に「健全な身体に宿る健全な精神」と記した。

16 ①
解説

昭和23年に当時の文部省が刊行した「保育要領」は幼稚園だけでなく，保育所や家庭にも共通する手引きとして作られた。同38年に文部省，厚生省の連名で出された「幼稚園と保育所の関係について」は，両者の機能が異なることを示し，保育所の持つ機能のうち，教育に関するものは幼稚園教育要領に準ずることが望ましいとした(幼稚園は文部省の管轄，保育所は厚生省の管轄)。平成13年に文部科学省が策定した「幼児教育振興プログラム」では「幼稚園と保育所の連携の推進」を掲げ，幼稚園と保育所の共用施設の運営などに関する実践研究の実施や，研修の相互参加などが示された。

17 ④
解説

①　貝原益軒はたしかに『養生訓』を著しているが，日本で最初の体系的教育書といわれているのは『和俗童子訓』。同書では，子どもの早期教育や

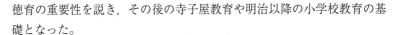

徳育の重要性を説き，その後の寺子屋教育や明治以降の小学校教育の基礎となった。

② 明治13年の改正教育令で学科目の首位に置かれたのは道徳ではなく，修身。

③ 明治19年の小学校令では尋常小学校の3～4年間が就学義務とされた。6年間に延長されたのは，明治40年である。

④ 適切。庶民の子どもたちの生活に目を向けた「社会協力の訓練」を説いた。倉橋惣三に対し，社会中心主義といわれた城戸幡太郎は，庶民の子どもたちの生活に目を向け，「社会協力の訓練」を説いたことも押さえておきたい。

⑤ 『赤い鳥』は鈴木三重吉が北原白秋らの協力を得て赤い鳥社を設立，創刊した。

≡ POINT ≡

教育心理では基礎的な用語とその意味に関して出題実績がある。ここでは出題頻度の高い教育心理に関連する人物と用語をいくつか掲載する。

▌▶ 教育心理に関連する人物

S.フロイト(1856 〜 1939 年)

オーストリアの精神科医。精神分析の創始者。精神不調の背景には無意識や幼児期の抑圧された体験があるとし，それを明らかにする自由連想法や夢分析を考案した。また，人の精神構造をイド(本能)，自我，超自我からとらえ(構造論)，その力関係を想定したパーソナリティ理論や，抑圧を始めとした心の防衛メカニズムを提唱した。

ピアジェ(1896 〜 1980 年)

スイスの発達心理学者。子どもの観察研究から，子どもは生まれたときから環境と相互作用しており，環境に対する認識の枠組み(シェマ)が段階的に(質的に)変化していくと考え，思考の発達段階をまとめた。段階には，感覚運動期，前操作期，具体的操作期，形式的操作期の４つがあり，幼児期は前操作期にあたり，自他の区別が難しい自己中心性にもとづく思考が特徴であるとした。

ブルーナー(1915 〜 2016 年)

アメリカの認知・発達心理学者，教育学者。学習者自らが能動的に知識生成までのプロセスをたどりながら，帰納的に小さな発見を積み重ね，知識や知的能力を習得していくという発見学習の提唱者。また，ヴィゴツキーの発達の最近接領域を援用して，言語学習の支援システムとしての「足場かけ」の概念を提唱した人物でもある。

ハヴィガースト(1900 〜 91 年)

アメリカの教育社会学者。生涯発達を６段階に区分し，各段階の発達課題をまとめた。発達課題には①身体の成熟，②文化の圧力，③個人の欲求や価値観が関わり，身体運動技能，知識・判断などの認知，パーソナリティや自我の発達，そして社会的役割が含まれ，発達課題の達成が次なる課題の達成につながると考えた。

エリクソン(1902 〜 94 年)

アメリカの心理学者。アイデンティティ，モラトリアムなどの概念を提唱した。S.フロイトの心理・性的発達理論に社会・歴史的発達観を統合した漸成発達論(心理社会的発達段階説)をまとめた。各段階の発達課題は心理社会的危機と呼ばれ，その危機を乗り越えることを発達と捉えた。

ワトソン(1878 〜 1958 年)

アメリカの心理学者。刺激と反応をセットで行動理解しようとする行動主義の主唱者。恐怖の条件付け実験を行い，環境条件を操作することで，どんな特性でも獲得できることを主張した。環境優位説の代表的人物である。

カナー(1894 〜 1981 年)

アメリカの児童精神科医。「情緒的接触の自閉的障害」という論文で初めて自閉症の症例を報告。アスペルガーと並び，自閉症研究の基礎を作った。また，緘黙(言葉を発しない状態)を①小児分裂病，②小児自閉症，③重度知的障害によるもの，④聾唖によるもの，⑤ヒステリー性のもの，⑥心因性のものに分類した。

ウェクスラー(1896 〜 1981 年)

知能を「目的的に行動し，合理的に思考し，環境を効果的に処理する総合的な力」と定義し，ウェクスラー知能検査を開発した。検査は適用する年代別に幼児用(WPPSI)，児童用(WISC)，成人用(WAIS)の 3 つがある。知能構造を診断する診断的検査であり，知能指数には偏差知能指数(DIQ)が用いられる。

▶ 適応機制

人は欲求不満や葛藤といった現象が起こると，無意識のうちに心の安定を求めるようになる。このはたらきが適応機制であり，その方法にはいくつか種類がある。ただし，適応機制は欲求不満や葛藤そのものを解消するものではない。よって，欲求不満や葛藤が再発することが多い。

〈主な適応機制〉
・補償…自分の不得意分野を他の面で補おうとする。
・同一化…自分にない名声や権威に自分を近づけることで，自分を高めようとする。
・合理化…もっともらしい理由をつけて，失敗等を正当化しようとする。
・抑圧…失敗等を心の中に抑え込み，忘れようとする。
・攻撃…いわゆる八つ当たりや規則を破ったりすることで不満を解消する。

▶ 外発的動機付けと内発的動機付け

　動機付け(モチベーション)は「目的や目標に向かって行動を起こし，達成まで
でそれを持続させる心理的過程」を指す。「外発的」はその動機付けを外部環
境に求めるもの，具体例として報酬や社会的地位の向上があげられる。一方，
「内発的」は自分の心的なものから来るもので，「自分は頼られている」「楽し
そうだ」といった認識による。動機付けは変化し得るもので，最初はいやいや
やっていた作業がやってみると面白く，自分から積極的に行うようになった，
といった例が考えられる(外発的→内発的)。

▶ ピアジェの認知発達段階説

　ピアジェの認知発達段階説は，子どもは生まれたときから成長に伴い，認
知力も発達していくとし，その認知発達を4つの段階に分けて捉えたもの。
年齢によって段階を分けており，1段階目(0〜2歳)を感覚運動期，2段階目(2
〜7歳)を前操作期，3段階目(7〜12歳)を具体的操作期，4段階目(12歳〜)
を形式的操作期としている。幼稚園児が該当する第2段階はイメージや表象
を用いて考えて行動したりできるようになるが，論理的・推測的な思考は乏
しく，自己中心性(中心化)が抜けていない時期としている。

Q 演習問題

1 次の文章中の( )に当てはまる人物名として最も適当なものを，あとの①～⑤から１つ選びなさい。　(難易度■□□□□)

( )はオーストリアの精神科医で，意識の奥に無意識の世界があり，無意識の世界に抑圧された願望と，抑圧する自我egoの力との間の葛藤が人間の精神生活を支配していると考えた。パーソナリティーの構造について，外界と深層による欲望，イドidsとを媒介し，両方の調和を図る自我が存在するとした。また，外界の社会規範と共に個人の精神に内在化した良心ともいうべき超自我super-egoが存在することを主張した。

①　ゲゼル　　②　フロイト　　③　ピアジェ　　④　エリクソン
⑤　ヴィゴツキー

2 次のア～オは，ピアジェの考えについての記述である。正しく述べられたものの組み合わせを，あとの①～⑤から１つ選びなさい。

(難易度■■■□□)

ア　子どもの思考は，大人の思考と比較すると，質的な違いがある。

イ　子どもは言語を作り出す能力を持って生まれてくるので，言語は自らの力で獲得するものであり，大人から教えられて身に付けるものではない。

ウ　幼児期に多いひとりごとは，自己中心性の現れであり，社会的言語の発達によって消失する。

エ　子どもの道徳的判断は，動機論的判断から結果論的判断へと移行していく。

オ　人間には，誕生の瞬間から知の働きが存在する。

①　イ，ウ，オ　　②　ア，ウ，オ　　③　イ，エ，オ
④　ア，イ，エ　　⑤　ウ，エ，オ

3 次のア～オは幼児教育にも影響を与えた心理学に関わりの深い人物とその説である。正しく述べられたものの組み合わせを，あとの①～⑤から１つ選びなさい。　(難易度■■□□□)

ア　ワトソンは，個人差に応じた学習をさせることを目的としたプログラム学習を開発した。

イ　スキナーは，誕生から死に至るまでの一生をライフサイクルとしてと

らえ，そのなかで人間が直面する 8 つの心理社会的危機を示した。

ウ チョムスキーは，生成文法理論において，人間の言語能力は他の認知能力からは独立したものであり，環境からわずかな入力があれば，生得的プログラムにより自動的に発言すると考えた。

エ エリクソンは，人の発達は環境によって決定するという環境説を唱え，学習を重視した。

オ フロイトは，人間の性格形成は乳幼児期の環境，教育によって決定されるとし，この説が幼児期における情操教育の重要性のルーツとなった。

① ア，ウ　　② ア，イ　　③ イ，オ　　④ ウ，オ

⑤ ア，エ

---

4 次の学説を唱えたのは誰か。あとの①～⑤から 1 つ選びなさい。

(難易度■■□□□)

乳幼児の発達は，筋肉や神経などが内部で成熟することによって行われるが，年齢をその内的成熟の度合いを表す指標とした。それによって，「一般に，何歳ならこういう行動がとれ，何歳になればこういうこともできるようになる」と，年齢別に典型的な行動が記述できるとした。

① ピアジェ　　② ワトソン　　③ ファンツ　　④ フロイト

⑤ ゲゼル

---

5 学習と動機に関する記述として適切なものを，次の①～⑤から 1 つ選びなさい。

(難易度■■■□□)

① 「叱られるといやだから勉強する」というのは，内発的動機づけによる行動である。

② 教師が期待をかけ，優秀な生徒として扱うことでより高い学習効果をあげるようになるのは，アタッチメントによる効果である。

③ 運動技能の学習においても，ある程度までできるようになったところで学習が停滞してしまうことを，プラトー(高原現象)と呼ぶ。

④ 子どもが楽しんで課題に取り組んでいる時にごほうびを与えることでそのやる気を維持できることを，アンダーマイニング効果と呼ぶ。

⑤ 学習課題の達成に競争の要素を持たせ，子どものやる気を引き出す工夫は，内発的動機づけである。

6 エリクソンの発達段階説についての記述として適切なものを，次の①～⑤から１つ選びなさい。 (難易度■■■■■)

① エリクソンはリビドー(性的な心的エネルギー，欲求)を中心に置いた心理性的発達段階を唱えた。

② 青年期をマージナルマン(境界人・周辺人)と呼び，独特の精神構造をもつと考えた。

③ エリクソンは「発達課題」という概念を初めて採用し，人間の発達段階を乳児期，児童期，青年期，壮年初期，中年期，老年期の６段階とした。

④ 自我同一性の拡散とは，過去の自分と現在の自分の連続性，将来の自分への展望が見出せず，社会との一体感も持てない状態のことである。

⑤ 青年期を，基本的信頼感を獲得する時期とし，「モラトリアム期」と名づけた。

7 乳児期の発達に関する記述として適切なものを，次の①～⑤から１つ選びなさい。 (難易度■■■■□)

① 身体と運動の発達には２つの方向があり，頭部から尾部へ，中心部から周辺部へと進む。

② 乳児期は身体各部が一様に発達し，１歳頃までに急速な発達を遂げる。

③ ボウルヴィによれば，特定他者への愛着行動は，新生児期から見られる。

④ 乳児期の発達は，一度現れた発達が消失したり，衰退したりすることはない。

⑤ ピアジェ(Piaget, J.)の発達段階説では，乳児期は様々な動作を繰り返すことを通じて感覚と運動の関係を構築し，目の前にある対象を操作できるようになる。

8 幼児期の心理の特徴として適切なものを，次の①～⑤から１つ選びなさい。 (難易度■■■□□)

① 幼児の心性の特徴である自己中心性は，他人を思いやったり，自分の欲求を抑えて譲ったりすることができず，利己的であることを意味する。

② 幼児が石や木などすべてのものに心があると感じる心性を，人工論という。

③ ピアジェの発達段階論において，幼児期は前操作期であり，数，量，

重さなどの保存概念を獲得する。

④　幼児期の心性の特徴として，物事の見かけで判断せず，本質をとらえる直観的思考がある。

⑤　幼児のごっこ遊びは，あるものを別のものに見立てる象徴機能が発達することで生じる重要な発達のしるしである。

9 学習と達成動機についての記述として適切なものを，次の①～⑤から１つ選びなさい。　　　　　　　　　　　　　　　　(難易度■■■■□)

①　文化の別を問わず，人間が自発的に課題を達成したいと思うのは，人との関わりを重視する親和動機によるものである。

②　子どものやる気を維持するためには，常に子どもが容易に達成できるレベルの課題を与えることである。

③　子どものやる気を維持するためには，達成が困難な難易度の高い課題を多く与え，もっと努力しなければならないという気持ちを起こさせることである。

④　無力感は自分がコントロールできない経験を重ねるうちに学習され，しだいに行動面全般において無気力となる。

⑤　子どもの知的好奇心を満たすために，教材や発問には認知的葛藤を生じさせないような工夫が必要である。

10 防衛機制についての記述として適切なものを，次の①～⑤から１つ選びなさい。　　　　　　　　　　　　　　　　(難易度■■■■■)

①　自分にとって認めたくない内的な不安や欲求を，他人の側のものとみなすことを，同一化という。

②　自覚すると自我が傷つくような衝動，感情，欲求を抑圧し，正反対の行動を取ることを，昇華という。

③　心理的な葛藤が麻痺やヒステリーなどの身体症状などとして表出されることを，転換という。

④　状況にうまく適応できないときに，より幼い発達段階に戻ることによって困難な状況を解決しようとすることを，補償という。

⑤　子どもが，ほしかった玩具が手に入らなかったとき，「あの玩具は面白くないから，いらない」というのは抑圧の防衛機制によるものである。

解答・解説

1 ②

解説

精神分析学の創始者であるフロイトの説明である。

① ゲゼルは，成熟優位説や学習準備性(レディネス)で有名。

③ ピアジェは，認知機能の発達段階説で有名である。

④ エリクソンは，漸成発達説やアイデンティティで知られる。

⑤ ヴィゴツキーは，子どもの発達における他者との相互作用を重視し，発達の最近接領域を提唱した人物として有名。

2 ②

解説

ピアジェは，人間には誕生の瞬間から知の働きがあるとし，環境との相互作用の中で，環境内の情報に対する認識の枠組み(シェマ)が，質的に変化していくことを発達ととらえた。よって**ア**と**オ**は適切。**イ**は言語獲得における生得説で有名なチョムスキーの説。**ウ**はピアジェの考えとして適切であるが，幼児期のひとりごとについては，外言(コミュニケーション手段)として獲得された言葉が，内言(思考の手段)としても用いられるようになる過渡期に生じる現象であるというヴィゴツキーの考えが妥当であると考えられている。**エ**はピアジェは道徳の発達についても言及していて，道徳的判断は結果のみで判断する結果論的判断から，その動機に着目する動機論的判断へと発達する，が正しい。

3 ④

解説

アのワトソンは行動主義の提唱者。プログラム学習を開発したのはスキナーである。スキナーはオペラント条件付けの研究から，反応形成(シェイピング)やスモールステップの原理の考え方をプログラム学習に取り入れている。**イ**はスキナーではなく，エリクソン。**ウ**は適切。チョムスキーはアメリカの言語学者，思想家である。**エ**のエリクソンは心理社会的発達段階説をまとめた。環境優位説の代表者はワトソンである。**オ**も適切。フロイトは心理性的発達段階説を唱えた。

⑤

解説

　ゲゼルは，発達は遺伝的要因で決めるとする成熟優位説を提唱した。レディネスの概念も押さえておきたい。ゲゼルの発達の成熟優位説に対して，環境優位説の代表的人物である②のワトソンもあわせて押さえておきたい。①のピアジェの発達観は，子どもと環境との相互作用を想定しているので，相互作用説の立場である。③のファンツは言語をもたない乳児の視線を，その興味関心の指標として用いた選好注視法を開発した人物で，乳児研究のパイオニアとして有名なので押さえておきたい。

5 ③

解説

① 　記述は外発的動機づけの例。内発的動機づけは自分の心的なものに動機づけられている状態。

② 　アタッチメントは「愛着」のこと。記述は「ピグマリオン効果」の説明である。

③ 　適切。プラトー(高原現象)期間は，より高い水準に進むための準備期間であり，この期間を過ぎると，また学習が進行すると考えられている。

④ 　アンダーマイニング効果は，内発的動機づけに基づいていた行動に，外発的動機づけを与えることでやる気をかえって阻害すること。

⑤ 　競争は学習そのものへの好奇心や個人的な達成欲を高めるものではなく，外発的動機づけである。

6 ④

解説

① 　記述の発達段階説を唱えたのはフロイトである。エリクソンはこれに社会的な視点を取り入れ，心理社会的発達段階説をまとめた。

② 　記述はエリクソンではなくレヴィンである。

③ 　記述はハヴィガーストの説明である。エリクソンは自我の心理社会的発達を8段階にまとめた。

④ 　適切。青年期の発達課題は「自我同一性の形成」である。アイデンティティの感覚には自分が思う自分と，他者が思う自分との合致が必要であり，他者との関係の中で形成されることも留意したい。

⑤ 　「基本的信頼感の獲得」は乳児期の発達課題である。モラトリアムとは，

アイデンティティ形成のプロセスで，社会においてさまざまな役割を試す期間である。

7 ①

解説

①　適切。身体発達には個人差があるものの一定の順序と方向性があることが認められている。

②　身体各部の発達は一様ではない。スキャモンの発達曲線では身長・体重(一般型)は乳幼児期と青年期に，脳機能(神経型)は乳幼児期に，生殖機能(生殖型)は青年期以降，免疫機能(リンパ型)は児童期に発達が著しいことが分かる。

③　ボウルヴィの愛着の発達段階によれば，生後3ヶ月頃までは無差別な愛着行動が見られ，生後3ヶ月以降，特定他者への愛着行動が増えていき，生後半年頃になると特定他者への明確な愛着行動が見られ，その特定他者を安全基地とした探索行動も見られるようになる。

④　発達とは，受精から死に至るまでの心身の変化のことであり，生涯を通して獲得と喪失がある。例えば乳児期には世界中の言語音の弁別能力の喪失がある。

⑤　乳児期は感覚運動期である。動作の繰り返しを循環反応と呼ぶ。表象(イメージ)を用いた認知的な過程はほとんど介在しない時期である。感覚運動期には対象の永続性が獲得される。

8 ⑤

解説

①　幼児の自己中心性は，自己の視点と他者の視点が未分化であるために，他者の視点が理解できないという発達的心性である。

②　記述の心性はアニミズムである。人工論は，外界や自然のすべての事象を人間あるいは神が作ったものと考える心性であり，いずれも自己中心性による世界観であると考えられている。

③　前操作期は2～7歳で，ものの見え方に左右される直観的思考が特徴。保存概念の獲得とは，見かけが変わってもモノの数量は変化しないと理解することである。前操作期は保存概念をもたず，見かけが変わるとその数量も変化したと考えてしまう。保存概念は前操作期後半から具体的操作期の間に獲得される。

④ 前操作期の後半(4〜7歳頃)は物事の分類分けや概念化が進むが，この時期は物の見かけにとらわれ，直観的に判断しやすい。

⑤ 適切。幼児期には今ここにないものをイメージ(表象)として思い浮かべ，別のもので見立てる象徴機能が発達する。言語も象徴の1つであり，言語発達とも関連が深いことを押さえておきたい。

9 ④

解説

① 課題を達成したいという欲求は達成動機によるものである。親和動機も課題への意欲と関連するが，関連の度合いには文化差があることも指摘されている。

②，③ やる気＝達成動機は，成功動機と失敗回避動機からなる。成功動機も失敗回避動機も課題が難しいほど高まるため，子どもに応じて少し頑張れば達成できる(発達の最近接領域に含まれる)課題を用意することが大切である。

④ 適切。学習性無力感についての記述である。無力感，無気力のような望ましくない特性も学習されることを知り，大人は子どもが学習性無力感に陥らないような教育的配慮をすることが必要である。

⑤ 認知的葛藤を引き起こすことは，子どもの知的好奇心を満たすために欠かせない要素である。

10 ③

解説

① 記述の防衛機制は，投影である。同一化は，不安や劣等感を解消するために，他者の特性を自分に取り入れようとすることである。

② 記述の防衛機制は，反動形成である。昇華は，抑圧した感情や衝動のエネルギーを，社会的に受け入れられる別の活動で表現することである。

③ 適切。例えば，園に通うことが子どもの不安や葛藤のもととなっている場合に，熱が出ることがある。

④ 記述の防衛機制は，退行である。補償は，自分が劣等感をもつ点をカバーし，欲求不満を補うために他の望ましい特性や自らの得意を強調しようとすることである。

⑤ 記述の防衛機制は，合理化である。抑圧は容認しがたい感情や欲求を無意識に抑え込んで気付かないようにすること。抑圧はもっとも基本的な防衛機制であり，爪かみや指しゃぶりの原因になることもある。

第**8**章

専門試験
教育学・保育原理

学習理論

学習指導法

専門試験 教育学・保育原理／学習理論

≡ POINT ≡

1 学習の基礎理論

(1) 学習の定義

　学習とは経験や訓練の結果として生じる比較的永続的で前進的な行動の変容。学習は経験や訓練の結果であって成熟とは区別される。また薬物や食物，疲労や心的飽和などによる一時的な行動変容とも区別される。

(2) 連合説

　学習の成立を刺激と反応とが連合した結果として定義づける考え方の総称で，パブロフ，ソーンダイク，スキナーの説が代表的。

　□ 条件反応と古典的条件づけ

　　　パブロフは，動物としてのヒトが生得的に持っている**無条件反応**(例えば口の中に酸味を感じると唾液が出る)に，他の刺激(例えば梅干を見る)が短い時間間隔で先行することを繰り返されると，元来持っていなかった刺激と反応の結びつきができる(梅干を見ただけで唾液が出る)ことを明らかにした。イヌを用いた実験が有名。条件結合が成立したとき，上記の例では「梅干を見ること」が条件刺激，「唾液が出る反応」は条件反応であると呼ぶ。このようにして成立する条件付けを**古典的条件づけ**という。

　□ 試行錯誤説と道具的条件づけ

　　　ソーンダイクは，空腹状態のネコを使った実験の結果に基づいて，試行錯誤説を提唱した。学習は刺激に対して試行錯誤的に反応し，「**練習の法則**」(刺激と反応の経路は，その経路の使用の頻度が多いほど結合を強める)，「**効果の法則**」(反応の結果が満足をもたらすときは，その刺激と反応の経路の結合は強まり，苦痛をもたらすときは，その結合は弱まる)にしたがって，成功した反応が刺激と結合する。このタイプの条件づけでは，条件反応が報酬を得るための手段としての意味を持つので，**道具的条件づけ**と言われる。

　□ オペラント条件づけとプログラム学習

　　　スキナーは，ネズミを用いてレバー操作法による実験を行った結果に

218

基づいて，2つの刺激の近接提示によって成立する条件づけを『レスポンデント条件づけ(古典的条件づけに相当)』，強化によって操作と反応が結合する条件づけを『オペラント条件づけ(道具的条件づけに相当)』と名づけた。プログラム学習は後者の原理によって，学習者が学習目標に近づいた自発的反応を行ったとき，強化を与えて，オペラント行動に対応する刺激を次第に学習内容に近づけて学習を効率的に達成させる方法。

(3) 認知説

学習成立の条件として，機械論的な連合ではなく，学習者の認知的な世界の変容を重視する立場。ケーラーやトールマンの説が代表的。

□ **洞察説**　ケーラーが，チンパンジーの実験結果に基づいて提唱した説で，学習の成立は，学習者が問題を**洞察**した(見通した)ときに生じる。すなわち，問題事態の構造を認知したときに生じるとする考え方。ゲシュタルト学派の学習説の代表的なもの。

□ **サイン・ゲシュタルト説**　トールマンの説で，『サイン・ゲシュタルト』とは，「手段－目的関係」のこと。学習を，経験の累積によって「サイン・ゲシュタルトの期待」つまり「何をどうすればどうなるか」という形での環境についての認識の獲得を考える立場。

2　学習の過程

(1) 学習の類型

学習は関連する機能によって次のようにタイプ分けをして考えられる。

① 技能的学習　感覚と運動との協応関係に基づく学習

② 機械的言語学習　言語の記銘と再生に関する学習

③ 知覚学習　認知や弁別などの知覚に関する学習

④ 概念の形成・言語学習　概念や意味に関する学習

⑤ 問題解決学習　問題場面における解決手段の発見の学習

(2) 学習の成立過程

学習行動は単純なものから複雑なものまでさまざまであるが，段階的に次のような区別ができる。

① 学習者の動機づけ

② 正しい反応の発見または発現

③ 適切な反応の選択と不適切な反応の除去

④ 十分な反応様式の安定化または学習の定着

⑤　次の場面への応用(「学習の転移」)

(3)　学習曲線

　練習の効果としての学習の進み具合を一目瞭然にするために，練習の頻度を横軸にとり，縦軸に学習成績(所要時間，誤り数，成功数)をグラフ化して描いたもの。学習の質により負の加速度曲線，正の加速度曲線，S字型曲線などを示す。**負の加速度曲線**は最初進歩が速く，次第に進歩の程度が遅くなるもの。**正の加速度曲線**は最初進歩が遅く，次第に進歩の程度が速くなっていくもの。S字型曲線はこの正・負の加速度曲線が結合したものである。個人の学習曲線ではなく，集団の学習曲線を**ヴィンセント曲線**という。また一般に練習の初期には，作業(学習活動)量が急激に増加して学習曲線は急に上昇するが，やがてそれが緩やかになってくる。この途中で曲線が平らになるところを**プラトー(高原状態)**という。

3　学習の条件

(1)　個人的条件

- □**レディネス**　ある行動の習得に必要な条件が用意されている状態。必要な条件には，身体や神経系の成熟，既存の知識や経験や技能，興味や動機や態度などがある。一般に年齢が増すにつれて学習能率は次第に**増加**し，20歳前後で頂点に達し，次第に**減少**していく。ただし体系的な知識を必要とするような理性的学習ではその頂点が**高年齢**のほうにずれる。レディネスはこのように学習内容によって異なる。

- □**動機づけ**　特定の行動を喚起させ，持続させ完成に向かわせる状態にするような心理的過程のこと。この場合，動機づけが成立する内的エネルギー的な側面を**動因**という。また動機づけを成立させるような環境の側の要因を誘因という。前者による内発的動機づけは，学習活動そのものの誘意性を高めて，「おもしろいから学習する」というように導く方向であり，後者による外発的動機づけでは，学習活動以外の誘因を高める(賞罰・競争など)ことによって手段としての学習に導く方法である。

- □**要求水準**　学習活動や仕事を完成させたり，課題を解決しようとするとき，どの程度の困難さを伴う課題を達成することを自己に期待するかの程度。一般に成功すれば要求水準は**上がり**，失敗すれば**下がる**。

(2)　学習のメカニズム

　学習は，記憶，思考，想像によって行われる。また言語が学習活動に果た

す役割は，人間の場合にはきわめて大きい。

　　□記憶　記憶は学習にとって欠くことのできない条件。エビングハウスは，無意味な綴りを用いて記憶の実験を行い，「**忘却曲線**(忘却量は時間を経るにしたがって増加する)」を示した。このように一度記憶したことは，一般に時間が経つにつれて忘れていくが，逆に記憶がはっきりしていくことがある。この現象を「レミニッセンス」という。

　　□思考　思考は幼児期にも見られるが，それが論理性をもち，高度に抽象的になるのは**青年期**以降である。一般に思考は言語によって行われる。論理は言語的推論を正しくするための規則である。環境の変化が著しく，すでに身につけた行動様式が役に立たなくなり，新しい状況に適応するための学習を行うとき，思考は大きな役割を果たす。この意味で思考は，課題解決的な学習や創造的・主体的学習にとって重要である。

(3)　学習の社会的文脈

　人間の学習は，ある刺激に対する任意の反応というだけでなく，社会的・文化的に限定されている。社会の価値や文化を無視した人間の学習はありえない。学習によって社会の価値や基準，文化などが個人に内面化されるので，学習内容や学習方法は，社会・文化的な観点からも検討される必要がある。

4　学習の転移

(1)　学習の転移

　2種類の学習活動を続けて行う場合，先行の学習経験が後続の学習に影響を及ぼす可能性がある。これを転移といい，先行の学習経験が後続の学習に促進的に影響するのが「**正の転移**」，抑制的に影響するのが「**負の転移**」である。一般に，先行の学習が後続の学習を促進するのは「**順向促進**(正の転移と同一)」，その逆に先行の学習が後続の学習を妨げることを「**順向抑制**(負の転移と同一)」という。また，後続の学習を行うことで先行の学習が助長促進されることを「**逆向促進**」，その逆に後続の学習によって先行の学習が妨げられることを「**逆向抑制**」という。

(2)　学習の構え

　一連の学習課題の訓練に伴って改善される学習場面を取り扱うための一般的能力。特定の刺激と反応の連合ではなく，学習がこれを成立させる。いったん学習の構えが成立すると，同じ構造を持った問題の解決に転移するので「**問題間転移**」とも言われる。

演習問題

1 学習理論に関する記述として適切なものを，次の①〜⑤から１つ選びなさい。

① 実質陶冶とは，記憶力，判断力，意志力などの学習に必要な精神的諸能力を伸ばすことを重視する働きかけである。

② 学習の構えとは，これから学ぶ学習の概要や意義を学習者が理解することで準備される能力である。

③ バンデューラによれば，学習は他者が何か行うのを見ているだけでも成立する。

④ 一般に，学習の初期段階や年少者には全習法の学習が効果的である。

⑤ 学習のフィードバックは学習の直後ではなく，ある程度時間が経過してから行うほうが効果的である。

2 学習に関する記述として適切なものを，次の①〜⑤から１つ選びなさい。

① 先天的に不器用な子どもは存在せず，乳児期から適切な教育を行えば，どのような子どもでも高い学習効果をあげることが可能である。

② 家庭環境に問題を抱えている子どもは，学業が不振になる傾向がある。

③ スポーツなどはできるだけ発達の早期に種目を選択し，集中的な訓練を行うことが望ましい。

④ ゲゼルは，一卵性双生児実験から，学習訓練を早期から始めた子どものほうが，後から始めたほうよりも学習効果が高いと結論づけている。

⑤ ソーンダイクは，「どのような事柄でも，その知的な本質をゆがめることなしに，発達のどの段階の子どもにも教えることができる」と提唱した。

3 次は学習理論についての記述である。空欄（ A ）〜（ C ）に当てはまる語句として適切なものの組み合わせを，あとの①〜⑤から選びなさい。

食べ物を見ると唾液が分泌するのは生来備わっている反応で，（ A ）である。イヌに食べ物を出すときにメトロノームの音を聞かせ，メトロノームの音を聞いただけで唾液が分泌するようになること，つまりメトロノームの音と（ A ）の連合が成立したとき，メトロノームの音は（ B ）とな

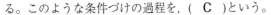

る。このような条件づけの過程を，(**C**)という。

　ア　無条件刺激　　　　　　イ　条件刺激　　ウ　条件反応
　エ　レスポンデント条件づけ　オ　オペラント条件づけ

① A－ウ　　B－イ　　C－エ
② A－ウ　　B－ア　　C－エ
③ A－イ　　B－ア　　C－オ
④ A－ア　　B－イ　　C－エ
⑤ A－ア　　B－オ　　C－ウ

4 学習理論に関する記述として適切なものを，次の①〜⑤から１つ選びな
さい。　　　　　　　　　　　　　　　　　　　　　　　(難易度■■□□□)

① ケーラーは，学習は試行錯誤による行動を繰り返すことによって成立
するとした。

② 一般に，ある行為の後，学習者にその行為の結果を知らせてやるフィー
ドバックは，時間が経過してから伝えるほど学習を強化する力が大きい。

③ スキナーが開発したプログラム学習では，学習内容を細かく分割し，
各々のペースで学習することが望ましいとされる。

④ 認知説における「洞察」とは，すでに経験している行為と結果の連合に
より，目の前にある課題解決の見通しを立てることである。

⑤ オペラント条件づけでは，学習者の適切な反応に対する報酬により，
認知の再体制化が起きると考えられている。

5 学習理論に関する記述として適切なものを，次の①〜⑤から１つ選びな
さい。　　　　　　　　　　　　　　　　　　　　　　　(難易度■■■□□)

① ソーンダイクは，課題間に同一要素があることが学習の正の転移の条
件であると考えた。

② 一般に，練習の初期の段階や年少者の場合は分散学習より集中学習が
効果的だと考えられている。

③ 一般に，難易度の高い課題については全習法が，難易度の低い課題に
ついては分習法が有利であると考えられる。

④ 実質陶冶では，学習効果は転移すると考えられている。

⑤ わが国の義務教育では現在，実質陶冶の考え方に基づく教育が行われ
ている。

6 記憶と忘却に関する記述として適切なものを，次の①～⑤から１つ選び
なさい。　　　　　　　　　　　　　　　　　　　　(難易度■■■□□)

① 言語的知識について，ある学習課題が完全にできるようになった後は，
その学習を継続しても記憶の保持は向上しない。

② 記憶の保持は，記銘直後よりも記銘後一定時間たったほうが，記銘内
容が正しいという現象がある。これをエピソード記憶という。

③ エビングハウスの忘却曲線では，記憶の保持率は時間の経過に比例し
て下降する。

④ 一般に，無意味な材料と難解な意味をもつ材料では，無意味材料のほ
うが忘却曲線は緩やかである。

⑤ 一定時間学習を行ったとき，最初と最後の部分が最も忘却されにくい。

7 学習心理学に関する説明と語句の組み合わせとして適切なものを，あと
の①～⑤から１つ選びなさい。　　　　　　　　　　　(難易度■■□□□)

A 人の行動は，人や環境からなる生活空間との相互作用に規定される。

B 前に学習したことによって負の転移が起こり，後の学習を妨害するこ
とがある。

C 学習を続けていくうちに，学習効果が停滞し，学習曲線上で平坦な線
を描くことがある。

D 数種類の課題を経験しているうちに，新しい課題の学習が容易になる
のは，目的と手段の関係づけの見通しができるようになるからである。

　ア 学習の構え　　イ 高原現象　　ウ 逆向抑制　　エ 順向抑制
　オ 場の理論

① A－イ　　B－エ　　C－ウ　　D－ア
② A－ア　　B－ウ　　C－イ　　D－オ
③ A－オ　　B－エ　　C－イ　　D－ア
④ A－ア　　B－イ　　C－エ　　D－オ
⑤ A－エ　　B－オ　　C－ウ　　D－イ

8 内容として正しいものを，次の①～⑤から１つ選びなさい。

　　　　　　　　　　　　　　　　　　　　　　　　(難易度■■■■□)

① レディネスとは，ある学習を受け入れるための準備状態のことで，レ
ディネスによって学習の効率性を図ることができる。

② ポートフォリオとは，散在した学習や訓練の成果を一定の価値基準によりまとめることで，子どもたち個々人の発育を見るのには適さない。

③ コンピテンスとは，単なる能力ではなく，興味や好奇心を原動力とした能力のことで，他者との関係のなかで発揮できる能力のことである。

④ シェマとは，適応するために子どもが持つことになる問題解決の仕組みのことで，経験によって身に付けるとされる。

⑤ モデリングとは，子どもたちに対象となる人物(モデル)を示し，その人を手本として行動するよう指導する教育方法のことである。

解 答・解 説 **A**

1 ③

解説

① 記述は形式陶冶の考え方である。「形式」とは「知識を使いこなす能力を重視する」ということ。実質陶冶は学習において具体的・個別的な知識の習得を重視するものである。

② 学習の構えとは，一定の訓練によって学習の方法が習得されることである。

③ 適切。バンデューラのモデリング(観察学習)の考え方である。

④ 一般に，学習の初期段階や年少者には学習教材や内容を分けて学習させる分習法の学習が効果的である。

⑤ 学習のフィードバックは一般に，学習の直後のほうが効果は大きく(即時フィードバック)，時間の経過に従って効果は小さくなる(遅延フィードバック)。

2 ②

解説

① 遺伝や胎児期の障害などもあり，先天的な不器用さや学習が困難な子どもは存在する。また，健常な子どもでも発達の仕方や素質には個人差があり，記述は不適切である。

② 適切。愛着関係の欠如や好ましくない生育環境などは，子どもの発達に問題を生じやすい。また心理的な不安から学業が不振になる子どもも多い。

③ 運動能力の部分的な強化を行うのではなく，自由な遊びを基本として全身的な発達を促すことが望ましい。

④ ゲゼルは神経組織の成熟などのレディネス(心身の準備性)を重視した人物である。一卵性双生児実験では後から訓練を始めたほうが学習の効率が良いことを示した。

⑤ ブルーナーが提唱した説である。レディネスを適切な教育的刺激によって早めることができる(レディネス促進)ことを提案した。

3 ④

解説

Aには無条件刺激，Bには条件刺激，Cにはレスポンデント条件づけが当てはまる。ロシアの生理学者パブロフが唱えた古典的条件づけの理論であ

る。この学習理論は刺激と反応，あるいは観念と観念の連合によって学習を理論づける連合説に分類される。

4 ③

解説

① 記述はソーンダイクによる試行錯誤説である。ケーラーは問題解決過程における見通し(洞察)を重視し，洞察説を唱えた。

② 学習の直後に行われる即時フィードバックは効果が大きく，時間が経ってからの遅延フィードバックは一般的に効果は小さくなる。

③ 適切。プログラム学習では，学習者のペースで，学習内容を細かく分け，基礎的なものから段階的に複雑なものへ移行していくことが望ましいとされる。

④ 「洞察」はひらめきによって問題の構造を理解し，現れてくる関係を見抜くことである。

⑤ 経験や習慣から形成された認知パターンから離れ，異なる視点から見ることで認知や視野の再体制化が起きる。

5 ①

解説

① 記述はソーンダイクの同一要素説で，適切である。これに対し，ジャッドは，経験が一般化されて一般原理として認識されたとき，状況だけがスライドして転移が起こるとする一般化説を唱えた。

② 練習の初期段階や年少者，知的に低い者の場合は，分散学習が効果的と考えられる。

③ 難易度の高い課題については分習法が，難易度の低い課題については全習法が有利であると考えられる。

④ 学習効果が転移すると考えるのは形式陶冶。実質陶冶では具体的・実質的な知識や技能それ自体の習得を目的とする。

⑤ 実質的な教育内容だけでなく，学習の転移を見込んだカリキュラムが組まれているといえる。例えば数学の学習により単に数量の計算や図形の性質を理解したりするだけでなく，汎用性のある思考法や洞察の訓練ができるという学習の転移が見込まれる。

6 ⑤
解説

① 記述は過剰学習についての説明である。過剰学習には一定の効果がみとめられる。最初の学習量の50%ほどの過剰が効果的であるとされる。

② 記述の現象はレミニッセンスである。エピソード記憶とは時間や場所，そのときの感情などを含む出来事についての記憶である。

③ エビングハウスの忘却曲線では，記憶の保持率は記銘直後に急激に下降し，その後はゆるやかに下降するという特徴をもつ。

④ 一般に有意味材料のほうが記憶保持はよく，忘却曲線は緩やかになる。

⑤ 適切。最初と最後は最も忘却されにくく，中央部分が最も忘却されやすい。

7 ③
解説

Aはゲシュタルト派心理学者レヴィンによる場の理論である。ゲシュタルト心理学とは心理現象を要素の機械的な結合ではなく全体的なまとまり(ゲシュタルト)として理解しようとするものである。Bは順向抑制，反対に後に学習したことが前に学習したことを妨害することを逆向抑制という。Cの高原現象は学習曲線上で高原(プラトー)のような平坦な線を描く，学習の一時的な停滞のことである。課題が高度になることによる興味や意欲の低下，誤反応の固着，不適切な学習方法などさまざまな原因が考えられる。Dはハーロウにより命名された現象である。高等動物ほど学習の構えが形成されやすいとされる。

8 ③
解説

① ゲゼルが自身の発達観のなかで取り上げた考え方で，ある学習をするとき，これを習得するために必要な条件が用意され，準備されている状態のことである。レディネスが成立していれば効果的に学習できるとしても，効率性とは直接結びつくものではない。

② 一人一人について学習や成果を一定の価値基準によりまとめることで，個別に育ちを見ることができると同時に，自己評価と教師による他者評価によって，自身の理解と教師による指導の一体化が図れる利点がある。

③ 単になにかができるという能力だけでなく，それを推進するための意

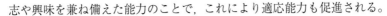

志や興味を兼ね備えた能力のことで，これにより適応能力も促進される。

④　ピアジェの心理学で使われる用語で，人間が環境に適応していくなか
で体制化される生得的に備わった行動の仕組み。シェムともいう。

⑤　幼児は周りの大人や友達をモデルとしてその言動を模倣し，自分自身
に取り入れて成長していくが，この自発的な模倣をモデリングといい，
指導して模倣させるわけではない。

教育学・保育原理／学習指導法

≡ POINT ≡

■ 教授・学習理論の系譜
　自然主義の系譜：コメニウス　→　ルソー　→　ペスタロッチ
　系統主義の系譜：ヘルバルト　→　ヘルバルト学派(ツィラー, ライン)
　経験主義の系譜：デューイ　→　キルパトリック

1　教授・学習理論の系譜

	人　物	教授・学習理論	特　徴
古代	ソクラテス	問答法(産婆術)	・学習者に徳の真意を自ら探求するのを助けるために, 教師の問いと学習者の応答によって構成される方法。
自然主義の系譜	コメニウス	実物教授 (直観教授) (感覚論)	・抽象的言語よりも, 具体的な事物を感覚を通して, 観察させることによって認識の形成を目指した。(「あらゆる知識は, 感覚を通過する」)
	ルソー	子どもの発見	・子どもは「小さなおとな」ではなく, おとなと違った独自の発達段階にある, それ自身価値を持った人間である。
		消極的教育	・教育は, 「自然」(人間天賦の本性)に任せることによって成立する, すなわち, 子どもの純粋で善なる自然性の成長を保護することであるとした。
	ペスタロッチ	直観教授法	・コメニウスを発展させ, 直観を教授の基本原理とし, 直観から思考へ, 具体から抽象へという認識過程に応じた教授法を構想した。教育は子どもに初めから備わっている諸能力を内部から発展させることにあるとした。(「生活が陶冶する」)
	ヘルバルト	教育的教授 (直観教授) (感覚論)	・教育目的は「道徳的品性」の陶冶であるとし, それは, 知識と技能の教授を通して行うことができるとした。したがって, 「教

系統主義の系譜	ヘルバルト学派		四段(階)教授法	育」しない教授はあり得ず，すべての「教授」は「教育する教授」でなければならないとした。 ・「専心」と「致思」の考え方による教授段階論：明瞭→連合→系統→方法 ・対象に専心し対象を明確にする(明瞭)，明瞭にされた対象を他の知識や対象と比較し関連づける(連合)，連合された知識を一定の構造に系統する(系統)，系統化された知識を他の事象に応用する(方法)
		ツィラー	五段(階)教授法	・教授段階論：分析→総合→連合→系統→方法 (ヘルバルトの「明瞭」を「分析」と「総合」に分けた。)
		ライン	五段(階)教授法	・教授段階論：予備→提示→比較→概括→応用 ・明治20年代から30年代にかけて，ハウスクネヒトによって日本に紹介され大流行し，学校現場では，あらゆる教科が五段で教授され，大きな影響を与えた。
経験主義の系譜	デューイ		問題解決学習	・「なすことにより学ぶ」方法で，学習者自らの生活「経験」(「直接的経験」)から問題を見つけ，実践的に解決していくことを通して，科学的知識を習得していく方法。デューイにおいて，教育は，「経験」を通して「経験」の絶えざる成長を目指すものであるととらえられている。問題解決学習の過程は，「反省的思考」の5局面である「暗示→知性化→仮説設定→推理→検証」で説明されている。
	キルパトリック		プロジェクトメソッド(構案法)	・1918年，デューイの経験主義の原理に基づき，実践的な作業(作業単元)を通して問題解決する方法。プロジェクトとは，「社会的環境における全身全霊を傾けてする目的ある活動」と定義されている。プロジェクトは，「目的設定→計画立案→実行→判断・評価」の4段階からなる。

2 20世紀初頭～現代における教授・学習理論

■ 20世紀初頭のアメリカにおけるプラン

モリソン・プラン：モリソン

ドルトン・プラン：パーカースト

ウィネトカ・プラン：ウォッシュバーン

■ 現代の教授・学習理論

プログラム学習：スキナー

発見学習：ブルーナー

範例学習：(独)ワーゲンシャイン，ハインペル

完全習得学習(マスタリー・ラーニング)：ブルーム，キャロル

	人 物	教授・学習理論	特 徴
20世紀初頭アメリカのプラン	モリソン	モリソン・プラン	・1920年，アメリカ中等学校で，子どもの自発性を重視した 学習内容の完全習得を目指して行われた。デューイの問題解決法とヘルバルトの教授段階論を融合した方法。教科を5つに特性分類し，科学型の教科では，「探求→提示→類化→組織→発表」の5段階をふむ。
	パーカースト	ドルトン・プラン	・1920年，アメリカ・マサチューセッツ州ドルトン市のハイスクールでの個別指導の方法。主要教科は午前中，実験室(ラボラトリー)で教科担任から個別指導を受け，子ども自身が作った「学習時間割(アサインメント)」に基づいて学習をし，副次的教科は，午後に学級単位で行う。
	ウォッシュバーン	ウィネトカ・プラン	・1919年，アメリカ・イリノイ州ウィネトカ市の小・中学校で実施された個別学習重視の教授法。学習領域を共通必修教科と集団的・創造的活動の2種に分け，前者は子どもの個別学習を基本に小単元ごとの課題を設定，個人差に応じた教師の個別指導を受けながら自習書による自習を進める。後者は集団による人間形成で，両者によって個性化と社会化の教育を目指した。

	スキナー	プログラム学習	・ティーチング・マシンやプログラム・ブックを使って学習を行う。教材内容を細分化し系統的に配列されたプログラムから問題提示され，学習者はそれに反応する，学習の個別化と自動化を目指した個別教授法。スキナーは，「学習は行動の変容である」とし，オペラント条件づけによって学習が成立，強化されるとした。方法上の原理には，①積極的反応の原理，②即時確認の原理，③スモールステップの原理，④学習者の自己ペースの原理，⑤学習者の検証の原理がある。
現代の理論	教育の現代化	ブルーナー	発見学習	・「どの教科でも，知的な性格を変えることなく，どの発達段階の子どもたちにも効果的に教えることができる」とし，知識を構造として「らせん型カリキュラム」で学習し，科学的な概念や法則を学習者が自ら発見していく方法。1957年，スプートニク・ショックを契機に，教育の現代化が進み，1959年，全米アカデミーの科学教育のウッズホール会議で議長を務めたブルーナーが『教育の過程』の中で提唱した。
		ワーゲンシャイン，ハインペル	範例教授法	・大量な知識を詰め込むのではなく，教材の本質的・基本的・典型的な事例(範例)を精選して，学習することで，知識の全体的な関連性の把握を目指す方法。1951年，ドイツのチュービンゲン会議で提唱された。
	学習評価	ブルーム	完全習得学習(マスタリー．ラーニング)	・1960年代のキャロルの「学習の能力差は時間差による」という理論を1970年代にブルームが発展させた。どの子どもも教育内容を完全に習得することができるという前提に立ち，教育目標を階層的・段階的に分類(教育目標の分類学)し，達成すべき目標を明確にし，学習過程を細かく評価(形成的評価の重視)し，それに基づく適切な指導を行えば，ほとんどすべての子どもは学習内容の完全習得を達成できるという方法。

■ 戦後日本の学習論の系譜

① 昭和 20 年代（戦後初期）：問題解決学習（単元学習）

② 昭和 30 年代：系統学習

③ 昭和 40 年代：発見学習

④ 昭和 50 年代：完全習得学習（マスタリー・ラーニング）

⑤ 昭和 60 年代〜現在：体験学習

3 教授と学習指導（支援）

1 学習指導（支援）の形態と方法

表 学習集団の組織による分類

	一斉学習	小集団（グループ）学習	個別学習
特徴	・学級全員を対象 ・同じ学習内容を一斉に，同一時間に学習 ・教師の指導性が大切	・一つの学級をいくつかのグループに分けて学習 ・グループの協力・協同の学習	・一人ひとりの児童生徒における学習
長所	・知識・技能の伝達に有効 ・授業の効率化	・様々な意見や考え方を知り，思考が深化・発展する ・意見交換しやすい ・協力して問題の解決に当たれる	・個人差に対応できる ・児童生徒一人ひとりの個性に応じることができる ・きめ細かな指導ができる
短所	・教師主導の注入型の授業に陥りやすい ・児童生徒が受動的になりやすい ・授業の画一化	・効果を発揮できるグループ構成や課題設定が難しい ・一部の児童生徒に負担がかかる場合がある	・社会性が育成できない ・労力と費用がかかる ・集団思考がなく，思考の深化・発展が難しい
学習活動例	・講義法 ・発問法	・分団学習 (及川平治，木下竹次) ・討議法：バズ・セッション(6・6法)，パネル・ディスカッション，フォーラムなど	・プログラム学習 ・ドルトン・プラン(パーカースト) ・ウィネトカ・プラン(ウォッシュバーン)

□机間巡視…学習者が一斉に課題や作業を行っている時に，教師が学習者の個別指導，理解度の把握のために机間を巡回して，学習指導を行うこと

□習熟度別学級編成…学習者の学習内容の習熟状況によって，学級を編成し，その程度に応じた指導を行うこと

表　学習指導(支援)組織

学習形態	考案者・起源	特　　徴
モニトリアル・システム (助教法)	(英：19世紀初頭) ベル，ランカスター	・児童生徒の中から，モニター(助教生)を選び，下級生の指導にあたらせるもの ・一度に多数の児童生徒に教育を受けさせることが可能になった(教授組織の拡大に寄与)
ゲーリー・システム	(米：1908年) ワート	・中高学年を2群に分け，一方が教室で教科を学習する間，他方は運動場で遊戯を行い，教室の利用効率を上げ，児童増加に対処した ・ハートウェルは，ゲーリー・システムを利用したプラトゥーン・プランを行った
イエナ・プラン	(独：1924年) ペーターゼン	・学年別学級を廃止し，低学年・中学年・高学年の集団各々が，指導する立場と指導される立場の両方を経験しながら生活共同体として学習する
オープン・スクール (フリー・スクール)	(英：1930年代) 幼児学校 (インファントスクール)が起源	・壁のない学校 ・学習空間・学習集団・教科内容・教育方法などすべてにおいて自由で融通性のある教育を目指した学校 ・「プラウデン報告書」(1967年)を契機に注目される
チーム・ティーチング (TT)	(米：1957年) ケッペル	・2人以上の教師がチームをつくり，協同して指導にあたる ・学級担任制の閉鎖性を改めるのに有効
モジュール方式	(米：1960年代末)	・授業の単位時間を固定ではなく，15〜20分の最小単位時間(モジュール)の組み合わせにより行う ・学習者の発達段階に応じた時間割の柔軟化・最適化を図る方式

▌▌▌▌▌▌▌▌▌▌▌▌▌▌▌▌▌▌▌▌ **演習問題** ▌▌▌▌▌▌▌▌▌▌▌▌▌▌▌▌▌▌▌▌

1 学習指導についての記述として適切なものを，次の①〜⑤から１つ選び
なさい。　　　　　　　　　　　　　　　　　(難易度■■■■□)

① 一斉学習は効率が悪く，個別指導の方が優れている。

② グループ学習は，能力や興味，欲求が類似したグループに分けるのが
基本である。

③ チーム・ティーチング(TT)は学校の教師全体で指導に当たることであ
る。

④ CAIはコンピューターを利用して学習活動を支援するものである。

⑤ 劇化法は，学習内容の深化には適さない。

2 次の学習法の呼称として適切なものを，あとの①〜⑤から１つ選びなさ
い。　　　　　　　　　　　　　　　　　　(難易度■■■□□)

児童の学習過程をスモール・ステップと呼ばれる細かい段階に分け，
個々の段階でフィードバックを行う学習方法。

① バズ学習　　② 問題解決学習　　③ チーム・ティーチング

④ 集団学習　　⑤ プログラム学習

3 教育課程とカリキュラムについて正しい記述の組み合わせを，あとの①
〜⑤から１つ選びなさい。　　　　　　　　　　(難易度■■□□□)

ア 教育課程とは，教育目標を達成するために，教育内容を選択し，組織
し，一定の順序に配列した計画のことをいう。

イ 教育課程は，カリキュラムよりも狭義の概念である。

ウ カリキュラムには，教科主義カリキュラムと経験主義カリキュラムが
ある。

エ 教科中心カリキュラムは学問中心カリキュラムともいい，スキナーが
提唱した。

オ 経験主義カリキュラムは，学力向上の要請の中で縮小が求められてい
る。

　① ア，イ，ウ　　② ア，ウ，エ　　③ イ，ウ，エ

　④ イ，エ，オ　　⑤ ウ，エ，オ

4 次の文章の空欄(A)〜(C)に当てはまる語句として適切なものの
組み合わせを，あとの①〜⑤から１つ選びなさい。　(難易度■■■□□)

　　コア・カリキュラムとは，核になる教科を選び，それに関連する教科を
周辺領域として同心円的に組織したものをいい，(A)教育理論に基づく
カリキュラム統合の試みの１つである。代表的なコア・カリキュラムの例
として，伝統的な教科の枠を取り払った(B)と，教育は経験の再構成で
あるとしたデューイの見地をとる児童中心主義の(C)がある。

　　　ア　経験主義　　　　　　　　イ　進歩主義
　　　ウ　カリフォルニア・プラン　エ　ヴァージニア・プラン
　　　オ　広域カリキュラム　　　　カ　融合カリキュラム
　　　キ　教科カリキュラム

　①　A−ア　　B−カ　　C−オ
　②　A−イ　　B−エ　　C−オ
　③　A−ア　　B−オ　　C−キ
　④　A−イ　　B−ウ　　C−エ
　⑤　A−ア　　B−エ　　C−ウ

5 次の文章の空欄(A)〜(C)に当てはまる語句の組み合わせとして
正しいものを，あとの①〜⑤から１つ選びなさい。

(難易度■■■□□)

　　(A)カリキュラムは，子どもの興味・関心に基づいて内容を選択，系
統化するカリキュラムで，子ども自身が生活する地域の問題を取り上げる
など，子どもの学習意欲を喚起しやすいという特徴を持っている。しかし，
子どもの成熟に必要な知識・技能がすべて得られる保証はない。デューイ，
(B)ら進歩主義教育者が推し進めたもので，生活カリキュラム，あるい
は(C)カリキュラムとも呼ばれる。

　　　ア　広域　　　　イ　経験　　　　　ウ　潜在的　　　　エ　活動
　　　オ　イリッチ　　カ　キルパトリック　キ　ヘルバルト

　①　A−ア　　B−オ　　C−エ
　②　A−ア　　B−カ　　C−ウ
　③　A−イ　　B−カ　　C−エ
　④　A−イ　　B−キ　　C−ウ
　⑤　A−イ　　B−キ　　C−エ

6 幼稚園教育における評価について適切なものを，次の①〜⑤から１つ選びなさい。 (難易度■■■□□)

① 『幼稚園教育要領解説』(平成30年2月，文部科学省)では指導の過程についての評価は「幼児の発達の理解」と「指導計画の改善」という両面から行うとしている。

② 反省・評価の視点として，教師の関わり方，環境の構成のほか，あらかじめ教師が設定した指導の具体的なねらいや内容の妥当性がある。

③ 評価するためには，常にそのための時間を取って行うべきものであり，保育と評価は切り離して考える必要がある。

④ 指導要録は，幼児の学籍並びに指導の過程とその結果の要約を記録し，その後の指導に役立たせるための原簿とするもので，外部への証明等には用いない。

⑤ 指導要録の「指導に関する記録」については，指導上の参考事項として「他の幼児との比較や一定の基準に対する達成度についての評定」も記入することとされている。

7 次の教育の評価法の呼称として正しいものを，あとの①〜⑤から１つ選びなさい。 (難易度■■□□□)

子どもの現時点の状態を知り，一人一人の特徴や傾向をとらえ，学習計画に反映させるため，学習を始める前に行う。

① 総括的評価　　② 形成的評価　　③ 診断的評価
④ 絶対評価　　　⑤ 相対評価

8 次は，幼稚園における学校評価についての記述である。正しいものの組み合わせを，あとの①〜⑤から１つ選びなさい。 (難易度■■■■□)

ア どのような評価項目・指標などを設定するかは各幼稚園判断にまかされている。

イ 教育課程は評価対象とならない。

ウ 公正を期するため，評価には幼稚園関係者以外の者の意見も聞く必要がある。

エ 教職員による自己評価を行い，その結果を公表する必要がある。

オ 自己評価の結果・学校関係者評価の結果を設置者に報告する必要がある。

① ア，エ，オ　　② ア，イ，エ　　③ イ，ウ，エ
④ イ，エ，オ　　⑤ ウ，エ，オ

9 集団の理論に関する記述として適切なものを，次の①〜⑤から１つ選び
なさい。　　　　　　　　　　　　　　　　　　(難易度■■■□□)

① 個人が自らの態度や規範の拠り所としている集団を，準拠集団と呼ぶ
ことがある。

② 幼稚園や学校は，理論上は１次集団あるいは公式集団として分類される。

③ 学級内の友人関係は，フォーマル・グループとして分類される。

④ オルポートは，人が集団内で作業を行うとき，「われわれ意識」によっ
てその遂行が促進されると指摘した。

⑤ グループ・ダイナミクスの概念を明らかにしたのはモレノであり，集
団の実践的研究方法としてアクション・リサーチを提唱した。

10 集団思考に関する記述として適切なものの組み合わせを，あとの①〜⑤
から１つ選びなさい。　　　　　　　　　　　　　(難易度■■■□□)

ア 集団思考では，個々人による多様な発想が制限されるため，認知的な
動機づけや知的好奇心の発露にはマイナスであると考えられている。

イ ブレーン・ストーミングでは成員が次々にアイデアを出すことが奨励
され，その際のアイデアは質よりも量が重視される。

ウ 一般に，集団凝集性の低い集団ほど活動が能率的になされ，活発であ
る。

エ 学級集団におけるリーダーは，生徒が選出する学級委員長や小集団学
習における班長がそれに該当する。

オ 集団内の人間関係を分析する手法には，ソシオメトリック・テストや
ゲス・フー・テストなどがある。

① ア，イ　　② イ，オ　　③ ウ，エ　　④ ア，ウ
⑤ エ，オ

11 教育評価に関する記述として適切なものを，次の①〜⑤から１つ選びな
さい。　　　　　　　　　　　　　　　　　　　(難易度■■■■□)

① 相対評価は正規分布内の標準偏差を基準として評点をつけるもので，
学習へのフィードバックがしやすいという利点がある。

② 絶対評価の長所として，評価するものの主観が影響しにくいという点
がある。

③ 能力別学級編成の際の判定には，個人内評価が適している。

④ 形成的評価は生徒および教師に学習の効果をフィードバックするもの
である。

⑤ 客観法テストには真偽法，組み合わせ法，選択法，単純再生法，論文
式テストなどがある。

12 子どもの心身の問題に関する記述として適切なものを，次の①～⑤から
1つ選びなさい。　　　　　　　　　　　　　　　　　　　(難易度■■■■□)

① 自閉症児は対人コミュニケーションが難しいため，言葉での指導が困
難な場合は具体的な物や，絵カードを見せたりするとよい。

② 家庭では話せるのに幼稚園や学校など特定の場面で話せなくなる場面
緘黙症は，教育的な介入をせず，子どもが自発的に話そうとするまで待
つ姿勢が大切である。

③ 吃音の子どもがうまく話せないときは，言えるまで根気よく言い直し
をさせ，頑張れば話せるという自信をつけさせることが大切である。

④ ADHDは不注意，衝動性・多動性などを主な症状とするが，脳の障害
とは断定できず，薬物療法が行われることはない。

⑤ フェニルケトン尿症は酵素の異常によってフェニルアラニンの代謝が
阻害され，聴覚や視覚の障害が現れる先天性の障害である。

13 次は障害児教育についての記述である。空欄(A)，(B)に当ては
まる語の組み合わせとして適切なものを，あとの①～⑤から1つ選びな
さい。　　　　　　　　　　　　　　　　　　　　　　　(難易度■■■■□)

(A)とは，子どもたちの身体的，知的，社会的もしくは他の状態と関
係なく，学校や学級，地域社会はこれをすべて包含し，個々の教育ニーズ
に応えうるものであるべきとする考え方である。これに対するわが国の取
り組みとして(B)があり，障害をもつ子どもの通常教室での教育が推進
されている。

　　ア　特別支援教育　　　イ　障害児学級　　　ウ　バリアフリー
　　エ　インクルージョン　　オ　自立活動

① A－ウ　　B－ア　　② A－エ　　B－ア

③ A-ウ　B-イ　　④ A-ア　B-オ

⑤ A-エ　B-イ

14 次の障害児保育に関する記述のうち適切でないものを，次の①～⑤から1つ選びなさい。　　　　　　　　　　　　　　　（難易度■■□□□）

① 障害児の受け入れに際しては，担任だけでなく，すべての職員がその幼児を理解することが大切である。

② 脳性まひ児の症状としては，筋緊張，感覚・知覚障害，話し言葉の障害のほか，てんかん発作が見られることが多い。

③ 障害児の基本的生活習慣を確立するには，繰り返しの指導と家庭の協力，指導における一貫性が不可欠である。

④ 障害を持つ幼児の保育においては，生育歴や行動観察・発達検査などの結果を知ることと，専門家の助言が欠かせない。

⑤ 言葉が少なかったり，まだ言葉が出ていない幼児に対しては，できるだけ言葉を言わせるなどの訓練と，繰り返し教え込む努力をすることが大切である。

15 幼稚園教育の基本や幼稚園教師の役割として正しいものを，次の①～⑤から1つ選びなさい。　　　　　　　　　　　　　　（難易度■■□□□）

① 幼児期における教育は，生涯にわたる人格形成の基礎を培う重要なものであり，幼稚園教育は幼児期の特性を踏まえ，一斉指導を通して行うものであることを基本とする。

② 幼児は安定した情緒の下で自己を十分に発揮することにより発達に必要な体験を得ていくものであり，教師はいろいろな活動を計画しそれを着実に実行させていく必要がある。

③ 幼児の自発的な活動としての遊びは，心身の調和のとれた発達の基礎を培う重要な学習であり，遊びを通しての指導を中心としてねらいが総合的に達成されるようにする。

④ 発達は，心身の諸側面が相互に関連し合い，多様な経過をたどって成し遂げられていくものであるが，幼児の場合はまだ未成熟であり，特に集団としての発達課題に即した指導に重点を置くようにする。

⑤ 教師は，幼児と人やものとの関わりが重要であることを踏まえ，物的環境を構成しなければならないが，教師はその構成者であって自身は環

境の一部ではないことに留意する必要がある。

16 幼稚園による家庭や地域社会に対する子育て支援について適切なものを，次の①～⑤から１つ選びなさい。 (難易度■■□□□)

① 幼稚園による子育て支援については，法律で規定されているわけではないが，幼稚園教育要領などに基づき，積極的に行う必要がある。

② 幼稚園は地域における生涯教育のセンターとしてその施設や機能を開放し，積極的に子育てを支援していく必要がある。

③ 幼稚園が行う子育て支援は，幼稚園園児の関係者を対象とするので，そうでない親には児童相談所や保育所が対応するように幼稚園としても働きかける。

④ 幼稚園の子育て支援活動は幼児の生活全体を豊かにするため多様な展開が必要であり，そのため教育課程に基づく活動に優先して行うこともある。

⑤ 幼稚園や教師は児童虐待の予防や虐待を受けた子どもの保護や自立について，国や地方公共団体の施策への協力に努めることになっている。

17 現代日本の家庭や子育てを取り巻く状況に関する記述として不適切なものを，次の①～⑤から１つ選びなさい。 (難易度■■■□□)

① 少年による刑法犯の検挙人員は，近年減少し続けている。

② 少子化の影響は，将来的な労働力不足や経済成長の低減，社会保障や高齢者介護における負担増などを懸念させる課題となっている。

③ 子どもの虐待・放任が児童相談所に通報された場合，子どもの心身への悪影響の排除が最優先の問題となるため，児童相談所は所定の手続きをとることにより，その家庭を強制的に立ち入り調査する権限をもたされている。

④ 児童養護施設への入所理由では，虐待・放任が４割近くを占め，親子関係の修復，家庭復帰のための支援が重要な課題となっている。

⑤ 都市部の保育所入所に関する待機児童の増加原因としては，幼稚園よりも子どもを預かってもらえる時間が長い保育所に子どもを入所させることで，育児から解放される時間をより長くすることを，親が願っているということが最大の要因となっている。

18 次の保育の研究方法についての説明文と研究方法の呼称の組み合わせとして正しいものを，あとの①〜⑤から１つ選びなさい。

(難易度■■■□□)

A 子どもの習慣・態度・興味・性格などの人格的性質の理解に意義があると考えられる行動の記述を中心とするもので，観察記録の一種。

B 集団としての子ども同士の人間関係や，集団のなかでの個々の子どもの役割などを理解するために用いる方法。

C 活動・性格・技能などに関する一覧表をあらかじめつくっておき，観察によって確認された項目に印をつけていく方法。これにより，集団全体の様子や一般的傾向を知ることができる。

    ア 逸話記録   イ 質問紙法   ウ 観察法
    エ チェックリスト オ 面接法   カ 事例研究法
    キ ソシオメトリー

① A−ウ   B−キ   C−エ
② A−ウ   B−カ   C−キ
③ A−ア   B−キ   C−エ
④ A−ア   B−オ   C−イ
⑤ A−オ   B−カ   C−イ

19 幼稚園教育の基本に関する記述として適切なものを，次の①〜⑤から１つ選びなさい。　　　　　　　　　　　　　　(難易度■□□□□)

① 幼児は安定した情緒の下で十分に守られることにより発達に必要な体験を得ていくものであることを考慮して，幼児の安全な活動を促し，幼児期にふさわしい生活が展開されるようにすること。

② 幼児の自発的な運動は，心身の調和のとれた発達の基礎を培う重要な学習であることを考慮して，運動を通しての指導を中心としてねらいが達成されるようにする。

③ 幼児の発達は，心身の諸側面が相互に関連し合い，多様な経過をたどって成し遂げられていくものであり，また，幼児の生活経験がそれぞれ異なることなどを考慮しながら，全ての幼児が年齢に即した課題を達成できるよう指導を行うようにする。

④ 教師は，幼児の主体的な活動が確保されるよう幼児一人一人の行動の理解と予想に基づき，計画的に環境を構成しなければならない。

⑤　幼児期の教育は，平和で民主的な国家及び社会の形成者としての基礎を培う重要なものであり，幼稚園教育は，教育基本法に規定する目的及び目標を達成するため，幼児期の特性を踏まえ，環境を通して行うものであることを基本とする。

20 次はエンパワーメントに関する記述であるが，エンパワーメントに反するものが１つある。それはどれか，次の①〜⑤から１つ選びなさい。

（難易度■□□□□）

①　強制を避け，できるだけ放任する。
②　子どもの自主性や主体性を尊重する。
③　弱者であっても可能性や行動力を持っている。
④　自ら問題解決できるよう援助する。
⑤　子どもの自己決定権や判断力を促す。

21 幼稚園における幼児の生活に関する記述として，適切なものをア〜オの中から選ぶとき，正しい組み合わせを，あとの①〜⑤から１つ選びなさい。

（難易度■■■■□）

ア　幼稚園の生活では，教師や他の幼児とのコミュニケーションをとおして幼児自身の変容をもたらす。
イ　幼稚園の生活では，幼児同士の交流を円滑にするため，幼児はたくさんの遊びを覚えることが不可欠である。
ウ　幼稚園生活をとおして，幼児は危険な場所や遊びの把握をする必要はない。
エ　幼稚園生活では，ケアされ，ケアするという相互作用によって幼児自身が尊重されているという体験を味わう。
オ　幼稚園に入園したら，幼児にとって誰よりも教師の存在が重要となる。
　①　ア，ウ　　②　イ，エ　　③　ウ，オ　　④　イ，オ
　⑤　ア，エ

22 次のア〜オのうち，子どもの主体性を大切にする保育としてふさわしいものはどれか。その組み合わせを，あとの①〜⑤から１つ選びなさい。

（難易度■□□□□）

ア　年齢別に一定の到達度を設定し，その目標に向かって同一の方法で指

導すること。

イ 常に子どものこころの様子を把握し見守ること。

ウ 子どもの生活実態に応じた保育内容を明確にすること。

エ 子どもの自主性を育てるため，できるだけ放任した保育を行う。

オ 集団生活がうまくできることを最優先した保育を行う。

① ア，ウ　　② イ，ウ　　③ ウ，オ　　④ ア，エ

⑤ イ，オ

23 次のア～オは教師の役割に関する記述であるが，適切でないものがある。それはどれか，その組み合わせを，あとの①～⑤から１つ選びなさい。　　(難易度■■□□□)

ア 教師は，幼児一人一人の発達に応じて，相手がどのような気持ちなのか，体験を通して考えていけるよう援助する。

イ 決まった友達とだけ遊ぶことが起こったときは，子どもたちの相互理解を深めるために，その集団が続くよう援助する。

ウ 人として絶対にしてはならないことや言ってはならないことがあることに気付くよう援助する。

エ 教師は自分の主観的な理解をまず頼りに，子どもに関わり援助する。

オ 集団の生活にはきまりがあることや，そのきまりをなぜ守らなければならないかを指導することをせず，あくまでも自然と気付くよう見守る。

① ア，ウ　　② イ，オ　　③ イ，ウ　　④ ア，エ

⑤ ウ，オ

24 次は，幼稚園における遊びについての記述である。ア～オの中で適切でないものはどれか，その組み合わせを，あとの①～⑤から１つ選びなさい。　　(難易度■■□□□)

ア 遊びにおいて，幼児が思うがままに多様な仕方で関わるような環境に置かれると，幼児は周囲の環境になじめず，遊び本来の意味が失われることが多い。

イ 遊びをとおして，人の役に立つ何らかの成果を生み出すことを目的としている。

ウ 幼児の活動で重要なのは，その過程で幼児自身がどれだけ遊び，充実感や満足感を得ているかであり，活動の結果だけを重視してはならない。

エ　自発的活動としての遊びは，幼児期特有の学習なので，幼稚園における教育は，遊びを通しての指導を中心に行うことが重要である。

オ　教師には，幼児の遊びを大切にして，意欲を促すとともに，試行錯誤を認め，時間をかけて取り組めるようにすることが求められる。

① ア，ウ　　② イ，エ　　③ ア，イ　　④ ア，エ

⑤ ウ，オ

25 次は，幼稚園教育と家庭との関わりについての記述である。ア～オのなかで適切なものはどれか，その正しい組み合わせを，あとの①～⑤から１つ選びなさい。　　　　　　　　　　　（難易度■□□□□）

ア　家庭との連携に当たっては，保護者の幼児期の教育に関する理解が深まるよう配慮することが大切である。

イ　幼稚園は，家庭教育を基盤にしながら家庭では体験できない社会・文化・自然などに触れ，教師に支えられながら，幼児期なりの世界の豊かさに出会う場である。

ウ　幼稚園が家庭と協力して教育を進めることは，保護者が家庭教育とは異なる視点を持つことになるので，保護者に幼稚園教育に対する誤解を抱かせないよう十分配慮する必要がある。

エ　家庭は子どもの教育について第一義的責任を有しており，幼児が望ましい発達を遂げていくためには，家庭との連携を十分図って個々の幼児に対する理解を深めることが大切である。

オ　家庭での生活の仕方が幼児の生活のリズムに大きく影響するので，入園にあたっては，まず集団生活のリズムに合わせるよう指導することが必要となる。

① ア，ウ，エ　　② イ，エ，オ　　③ ア，エ，オ

④ ア，イ，エ　　⑤ ウ，エ，オ

26 幼児と地域社会との関わりに関する記述として適切でないものを，次の①～⑤から１つ選びなさい。　　　　　　　　　　　（難易度■□□□□）

① 地域の人々との交流は，幼児の発達にとって有意義であることはもとより，幼児と関わる地域の人たちにとっても，幼児に接することによって心がいやされ，夢と希望がはぐくまれるなどの点で有意義なものとなることである。

② 　地域の人々の営みの中にあふれていた季節感も失われつつある傾向があり，秋の収穫に感謝する祭り，節句，正月を迎える行事などの四季折々の地域や家庭の伝統的な行事に触れる機会をもつことはあまり意味を持たなくなった。

③ 　地域の人々が幼児の成長に関心を抱くことは，家庭と幼稚園以外の場が幼児の成長に関与することとなり，幼児の発達を促す機会を増やすことになる。

④ 　農家などの地域の人々との交流では，食べ物への関心が高まり，また，幼児の身近に食べ物があることにより，幼児は食べ物に親しみを感じ，興味や関心をもち，食べてみたい物が増え，進んで食べようとする気持ちが育つ。

⑤ 　地域の人たちとの関わりは，人間は一人だけで孤立して生きているのではなく，周囲の人たちと関わり合い，支え合って生きているのだということを実感するよい機会となる。

━━━━━━━━━━ 解答・解説 ━━━━━━━━━━

1 ④

解説

① 一斉学習は原理的には個別学習の延長線上にあり，より多くの児童・生徒に効率的な指導を行おうとするもの。

② グループ学習の構成は等質的グループと異質的グループがあり，問題文は前者を指す。

③ ＴＴは複数の教師が１学級の指導を協力して行うことである。

④ CAIはComputer Assisted Instructionの略で，適切。なお類似の用語に，コンピューターで教師の教育活動を支援するCMI(Computer Managed Instruction)がある。

⑤ 「ごっこ学習」なども含めた劇化法は，表現活動によって学習内容の理解を深化させるものである。

2 ⑤

解説

① 集団学習の一種で，少人数のグループに分かれ，話し合いをするためのざわめき(buzz)からこの呼称となった。

② 児童自ら問題を設定させ，探究心を養う積極的活動による学習法。

③ ２人以上の教職員が個々の子どもおよび集団の指導の展開をはかり，責任をもつ指導方法。

④ 複数の児童・生徒を対象として教職員が指導する学習法の総称。

⑤ 適切である。米国の心理学者スキナーが提唱した学習法。学習者の積極的な反応を強化することを特徴とし，学習の目標値に確実に到達できるように配慮されている。徐々に難易度の上がる例題を解いては答えの確認をさせ，学習者に達成感を味わわせるのが，プログラム学習の最もわかりやすい例といえよう。

3 ①

解説

教育課程の定義は**ア**の通り。「カリキュラム」には，計画的で明示的な「顕在的カリキュラム」だけでなく，教師の目標や意図に関わりなく子どもを方向づける「潜在的カリキュラム」(隠れたカリキュラム)も含まれるため，教育課程よりも広義の概念になるので**イ**は正しい。教科主義カリキュラム

は学問体系を基本として編成するカリキュラム，経験主義カリキュラムは子どもの生活経験を基本として編成するカリキュラムであり，両者をバランスよく配分することが求められている。よって**ウ**は正しいが**オ**は誤り。学問中心カリキュラムを提唱したのはブルーナー(1915〜2016)なので**エ**は誤り。

4 ⑤
解説

コア・カリキュラムは経験主義教育理論に基づくもので，その代表的なものにヴァージニア・プランとカリフォルニア・プランがあり，⑤が適切である。広域カリキュラム(小学校低学年の生活科のように，類似した教科や経験を広い範囲でまとめたもの)，融合カリキュラム(化学・物理・生物・地学を理科としてまとめるような，教科を廃止していくつかの分野から構成するカリキュラム)，教科カリキュラム(文化遺産の習得を簡単にするため，教科としてまとめ，理論的順序で内容を系統立てたもの。集団学習において一般的だが，押し付け学習になりやすい，暗記中心になり，思考力が育成されにくいなどの課題がある)はいずれもコア・カリキュラムと並列されるべきカリキュラムの類型である。

5 ③
解説

経験カリキュラムについての記述である。このカリキュラムは，生活カリキュラムまたは活動カリキュラムとも呼ばれており，問題文に挙げた以外に，(1)教育の意義を子どもの問題解決による経験の再構成に求める。(2)従来の教科目の枠を取り払って，生活の題材を学習単元とする。(3)子どもの主体性を尊重し，自律的な学習ができるよう指導する。といった特徴を持つ。広域カリキュラムは小学校低学年の生活科など，類似の教科や経験を広い範囲でまとめたカリキュラムをいう。また，イリッチは潜在プログラムについて書かれた『脱学校の社会』の著者であり，ヘルバルトは心理学と倫理学を基礎に，体系的な教育学を構築した。

6 ②
解説

① 「幼児の発達の理解」と「教師の指導の改善」という両面から行われる(幼稚園教育要領解説(平成30年2月，文部科学省)第1章第4節2(5))。それ

を踏まえて指導計画の改善が行われる。

② 適切である。実際に幼児が生活する姿から発達の全体的な状況，よさや可能性などをとらえ，それに照らして選択肢にあるような視点から反省・評価する(「幼児理解に基づいた評価」(平成31年3月，文部科学省))。

③ 評価は日常の保育のなかでも行われ，保育と評価は常に一体になっている。常にそのための時間を取って行わなければならないというものではない。

④ 指導要録(児童等の「学習及び健康の状況を記録した書類」(学校教育法施行令第31条)の原本)は学校に備えておかなければならない表簿の一つである。外部への証明等にも役立たせる原簿となるもので，進学した場合はその抄本または写しは進学先に送られる。

⑤ 幼稚園教育要領において，幼児理解に基づいた評価を行う際には，「他の幼児との比較や一定の基準に対する達成度についての評定によって捉えるものではないことに留意する」とされている。

7 ③

解説

① 総括的評価は，学習終了後に行うもので，学習の成果と反省点を確認し，次の学習計画に反映させる。

② 形成的評価は学習の進行中に行う。学習成立の状態をチェックし，学習の過程の確認をしたり，変更したりするための資料を得る。

③ 正しい。

④ 絶対評価は，学習者が学習目標をどの程度達成したかを把握するために行う。子ども同士の比較はせず，目標と子どもを対応させるため，学習者の学習集団の中での優劣はこれでは計れない。具体例としては，公立小学校の通信簿などが挙げられる。

⑤ 相対評価は，学習の集団の中で，子どもの相対的な位置を把握するために偏差値などを使って行われる。基本的には子どもと子どもを比較するものであり，優劣や差異などを決めるのに用いる。

8 ①

解説

ア 適切。「幼稚園における学校評価ガイドライン」(平成23年，文部科学省)の3(1)②(ア)自己評価の評価項目・指標等の設定に，「具体的にどのよ

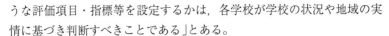

うな評価項目・指標等を設定するかは，各学校が学校の状況や地域の実情に基づき判断すべきことである」とある。

イ 「教育課程」は，「幼稚園における学校評価ガイドライン」の別添2-1「評価項目・指標等を検討する際の視点となる例」として例示されている。

ウ 学校評価の形態には，教職員による自己評価，保護者などの関係者による評価，第三者評価の3形態によるものがある。このうち，第三者評価は法令による義務ではない。

エ，オ 適切。いずれも学校教育法第42条(幼稚園については，第28条により準用)及び学校教育法施行規則第66条～第68条(幼稚園については，第39条により準用)による。

9 ①

解説

① 適切。準拠集団は記述のように，単に所属しているというだけでなく個人が自分の行動の評価基準としている集団である。

② 幼稚園や学校は2次集団であり，公式集団である。1次集団には成員間の結びつきが親密で直接的な家族，親戚，遊び仲間，近隣集団などが分類される。

③ 学級は学校の管理の下に編成されるフォーマル・グループであるが，その中で次第に形成される友人関係はインフォーマル・グループである。

④ 記述のような集団効果はオルポートによる「社会的促進」である。「われわれ意識」は集団内に形成される一体的感情や内輪意識を表す概念。

⑤ 記述に当てはまる人物はレヴィン。モレノは人間関係の測定法であるソシオメトリーの考案者である。

10 ②

解説

アの集団思考は，個々の異なる考え方を提示し合うことで多くの情報や豊かな発想が得られる方法である。自己の既有の知識と集団の意見のずれは知的好奇心を刺激し，認知的な動機づけになる。**イ**のブレーン・ストーミングは創造性の開発を目的として生まれた技法であり，正確さや実現性よりも自由な発想が重視される。適切。**ウ**の集団凝集性はレヴィンが導入した概念であり，集団が成員に対して持っている魅力である。集団凝集性が高いほど，活動は活発になる。**エ**の学級集団という単位でのリーダーは，

学校が選出する担任教師である。入学から時間が経つにしたがって子ども同士の私的な結びつきが強くなり，小学校4年生頃からインフォーマルな小集団を形成するようになる。**オは適切。**

11 ④
解説

① 相対評価は個人の集団内での相対的位置を決める評価法であり，客観性に優れるが，個人の学習へのフィードバックがしにくい。

② 絶対評価は個人の指導計画を改善しやすいが，基準自体が主観的・恣意的に決められるおそれがある。

③ 能力別学級編成には相対評価が適している。個人内評価とは各個人内での比較を行う評価法である。ある個人の教科や指標間の成績を比較する方法と，ある個人の過去の成績と現在の成績を比較する方法がある。

④ 適切。ブルームは完全習得学習の理論を提唱し，教育評価を診断的評価・形成的評価・総括的評価の3つに分類している。学習中の練習問題や単元テストなどが形成的評価に当たる。

⑤ 論文式テストは採点者の主観が入りやすく，非客観テストに属する。

12 ①
解説

① 適切。自閉症は先天性の脳の障害であり，言語的なコミュニケーションが難しい。視覚的な情報を利用して指導すると理解しやすい。

② 場面緘黙症は特定の場面で本人の意思と関わりなく言葉が出なくなる障害であり，早期の教育的な介入が必要である。

③ 吃音を意識したり，緊張したりするとかえって症状が悪化することがあるので，症状が出ているときは，無理に話させない。

④ ADHDは脳神経学的な疾患と考えられ，薬物療法や心理療法による治療が行われる場合がある。

⑤ フェニルケトン尿症は先天性の酵素の異常によってフェニルアラニンの代謝が阻害される障害で，主な症状は色素の欠乏と知的障害である。

13 ②
解説

Aにはインクルージョン，Bには特別支援教育が当てはまる。インクルージョンの理念は，近年福祉の理念として積極的に導入が進められている。

2007(平成19)年には特別支援教育が学校教育法に位置づけられ，すべての幼稚園・学校で障害のある幼児児童生徒の支援をしていくことが定められた。バリアフリーやインテグレーションは近似した概念であるが，インクルージョンは健常者と障害者を二分して考えず，すべての子どもが十人十色であるとの認識に立つものである。自立活動とは，特別支援学校，特別支援学級，通級指導で行われる障害者が自立を目指すための活動である。健康の保持，心理的な安定，環境の把握，身体の動き，コミュニケーションについての訓練が行われる。

14 ⑤
【解説】

① 適切。できれば，障害児とクラスメイトになる子どもたちを含む，障害児の周りの人間全員が，その子どもを理解することが望ましい。

② 適切。障害児保育にあたる人間には，その子どもの障害がどのような原因によるもので，どのような影響をもたらすものなのかを理解しておくことが求められる。

③ 適切。家庭と幼稚園とで教えることに一貫性がないと，子どもは混乱するばかりである。

④ 適切。障害児保育においては，障害そのものへの理解と，それに基づく指導が重要。保育の目標としては，身辺自立のほか集団参加と社会性が重要。

⑤ 不適切。言葉に遅滞のある子どもに対し，教え込もうとしたり，言葉の訂正や言い直しをさせることは禁物。話しかけを増やし，生活経験を広げることなどに配慮する。

15 ③
【解説】

① 「一斉指導を通して」ではなく「環境を通して」である。「特に，幼児期は心身の発達が著しく，環境からの影響を大きく受ける時期である」(幼稚園教育要領解説(平成30年2月，文部科学省)第1章第1節2の(1))ことから環境を通して行う教育が基本となっている。

② 幼児は安定した情緒の下で自己を十分に発揮することにより発達に必要な体験を得ていくものである。だからといって，教師主導の一方的な保育を展開していくものではない。一人一人の幼児が教師の援助の下に

主体性を発揮して活動を展開していけるようにする。

③　正しい。教師は「幼児をただ遊ばせている」だけではなく，幼児の主体的な遊びを生み出すための必要な教育環境を整えることが必要となる。

④　幼児の発達は，心身の諸側面が相互に関連し合い，多様な経過をたどって成し遂げられていくものであること，また，幼児の生活経験がそれぞれ異なることなどを考慮して，幼児一人一人の特性に応じ，発達の課題に即した指導を行うようにする。

⑤　教師自身も人的環境であり，環境の一部である。教師の動きや態度は幼児の安心感の源となる。

16 ⑤

解説

①　幼稚園の子育て支援については学校教育法第24条に「幼児期の教育に関する各般の問題につき，保護者及び地域住民その他の関係者からの相談に応じ，必要な情報の提供及び助言を行うなど，家庭及び地域における幼児期の教育の支援に努めるものとする」と規定されている。

②　生涯教育のセンターでなく幼児期の教育のセンター。

③　児童相談所や保育所との連携は大切なことであるが，幼稚園は幼稚園児の関係者だけを対象に子育て支援をするのではない。広く地域の人々を対象とし，地域の幼児の健やかな成長を支えていくことが大切である。

④　子育て支援活動は多様に行われるが，幼稚園の実態に応じ，着実に行われる必要がある。その際は，教育課程に基づく活動の支障とならないように配慮する。

⑤　適切。「前項に規定する者は，児童虐待の予防その他の児童虐待の防止並びに児童虐待を受けた児童の保護及び自立の支援に関する国及び地方公共団体の施策に協力するよう努めなければならない」(児童虐待の防止等に関する法律第5条第2項)。「前項に規定する者」とは「学校，児童福祉施設，病院，都道府県警察，婦人相談所，教育委員会，配偶者暴力相談支援センターその他児童の福祉に業務上関係のある団体及び学校の教職員，児童福祉施設の職員，医師，歯科医師，保健師，助産師，看護師，弁護士，警察官，婦人相談員その他児童の福祉に職務上関係のある者」であり，これには幼稚園の教諭も含まれる。

17 ⑤

解説

① 適切。平成 16 年度以降減少し続けており，令和 3 年は 2 万 399 人(前年比 9.5％減)であった。

② 適切。労働人口に比べ高齢者が増える中，社会保障の水準を維持しようとすれば，若い世代の負担は当然大きくなる。

③ 適切。通報は，保育所・幼稚園・小学校などの職員に限らず，気付いた人間は誰でもできる。

④ 適切。児童養護施設への入所理由として，最も多い原因は「父母による虐待」で，次に「父母の放任怠惰」「父母の養育拒否・棄児」などネグレクトが続いている。親が生存している場合の入所が多く，家庭との関係調整は大きな課題となっている。

⑤ 不適切。令和 5 年 4 月の待機児童調査では，待機児童は調査開始以来 5 年連続で最少。保育ニーズは，女性の就労率の上昇等であり，令和 3 年からの新子育て安心プランではその対策をしている。

18 ③

解説

　個々の子どもと子どもの集団の両方を観察，記録するのが研究の第一歩となる。この設問で正解としてあがっていないイ，ウ，オも保育の研究方法として確立されたものである。イの質問紙法は，家庭での幼児の生活・遊びなどについて知りたいとき，あるいは，生育歴など基本的な事実について情報を収集したいときなどに，質問紙を用意し，保護者に記入回答を求める方法。ウの観察法は，さまざまな場面で子どもが自然にする行動を観察し，これについて客観的な記録をとり，資料とする方法。オの面接法は，幼児と直接会話をしたり，観察したりすることにより，その幼児の性格や行動を研究しようとする方法。

19 ④

解説

① 幼児は安定した情緒の下で自己を十分に発揮することにより発達に必要な体験を得ていくものであることを考慮して，幼児の主体的な活動を促し，幼児期にふさわしい生活が展開されるようにすること。

② 幼児の自発的な活動としての遊びは，心身の調和のとれた発達の基礎

を培う重要な学習であることを考慮して，遊びを通しての指導を中心としてねらいが達成されるようにする。

③　幼児の発達は，心身の諸側面が相互に関連し合い，多様な経過をたどって成し遂げられていくものであること，また，幼児の生活経験がそれぞれ異なることなどを考慮して，幼児一人一人の特性に応じ，発達の課題に即した指導を行うようにする。

④　適切。

⑤　幼児期の教育は，生涯にわたる人格形成の基礎を培う重要なものであり，幼稚園教育は，学校教育法に規定する目的及び目標を達成するため，幼児期の特性を踏まえ，環境を通して行うものであることを基本とする。

20 ①

解説

　エンパワーメントとはもともと，社会のなかで，子ども，女性，少数民族，障害者などの弱者が，周囲の状況を変え，主張する力をもつのみでなく，自分たち自身一人ひとりが可能性をもち，行動する力をもっている存在であることを認め，自分たちが現在あることを肯定的に受け入れることを重要な要素として含んでいる。幼児教育におけるエンパワーメントについて理解しておくようにしたい。

①　エンパワーメントは子どもの主体性や自主性を重んじるが，放任するということではなく，自分を主張するとともに律することもできるような他者と協働できる力のことである。子どもは本来社会に対して貢献できる力があるという考えに基づく。

④　子どもたちに「……しなさい」というのではなく「……してみましょう」というような形で援助することである。

⑤　④と同様での形で関わることで，子どもの自己決定権や判断力を育てる。

21 ⑤

解説

ア　適切。幼稚園における発達の過程とは，子どもの生活が変容していくことであるといえる。

イ　遊びは子どもたちの交流に欠かせないが，必ずしも遊びの数の多さによって交流の円滑さが左右されるとは限らない。ひとつの遊びに没頭することによって交流が深まることも多々ある。

ウ　健康領域や環境領域で，危険な場所や危険な遊びについての正しい判断を身に付け，行動できるようになることが記載されている。

エ　適切。幼稚園という集団生活では家庭と違って，自分がケアされるだけでなく，親や教師，友達など他者をケアするという相互関係のなかで自分自身も尊重されているということを実感する。

オ　教師の存在は人的環境として，また愛着の対象として重要であるが，「誰よりも」とは言えない。保護者の存在も大きい。

22 ②
解説

ア　このことは，子どもの主体性を大切にすることと正反対のことである。このようなことが起こるのは，同年齢なら皆同じ発達段階にあると思い込み，子ども一人一人に目を向けようとしないからである。

イ　ふさわしい。子ども一人一人のこころの流れに沿って保育することが求められる。

ウ　ふさわしい。子ども一人一人の生活実態も異なっているので，生活実態に応じた保育内容を明確にすることも大切である。

エ　子どもの自主性を大切にすることと，放任した保育を行うこととは別である。

オ　幼児期に，「自己を表出することが中心の生活から，次第に他者の存在を意識し，他者を思いやったり，自己を抑制したりする気持ちが生まれ，同年代での集団生活を円滑に営むことができるようになる時期へ移行していく」(幼稚園教育要領解説(平成30年2月，文部科学省)第1章第3節3)というように，集団生活が円滑に営まれるようにするには，子どもの主体性を大切にすることが重要である。

23 ②
解説

ア，ウ　「教師は，幼児一人一人の発達に応じて，相手がどのような気持ちなのか，あるいは自分がどのようにすればよいのかを体験を通して考えたり，人として絶対にしてはならないことや言ってはならないことがあることに気付いたりするように援助することが大切である」。そして，友達との間で起こる対立や葛藤は排除されるべきものではなく，幼児の発達にとって大切な学びの機会であることも留意しておきたい。

イ このようなときは,「時期を見て,いろいろな友達と関わり合うきっかけとなる環境の構成や援助をしていくことも教師の役割である」。

エ 誤解を受けやすい文章だが,人から聞いた話よりも教師自身の主観的理解のほうがずっと確かであり,信頼できるということである。体当たりで子どもに接するときのことを考えれば理解できるだろう。

オ 「見守る」のではなく,**ウ**にあるように「気付かせるように援助する」。

24 ③

解説

ア 「遊びの本質は,人が周囲の事物や他の人たちと思うがままに多様な仕方で応答し合うことに夢中になり,時の経つのも忘れ,その関わり合いそのものを楽しむことにある」というのが遊び本来の意味である。

イ 「遊びは遊ぶこと自体が目的であり,人の役に立つ何らかの成果を生み出すことが目的ではない」。

ウ 「活動の過程が意欲や態度を育み,生きる力の基礎を培っていくからである」。結果よりも過程が重要である。

エ 「自発的な活動としての遊びにおいて,幼児は心身全体を働かせ,様々な体験を通して心身の調和のとれた全体的な発達の基礎を築いていく」からである。

オ 「教師の関わりは,基本的には間接的なものとしつつ,長い目では幼児期に幼児が学ぶべきことを学ぶことができるように援助していくことが重要である」と,時間をかけて取り組めるようにすることの大切さを説いている。

25 ④

解説

ア 正しい。幼稚園運営上の留意事項としてこのことが掲げられている。

イ 正しい。幼稚園の特色として幼稚園には,このような家庭や地域とは異なる独自の働きがあり,ここに教育内容を豊かにするに当たっての視点があるとしている。

ウ 「幼稚園が家庭と協力して教育を進めることにより,保護者が家庭教育とは異なる視点から幼児への関わりを幼稚園において見ることができ,視野を広げるようになるなど保護者の変容も期待できる」と家庭との協力を積極的にすべきだとしている。

エ　正しい。子どもの教育について第一義的責任を有しているのはあくまでも家庭である。

オ　「家庭での生活の仕方が幼児の生活のリズムに大きく影響するので，入園当初は一人一人の生活のリズムを把握し，それらに応じながら，遊ぶ時間や食事の時間などに配慮することも必要である」と，子ども一人一人に合った指導の必要性を説いている。

26 ②

解説

① 適切。地域の人々との交流は幼児からの一方的なものではないことに留意。「幼児は，環境との相互作用によって発達に必要な経験を積み重ねていく。(省略)ここでの環境とは自然環境に限らず，人も含めた幼児を取り巻く環境の全てを指している」。

② 適切ではない。失われつつあるからこそ，伝統的な行事に積極的に触れる機会をもつべきである。

③ 適切。大人たちに見守られているという点からも，「幼児が豊かな人間性の基礎を培う上で貴重な体験を得るための重要な環境である」。

④ 適切。さらに，「幼児なりに食べ物を大切にする気持ちや，用意してくれる人々への感謝の気持ちが自然に芽生え，食の大切さに気付いていくことにつながる」。

⑤ 適切。「そのためには，日常の保育の中で，地域の人々や障害のある幼児などとの交流の機会を積極的に取り入れることも必要である。とりわけ，高齢社会を生きていく幼児にとって，高齢者と実際に交流し，触れ合う体験をもつことは重要である」。

第 9 章

専門試験
発達と実践

発達とは
発達理論

専門試験 発達と実践／発達とは

≡ POINT ≡

1 発達とは

　人間は，出生から死にいたるまで，絶えず身体的，精神的にさまざまな変化を遂げるが，中でも成人期に達するまでの恒常的な変化の過程は成長・発達と呼ばれ，教育上特に重視される。古くから，発達は遺伝によるとする先天説と環境に規定されるとする後天説との対立論争があった。しかし1914年シュテルンが「遺伝も環境も」という輻輳説を提唱して以来，この両者を統合する動きが高まり，相互作用説へと発展していった。人間の発達は複雑で多様な変化を示すが，その中にはいわゆる発達の原理と呼ばれる一般的な法則性が見出される。

2 発達の原理

　発達現象について共通に見られる法則性。

①　連続的に一定の順序をたどって進む過程である。

②　連続的でありながら，各時期において特にある領域の変化が顕著に目立つ。

③　分化と統合の過程である。

④　各側面は相互に関連しあって発達する。

⑤　発達には個人差があり，それぞれの領域でそれぞれの速度・限界がある。

3 発達に関係した概念

□ **発達**　体形や行動が，胎児から成人に向かう方向で変化していくこと。

□ **成熟**　主として遺伝的に既定され，環境条件や後天的経験に左右されることの少ない，年齢にほぼ一定した発達の過程。学習と対比して用いられることが多い。

演習問題

1 次のア〜カの言葉を幼児語と幼児音に分けたものとして適切なものを，あとの①〜⑤から１つ選びなさい。　　　　(難易度■■□□□)

〔言葉〕

ア　ちぇんちぇえ　　イ　おみじゅ　　ウ　わんわん

エ　くっく　　　　　オ　ぼうりゅ　　カ　じろうしゃ

① 幼児語－ア，イ，ウ　　　幼児音－エ，オ，カ

② 幼児語－イ，エ，オ　　　幼児音－ア，ウ，カ

③ 幼児語－イ，カ　　　　　幼児音－ア，ウ，エ，オ

④ 幼児語－ウ，オ　　　　　幼児音－ア，イ，エ，カ

⑤ 幼児語－ウ，エ　　　　　幼児音－ア，イ，オ，カ

2 次のア〜クの言葉を幼児語と幼児音に分けたものとして適切なものを，あとの①〜⑤から１つ選びなさい。　　　　(難易度■■□□□)

ア　ねんね　　イ　わんわん　　ウ　ちゅみき　　エ　ぶうぶ

オ　だっこ　　カ　まんま　　　キ　でんちゃ　　ク　くっく

① 幼児語－イ，エ，オ，カ　　　　　幼児音－ア，ウ，キ，ク

② 幼児語－ア，イ，エ，ク　　　　　幼児音－ウ，オ，カ，キ

③ 幼児語－ア，イ，エ，キ　　　　　幼児音－ウ，オ，カ，ク

④ 幼児語－ア，イ，エ，オ，カ，ク　幼児音－ウ，キ

⑤ 幼児語－ウ，キ，ク　　　　　　　幼児音－ア，イ，エ，オ，カ

3 幼児期の発達に関する記述として適切なものを，次の①〜⑤から１つ選びなさい。　　　　(難易度■■■□□)

① 絵を描くとき，幼児が自分にとって印象の強い部分を大きく描くのは，幼児の象徴機能の発達によるものである。

② 幼児期の記憶の特徴は，意味を理解しながら覚える機械的記憶である。

③ 4〜5歳の子どもの遊びは並行遊びが特徴であり，一緒に遊んでいるように見えても相互のやり取りは少ない。

④ 骨格がほぼ完成し，ボール投げ，跳躍などができるようになる。

⑤ 発達のつまずきが見られても，成長とともに消失するものもあり，必ずしも発達障害であるとは限らない。

4 幼児期の心身の諸機能の発達として正しいものの組み合わせを，あとの①〜⑤から１つ選びなさい。 (難易度■□□□□)

ア　神経系，リンパ系が顕著に発達する。

イ　身体の急激な発達と性的成熟が進み，心理的離乳に向かう。

ウ　骨格が完成する。

エ　ボール投げ，跳躍などができるようになる。

オ　女子の体位が男子を上回る。

① ア，ウ　　② ア，エ　　③ イ，ウ　　④ ウ，エ

⑤ エ，オ

5 発達のつまずきに関する記述として適切なものを，次の①〜⑤から１つ選びなさい。 (難易度■□□□□)

① 発達には一定の時期と順序があり，その経路と少しでも異なる徴候があればすぐに医師に相談し，治療を行わなければならない。

② 発達障害であることが確定した場合は，保育によって状況を改善することは難しいので，早期に専門家にゆだねるべきである。

③ 発達のつまずきは親の責任ではなく，個々の子どもの個性の１つである。

④ 発達のつまずきは成長とともに改善されていく場合が多いが，精神遅滞や脳性障害などの発達障害である場合は，その後も障害は固定的なものとなる。

⑤ 発達のつまずきが障害であるかどうか，乳幼児期には見極めが難しいため，その可能性を念頭に置きながら工夫して働きかけていかなければならない。

6 次は，保育における子どもの生活と発達の援助についての記述である。A〜Hにあてはまる語句をア〜ソから選ぶとき，正しい組み合わせを，あとの①〜⑤から１つ選びなさい。 (難易度■■■□□)

子どもの発達は，様々な側面が絡み合って(**A**)に影響を与え合いながら遂げられていくものであり，子どもの発達を促すためには，大人側からの働きかけばかりでなく，子どもからの自発的・(**B**)な働きかけが行われるようにすることが必要である。したがって，幼稚園においては，一人一人の子どもが，安心して生活でき，また，発達に応じた適切な(**C**)と

援助があたえられることにより，（ B ），意欲的に活動ができるような（ D ）が構成されなければならない。

このため，家庭や地域と連携を持った安定した子どもの生活と，子どもをありのままに見て，それを深く理解して受容する教師との(E)が重要である。

子どもの活動には，強いて分けてみるならば，（ F ），衣服の着脱や片付けなどのような生活習慣にかかわる部分と遊びを中心とする部分とがあるが，子どもの主体的活動の中心となるのは遊びである。自発的な活動としての遊びにおいて，幼児は心身全体を働かせ，さまざまな(G)を通して心身の調和のとれた全体的な発達の基礎を築いていくのである。この際，教師が遊びにどうかかわるのか，教師の(H)の基本を理解することが必要であり，そのために教師には，子どもの主体的な遊びを生み出すために必要な教育環境を整えることが求められる。さらに，教師には，子どもとの信頼関係を十分に築き，子どもと共によりよい教育環境をつくり出していくことも求められている。

ア 能力	イ 心身	ウ 食事	エ 相互
オ 発達	カ 刺激	キ 複雑	ク 環境
ケ 能動的	コ 信頼関係	サ 積極的	シ 遊び
ス 体験	セ 学習	ソ 役割	

① A－イ B－サ C－カ D－セ E－ス F－ウ
　 G－オ H－ソ
② A－キ B－ケ C－ア D－コ E－ソ F－セ
　 G－ク H－ス
③ A－キ B－ケ C－シ D－セ E－エ F－ウ
　 G－カ H－ア
④ A－サ B－ケ C－ク D－ソ E－コ F－セ
　 G－オ H－ス
⑤ A－エ B－ケ C－カ D－ク E－コ F－ウ
　 G－ス H－ソ

7 幼児期の手腕運動の発達段階を早い順に並べたものとして適切なものを，あとの①〜⑤から１つ選びなさい。　（難易度■■□□□）

ア 円・正方形の模写。はさみが使えるようになる。

イ 手の届くものを持って遊ぶ。

ウ 三角形を模写。箸をうまく使える。積み木を速く正確に揃えて積める。

エ 模倣して縦線を引く。積み木を押し付けるようにして5，6個積める。

オ ひし形の模写。のこぎりが使える。

① イ－エ－ア－ウ－オ

② イ－ア－エ－ウ－オ

③ エ－イ－ア－オ－ウ

④ エ－イ－ウ－ア－オ

⑤ イ－ア－ウ－エ－オ

8 次のA～Eにあげた数量に関心を持たせるための具体的指導法の適切な指導の順序を，あとの①～⑤から１つ選びなさい。（難易度■■■■□）

A お手玉を6個と4個に分けておき両方から1個ずつ対にして取っていき，お手玉が残った方が「多い」ということを教える。

B あめ玉を2つに分け，どちらが多いか少ないか，直感的に判断させる。

C 大きな砂山と小さな砂山を作り，2つの砂の量を比較して，どちらが多いか判断させる。

D さまざまな種類のものをならべておいて，その中から積み木やボールなど同種のものを集める遊びをさせる。

E おはじき1個と多数を比較してどちらが多いか尋ね，1つのおはじきを示しながら「いっこ」あるいは「ひとつ」と教える。

① A－B－C－D－E　② B－D－C－A－E

③ C－D－B－A－E　④ D－B－C－A－E

⑤ E－B－C－D－A

解　答・解　説

1 ⑤
解説

　幼児語は，子どもが小さいときに親などの養育者が子どもに対して使い，そのために子どもが使うようになる言葉をいい，育児語とも呼ばれる。したがって，幼児語にはその家庭でだけ使われるものも含まれる。一方，幼児音は子どもの音声が発達する途上においてのもので，不明瞭に聞こえるものをいう。発音の発達スピードには個人差があるが，徐々に正しく発音できるようになる。ただし，聴力や口の中の機能・形態，知的発達の遅れが原因であることもあるので，よく観察する必要がある。

2 ④
解説

　幼児語とは，子どもが小さいときに，親など養育者が子どもに対して使う言葉であり，そのために子どもが使うようになる言葉である。世界では，養育者が一切幼児語を使用しないことで，子どもが幼児語を話さない地域もある。それぞれの言葉の意味は次の通り。**ア**　眠ること，**イ**　犬，**ウ**　積み木，**エ**　自動車，**オ**　抱くこと，**カ**　ご飯，**キ**　電車，**ク**　靴。

3 ⑤
解説

① 　幼児期の思考の顕著な特徴として自己中心性がある。印象の強い部分を大きく描くのは，自分から見て目立つ点にのみ注意を集中する中心化傾向の現れである。
② 　幼児期の記憶の特徴は，繰り返されることによって意味と関わりなく覚える機械的記憶である。
③ 　並行遊びは2〜3歳頃。4〜5歳頃になるとルールのある集団遊びができるようになる。
④ 　幼児期には走行，ボール投げ，跳躍などができるようになるが，骨格が完成するのは青年期である。
⑤ 　適切。乳幼児期は認知，知覚，運動機能などが未発達であるため，発達のつまずきが障害であるかどうかの見極めは難しい。家庭環境の聞き取りなどを行いながら慎重に見ていく必要がある。

②

解説

　幼児期には神経系，リンパ系が著しく発達する。脳の神経系は6歳頃には成人の90％に達し，リンパ系は7歳頃には成人の水準に達する。また，歩行から走行ができるようになり，ボール投げ，三輪車乗り，跳躍などができるようになる。女子の体位が男子を上回るのは，児童期後半頃の現象である。女子では10〜11歳，男子では12〜13歳頃から身体の急激な発達と性的成熟が進み，思春期(青年期前期)に入る。骨格が完成するのは青年期である。解答はア，エの②である。

5 ⑤

解説

①　発達にはおおまかな時期や順序があるが，個人差がある。

②　保育によって少なからず状況は変化する。医療や福祉の専門家と連携しながら保育面で働きかけることが大切である。

③　児童虐待などがある場合にも発達のつまずきが起こる傾向もある。家族関係に留意して，必要があれば児童相談所などの他機関と連携することも重要である。

④　発達障害であっても，保育や医療などの働きかけにより発達とともに大きく変化していくものである。

⑤　適切。乳幼児期には見極めが難しい。園や家庭での観察を通して，また専門家からの助言を参考に必要であれば医療機関や養育機関と連携して対応していく。

6 ⑤

解説

　Aは「絡み合って」ということから，キかエが考えられるが，「与え合いながら」ということからエとなる。Bは前の語に「自発的」とあることから，似た意味のケとなる。CとDはそれぞれ，「発達を促すためには，(省略)幼児の興味や関心に応じて必要な刺激が得られるような応答性のある環境が必要である」とされていることからカとク。Eはコが文面から自然と導かれる。Fは「幼児の生活は，本来，(省略)具体的な生活行動に着目して，(省略)食事，衣服の着脱や片付けなどのような生活習慣に関わる部分と遊びを中心とする部分とに分けられる」ということからウ。Gは「幼児期は，自然な生活の

流れの中で直接的・具体的な体験を通して，人格形成の基礎を培う時期である」とされ，幼児教育では体験が重視されるので，ここは**ス**。Hはあとに「整えることが求められる」とあることから**ソ**が正解。なお，「　　」内はいずれも，文部科学省が示した『幼稚園教育要領解説』(平成30年2月，文部科学省)に示された解説である。

7 ①
解説

幼児期の手腕運動の発達段階について，設問で扱っているのは，**ア**　3歳児，**イ**　6か月児，**ウ**　5歳児，**エ**　2歳児，**オ**　6歳児の発達段階である。また，上記以外に，次のような発達段階が認められる。3か月児：静止物に手が届く。8，9か月児：手指で物を把握。12か月児：クレヨンの握り持ち。18か月児：なぐりがき。積み木を2，3個積める。4歳児：積み木を押し付けなしに積める。はさみで形を切り抜く。クレヨンを正しく持てる。教師は，以上の発達段階を念頭に，子どもの表現する意欲を十分に発揮させられるように環境の整備などを図るようにする。

8 ④
解説

数の指導は物の集まりの多さ・少なさとして指導する。指導は，「集合遊びをさせる」→「物の集まりの多少を直感的に判断させる」→「量の多少の比較をさせる」→「1対1の対応遊びをさせる」→「1と多数の比較をさせる」の順序で行うとよく，その具体例となるものを並べると④のD−B−C−A−Eとなる。就学以前の数の指導については議論があるが，就学するのに充分な知能の発達がなされていないと，劣等感をもつなどの問題が起こりうるので，その有用性を一概に否定することはできない。無論，知能の発達だけでなく，身体の発達，社会性・基本的習慣の発達も保育者は促していかねばならない。

発達と実践／発達理論

═ POINT ═

1 発達理論

□ **フロイトの精神分析的発達理論**

　　人格発達を中心とした理論で，人間の心的エネルギーであるリビドーの向かう方向が人格発達を規定するとし，幼児体験を重視する。

□ **エリクソンの心理社会的発達理論**

　　精神分析的立場に基礎をおきながら，社会・文化的側面を重視し，人格発達の最も重要な課程を青年期の「**自我同一性（アイデンティティ）の発見**」においた。

□ **ミラーやバンデューラの社会的学習説**

　　人格発達を，条件づけやモデリングを中心とした**学習理論**で説明する。

□ **ピアジェの発生的認識論**

　　認知的発達を中心として，科学的思考に関する認識が個人内に発達する過程において，人類にいたる思考の発生の経過との関連で，実証的に明らかにされてきている。

□ **ヴィゴツキーの認知発達説**

　　社会・文化的遺産の蓄積と伝達を発達の主要因と考え，子どもの発達に際しての大人の教化を重視する。この理念が「**発達の最近接領域**」という概念で代表される。

2 発達に対する遺伝と環境の影響

　発達を規定する条件を明らかにすることは，心理学のみでなく，生物学などにおいても基本的問題である。古来「遺伝か環境か」について，多くの学説が提唱されてきている。歴史的には，どちらか一方を主として考える立場から，次第に両要因が何らかの形で関与すると考える立場が大勢を占めるようになった。

　両要因の関係について諸説が分かれているのが現状である。

　① 孤立要因説

　　　どちらか一方のみの要因が主であるとする説。遺伝的素質のみに発達

が規定されるとする立場を「**生得説**」，主として環境を通しての学習が発達を規定するとの立場を「**経験説**」という。

② 加算的寄与説

遺伝も環境も発達に関与するが，その影響の度合いが異なるとする説。シュテルンの「**輻輳説**」がその先駆。

③ 相互作用説

遺伝要因と環境要因との相互作用の結果として発達現象が発現するとの立場。

■■■■■■■■■■■■■■ 🔍 **演習問題** ■■■■■■■■■■■■■■

1 ことばの発達に関する記述として適切なものを，次の①～⑤から１つ選びなさい。　(難易度■■■□□)

① 話しことばの習得は青年期以降でも可能であるが，自然な文法に従いスムーズな会話をすることは難しくなる。

② ヴィゴツキーによれば，子どものひとりごとは「自己中心的言語」である。

③ 児童期には言語能力が著しく発達する。この時期を「ことばの爆発期」ともいう。

④ １歳頃から「ママ」「ワンワン」などの意味のある語を話せるようになり，５歳頃からは３語文を話せるようになる。

⑤ ３～４歳頃は命名期と呼ばれ，「これは何？」としきりに訊ね，身のまわりの物の名前を知りたがる。

2 ことばの発達に関する記述として適切なものを，次の①～⑤から１つ選びなさい。　(難易度■■■■□)

① 発達初期の養育者との愛着関係が不安定な子どもには，ことばの発達が遅れる傾向がある。

② ことばの学習には適期があり，その時期を逃すと成長後の習得は不可能となる。

③ ヴィゴツキーの理論によれば，子どものひとりごとは，それまで漠然としたイメージであった思考を言語化するための移行過程である。

④ ピアジェの理論によれば，自己中心的言語とは，親しい人との話しことばのように，現実場面に具体的に即したことばである。

⑤ 子どもは，ことばの外言化により，親が見ていないところでも言いつけを守ったり，自分の行動を調節したりすることができるようになると考えられる。

3 発達に関する記述として適切なものを，次の①～⑤から１つ選びなさい。　(難易度■■■■□)

① 現在は生後の環境が発達に大きく影響すると考える立場が優勢である。

② 環境閾値説によれば，身長などの身体的発達には環境の影響は小さいと考えられる。

③ 発達とは生後から成人期までの身体的・精神的変化である。

④ ゲゼルの成熟説では，訓練によってレディネスが促進され，成熟が早まるとされる。

⑤ 母親と過ごす時間が長い子どもは，ことばの発達が遅い傾向がある。

4 児童期の発達に関する記述として適切なものの組み合わせを，あとの①〜⑤から１つ選びなさい。　（難易度■■■■□）

ア　物質の量などの保存性概念を理解する。

イ　状況について論理的に理解する。

ウ　心理的離乳期である。

エ　象徴機能が発達する。

オ　自立心が芽生え始める。

① ア，イ　　② ア，ウ　　③ イ，ウ　　④ ウ，エ

⑤ ウ，オ

5 幼稚園で発音が不明瞭な子どもの指導として適切なものの組み合わせを，あとの①〜⑤から１つ選びなさい。　（難易度■■■□□）

ア　本人がはっきりと話すことが大切なので，本人が正しく発音するようになるまで待つ。

イ　友達と遊んでいるところにその子どもを連れていき，混じるようにいう。

ウ　その子どもが自ら話したことに関心を寄せ，認め，自信がつくようにする。

エ　発音が不明瞭なままでは教育的な意味がないので，その子どもに話せそうな言葉を使った仕事を与え，とにかく不明瞭に発音する機会をなくす。

オ　耳の聞こえが悪くなるような病気にかかっていないかなど，原因となるものがないか確認する。

① ア，イ　　② ア，ウ，オ　　③ イ，ウ，エ　　④ ウ，エ，オ

⑤ ウ，オ

6 遺伝と環境の働きに関する記述として適切なものを，次の①〜⑤から１つ選びなさい。　（難易度■■■□□）

① 物事の得意・不得意などは，遺伝的要因ではなく，環境や経験によって形作られる。

② 一般に身体的側面に関連する特性ほど，環境からの刺激が少なくても発現しやすい。

③ 絶対音感や外国語音韻の習得などの特性は，遺伝規定性が高い能力であり，良い環境に育っても素質が実現するとは限らない。

④ 遺伝的要因は身体的側面にのみ現れ，心理面にはほとんど現れない。

⑤ 遺伝的な障害は，環境によって症状を緩解したり適応させたりすることは難しく，医学的な対応が唯一の方法となる。

7 発達に関する記述として適切なものを，次の①〜⑤から1つ選びなさい。

(難易度■■□□□)

① 発達の縦断的研究では，短期間で広範な年齢，発達段階に関する資料が収集できる。

② 新生児の足の裏をなでると，足指を扇のように広げるモロー反射が起こる。

③ 幼いころから別々の環境で育った一卵性双生児には，高齢になってからも後成的差異がほとんどないことがわかっている。

④ 牛島義友は精神構造の変化による発達区分を行い，4〜8歳の子どもを身辺生活時代とした。

⑤ 発達加速現象には，成長加速傾向と成熟前傾傾向の2つの側面がある。

8 愛着の形成に関する記述として適切なものを，次の①〜⑤から1つ選びなさい。

(難易度■■□□□)

① 乳児は自分の生理的欲求を満たしてくれる人物に愛着を持つため，愛着の対象は必ずしも親しい人とは限らない。

② 人見知りは母子間の愛着が十分に形成されなかった子どもに見られる行動であり，愛着形成が十分な子どもは見知らぬ人にもすぐに親しみを持つ。

③ 適切な時期に愛着形成ができなかった子どもには，成長してからも人格的な障害が現れやすい。

④ アタッチメント理論では，乳児は情緒が十分に分化・発達していないため，自ら人に働きかけることができない依存的な存在であると考えられている。

⑤ 人手の少ない施設で育った子どもにはホスピタリズムの症状がみられ

るが，家庭で育った子どもにはみられない。

9 児童期の発達の特徴として適切な記述の組み合わせを，あとの①〜⑤から１つ選びなさい。　　　　　　　　　　　　　　（難易度■■□□□）

ア　閉鎖的な仲間集団が形成される。

イ　主観と客観の分化のきざしが現れ，自我が芽生え始める。

ウ　数・量・重さ・体積に関する保存の概念が獲得される。

エ　この時期の発達課題は「親密対孤立」である。

オ　心理的離乳を体験する。

　　①　ア，イ　　　②　ア，ウ　　　③　イ，エ　　　④　ウ，エ

　　⑤　ウ，オ

10 次の文は，幼稚園教育要領（平成29年３月告示）の安全に関する教師の指導についての記述である。適切な記述を○，不適切な記述を×とした場合の正しい組み合わせを，あとの①〜⑤から１つ選びなさい。（難易度■■■■□）

A　避難訓練などを通じて，災害などの緊急時に適切な行動がとれるように援助をしていくが，交通ルールに関しては，家庭が主体となり子どもが日常生活で身につけていくべき事項である。

B　安全に関する指導では，危険な場所や事物などが子どもの生活や遊びを通して理解できるように環境を設定していく。

C　幼稚園生活の中では，安全を確保するために，場合によっては厳しく指示したり，注意したりすることも必要である。

D　安全に関する指導では，子どもの情緒の安定を図ることが大切である。

	A	B	C	D
①	○	○	×	○
②	○	×	○	×
③	×	○	×	×
④	×	×	○	○
⑤	×	○	○	○

11 子どもの発達に関する記述として適切なものの組み合わせを，あとの①〜⑤から１つ選びなさい。　　　　　　　　　　　　　（難易度■■■□□）

ア　子どもが凝集性の高い仲間集団を形成するギャングエイジは，大人の

275

介入を嫌い，思わぬ危険や反社会的行動につながることが多いため，大人は子どもだけで行動しないよう常に見守り予防するべきである。

イ 心理的離乳期には，親の保護から心理的に独立するという緊張と不安から，しばしば親に対して反抗的な態度などがみられる。

ウ 子どもが，自己中心的な認識から次第にさまざまな視点から対象を認識できるようになることを，脱中心化という。

エ 子どもが鏡に映った自分の像を自分であると認知できるようになるのは，生後6か月頃からである。

① ア，ウ ② イ，ウ ③ イ，エ ④ ア，イ，ウ
⑤ ア，イ，エ

12 次のア～エに記した発達の主な特徴を年齢の低いものから高いものへ並べたものとして正しいものを，あとの①～⑤から1つ選びなさい。

(難易度■■■■□)

ア 大人のいいつけに従うよりも，自分や仲間の意思を重要視し，それを通そうとする。仲間同士の秘密の冒険ごっこなどを喜んでする。

イ 様々なことに興味をもち，「なぜ？」「どうして？」という質問が増える。

ウ 1つの目的に向かって少人数の集団で活動するようになる。互いに自分のしなければならないことや，ルールを守る必要性がわかるようになり，集団としての機能を発揮できるようになってくる。

エ それまでは何かと大人に頼り，大人との関係を中心に行動していた子どもも，一人の独立した存在として行動しようとするなど，自我が芽生えてくる。

① イ－エ－ア－ウ
② エ－イ－ウ－ア
③ エ－ア－イ－ウ
④ エ－ウ－イ－ア
⑤ イ－ア－ウ－エ

13 1日の指導計画の留意事項として適切なものを，次の①～⑤から1つ選びなさい。

(難易度■□□□□)

① 1日の指導計画は，前日までの子どもの活動の様子や，既往の経験，活動の種類とそれに対する子どもの興味関心を考えた上で作成する。

② 1日の教育時間は4時間と規定されているが，担任の考えるとおりに変更することができる。

③ 計画を確実に実行できるよう，天候に左右されることのない指導案作りが必要である。

④ 幼児はその特性から，評価することが困難なので，小学校のように評価を行う必要はない。

⑤ 保育所とは異なるので，間食を与えたり，午睡をとらせてはならない。

14 次の文のうち，入園時の教師の配慮について幼稚園教育要領(平成29年3月告示)に照らした場合の不適切な記述の組み合わせを，あとの①〜⑤から1つ選びなさい。 (難易度■□□□□)

ア 特に3歳児の入園については，家庭との連携を緊密にする。

イ 幼稚園入園までに，排泄の自立と偏食なく食べられる態度を養うよう家庭に協力を依頼する。

ウ 幼稚園入園前に生活していた認定こども園や保育所などの場がある子どもに対しては，そこでの経験に配慮する。

エ 5歳児の入園については，心身の発達に問題のない限り子どもを見守る姿勢に重点を置く。

オ 家庭や幼稚園入園前に生活していた園での生活リズムに十分配慮する。

① イ，エ　②　イ，ウ　③　エ，オ　④　ア，エ

⑤　ウ，エ

15 次は，幼稚園教育要領(平成29年3月告示)「第2章　ねらい及び内容」の「人間関係」の4〜6月の年間指導計画である。空欄(A)〜(D)に当てはまる言葉を入れていくと余る語を，あとの①〜⑤から1つ選びなさい。 (難易度■□□□□)

4月：(A)をもって遊んだり，生活したりできるようにする。(B)の楽しさを味わう。集団の(C)を習う。

5月：遊具の使い方など，集団の(C)を正しく実行する。行事に楽しく参加してよく活動する。

6月：よい習慣を身につける。(D)を守り，自分の生活もルールにそったものとする。

①　時刻　②　きまり　③　依存　④　集団生活

⑤　信頼関係

16 遊びとその意義の組み合わせとして不適切なものを，次の①～⑤から1つ選びなさい。　　　　　　　　　　　　　　　(難易度■□□□□)

① 積み木遊び―――――共同の用具を公平に使い，友達と協力してつくるなどの態度を養う

② すべり台――――――いろいろな感覚や運動能力の発達を促す

③ 砂遊び――――――――興味を持って自由にのびのびと表現する力を養う

④ ごっこ遊び―――――簡単な社会の仕組みや人々の働きに興味をもたせる

⑤ 遠足――――――――数量や図形などに対する興味や関心をもたせる

17 次の文章の空欄(A)～(D)に入る語句の組み合わせとして適切なものを，あとの①～⑤から1つ選びなさい。　　　　　(難易度■■■■□)

子どものトラブルは，(A)，ひんぱんに起こり，(B)の手段という側面がある。子どもの間でトラブルが起きたときには，子どもの発達段階に応じて援助をするようにする。子ども同士での解決が可能な発達段階において，解決が困難な場合には(C)。保護者が仲介する場合は，(D)ように考慮する。

　　ア　短時間性かつ一過性　　　イ　長びき

　　ウ　相互分離　　　　　　　　エ　相互接近

　　オ　大人が介入するが，大人の考えを無理に押し付けず，子どもが納得するようにする

　　カ　どんなに時間がかかっても，自分たちで解決できるまで見守る

　　キ　それによって子どもが自分の失敗を学んでいく

　　ク　子どもに，自分の悪かったところを認めさせ，謝らせる

① A－ア　　B－エ　　C－オ　　D－キ

② A－ア　　B－ウ　　C－カ　　D－ク

③ A－ア　　B－エ　　C－カ　　D－ク

④ A－イ　　B－ウ　　C－カ　　D－キ

⑤ A－イ　　B－エ　　C－オ　　D－キ

18 園外保育の際は，有害動物や有毒植物に気をつけなくてはならない。人体に無害あるいは無毒なものの組み合わせとして正しいものを，次の①～⑤から1つ選びなさい。　　　　　　　　　　　　(難易度■■■■■)

① アオダイショウ，カツオノエボシ

② オタマジャクシ, ウルシ

③ キョウチクトウ, トリカブト

④ ヒガンバナ, ムカデ

⑤ カタツムリ, ネジバナ

19 次のア〜オは「日常生活の中で数量や図形などに関心をもつ」ための遊びの例である。幼児にはどの順で遊びを経験させるのが適切か, あとの①〜⑤から１つ選びなさい。 (難易度■■■■□)

ア 砂山を作って２つの量を比較し, どちらが多いか少ないかの判断をさせる。

イ 様々な種類の異なるものをたくさん並べておき, その中から同種のもの, たとえばブロックや人形, おはじきなどを集めさせる。

ウ えんぴつ(ほかのものでもよい)を５本と３本(いくつでもよい)に分けておき, 両方から１本ずつ対にして取り除いていき, 残ったほうが多いということを教える。

エ たくさんあるあめ玉を２つに分けて, どちらが多いか少ないか, 直感的に判断させる。

オ ブロック１個と多数とを比較してどちらが多いかを尋ね, １つのブロックを「いっこ」とか「ひとつ」と呼ぶことを教える。

① イ−エ−ア−ウ−オ

② イ−ウ−ア−エ−オ

③ ア−オ−エ−イ−ウ

④ ア−イ−エ−オ−ウ

⑤ ウ−イ−エ−ア−オ

20 次の文の空欄(A)〜(D)に当てはまる語の組み合わせとして適切なものを, あとの①〜⑤から１つ選びなさい。 (難易度■■■■□)

幼児同士が会話をするときは, その場所に相手がいるからしゃべっているだけであって, 互いに正しく伝えたり, 分かり合ったりしようという努力はしない。こういう言葉は(A)と呼ばれ, 子ども特有の自己中心的思考の表れとみなされている。また, 幼児は, 困難な場面を切り抜けようと努めているときに(B)がしばしば出現するが, この場合は, 幼児は言葉を思考の道具として用いているのである。それは, 伝達のための言葉である(C)から, 心の中で自問自答をし, 考えをまとめていく(D)への

279

過渡的形態とみることができる。(B)がみられなくなっていくのは，学齢期以降である。

① A－自己中心語　　B－ひとり言　　C－幼児音　　D－幼児語
② A－幼児語　　　　B－ひとり言　　C－外言　　　D－内言
③ A－幼児語　　　　B－吃音　　　　C－外言　　　D－内言
④ A－自己中心語　　B－ひとり言　　C－外言　　　D－内言
⑤ A－自己中心語　　B－吃音　　　　C－幼児音　　D－幼児語

21 次の空欄(A)～(E)に当てはまる語句の組み合わせとして正しいものを，あとの①～⑤から１つ選びなさい。　　(難易度■■□□□)

「動きや言葉などで表現したり(A)遊んだりする楽しさを味わう」ということは，子どもに押し付けてまとめたものをステージで発表するというような，(B)に見せるためのものではない。子どもが(C)を浮かべ，その世界にひたりきって，そのものになりきって，楽しんで動き回ることが大切なのである。具体的にいえば，(D)が挙げられるだろう。その特徴は，子ども自身が主体的に考え進めていくため，あらかじめ決められた筋書きがない点である。

① A－ものを作り　　B－父母　　　C－イメージ　　D－ごっこ遊び
② A－演じて　　　　B－父母　　　C－汗　　　　　D－砂遊び
③ A－ものを作り　　B－保護者　　C－イメージ　　D－砂遊び
④ A－演じて　　　　B－保護者　　C－イメージ　　D－ごっこ遊び
⑤ A－ものを作り　　B－保護者　　C－汗　　　　　D－ごっこ遊び

22 次の文のうち，幼稚園教育要領(平成29年3月告示)に記載されている教育時間終了後の幼稚園の役割や教師の援助として，適切な記述を○，不適切な記述を×とした場合の正しい組み合わせを，あとの①～⑤から１つ選びなさい。　　(難易度■■■■■)

A　教育時間の終了後には，幼児教育の啓発のために保護者や地域の人々に機能や施設を開放する。

B　幼児期の教育に関する相談に応じたり，情報を提供したりする。

C　保護者同士の交流の機会を提供したりする。

D　地域における乳幼児期の教育・保育のセンターとしての役割を果たすよう努める。

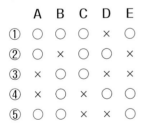

	A	B	C	D
①	○	○	×	×
②	○	×	○	○
③	×	○	○	×
④	○	○	○	○
⑤	×	○	×	○

23 次の文のうち，幼稚園教育要領(平成29年3月告示)に記載されている幼児期の人間関係形成における教師の援助として，適切な記述を○，不適切な記述を×とした場合の正しい組み合わせを，あとの①～⑤から1つ選びなさい。 (難易度■■■■■)

A　他の幼児との間での葛藤やつまずきを乗り越えることで，思いやりの気持ちが育つことに留意する。

B　幼児同士で互いに必要な存在であることを認識できるようにする。

C　一人一人を生かした集団を形成しながらも，時にはクラスの目標に向かって適した集団となるように自己の発揮を抑制することも大切である。

D　トラブル時は互いに思いを伝え合うことが自己発揮の上で最も重要であり，一人一人が自己主張をできるまで援助を続けて行くことが，義務教育への連続性に関連することを意識する。

E　他の幼児と意見が異なった場合には，折り合いをつけたり，悲しかったり悔しかったりする自分の気持ちをコントロールする力が育つようにする。

	A	B	C	D	E
①	○	○	○	×	○
②	○	×	○	○	×
③	×	○	○	×	×
④	×	○	×	○	○
⑤	○	○	×	×	○

24 次はある実習生の教育実習の記録とそれに対する教師のコメントである。コメントの(A)～(F)に当てはまるものをあとのア～スから選ぶとき，正しい組み合わせを，あとの①～⑤から1つ選びなさい。 (難易度■■□□□)

〈実習生の記録〉

　「実習３日目で，たくさんの子どもたちと交流するうちに，名前と顔が一致するようになった。

　登園してしょうた君に会ったら，「先生，おはよう」と挨拶されたので，「しょうた君，おはよう」と，名前をつけて言い返した。きのうの挨拶のときは名前が出てこず，「おはよう」と言い返しただけだったが，きょうのしょうた君はにこにこ笑って，きのうよりもうれしそうに感じた。砂場遊びでは，みんながいっしょになって遊ぶなかで，はやと君だけが遊びのなかに入らず，どこか元気がないのが気になった。こういうときに，どんな声を掛けたらいいのだろうか，あとで藤田先生に尋ねることにしよう。積み木あそびのときは，子どもたちと遊ぶのに夢中になって，後片付けの時間になっているのを忘れてしまって，先生に注意されてしまった」。

〈教師のコメント〉

　「実習３日目，多くの子どもと関わることができ，しかも名前と顔が一致したというのは，よかったですね。これは，クラスの子どもたちを（　A　）として見ていたあなたが，子ども一人一人を自立的な存在として，（　B　）として見るように変化したのです。記録するということは，何気なくやっていることを（　C　）させ，それまで気付かなかった気付きが与えられます。記録の中で，昨日と今日の違いが明らかになり，何もしていないはやと君のことが気になる，つまり，子どもの目に見えない（　D　）な状態に気付いたことは進歩です。新任の教師は先輩の先生方の（　E　）も欠かせませんが，それを積極的に求めていこうという姿勢もいいですね。そして，それを参考にしながら，今後，より具体的に，保育者の（　F　）も記録していくと，保育を振り返る資料として役に立つでしょう」。

ア　理論化	イ　愛情	ウ　助言	エ　人間	オ　援助	
カ　忠告	キ　集団	ク　個人的	ケ　主観的	コ　個人	
サ　意識化	シ　指導	ス　内面的			

① A－キ　　B－コ　　C－ア　　D－ケ　　E－カ　　F－イ

② A－コ　　B－エ　　C－サ　　D－ス　　E－ウ　　F－オ

③ A－エ　　B－キ　　C－サ　　D－ク　　E－シ　　F－イ

④ A－キ　　B－コ　　C－サ　　D－ス　　E－ウ　　F－オ

⑤ A－キ　　B－コ　　C－ア　　D－ケ　　E－シ　　F－オ

解答・解説

1 ①
解説

① 適切。ことばなどいくつかの能力の習得には適期(敏感期)があり，その時期を逃すと難しくなる。野生児や社会隔離児はことばの習得が非常に困難であった例がある。

② ヴィゴツキーは，ひとりごとは外言(外部への伝達のためのことば)から内言(音声を伴わない思考のためのことば)への移行過程で現われると考え，「自己中心的言語」であるというピアジェの説を批判している。

③ 児童期には言語能力が著しく発達するが，「ことばの爆発期」は2歳前後の幼児に見られる発達過程である。

④ 3語文を話せるようになるのは2～3歳頃からである。

⑤ 記述の命名期はおおむね1歳半～2歳頃にみられる。

2 ①
解説

① 適切。乳児期から幼児期の発達課題には歩行，会話，排泄習慣，善悪の区別などがあり，その時期の母子関係が欠如した子どもには，それらの発達の遅れが多く認められる。

② 学習には最適な時期である「敏感期」があるが，人間の場合，その時期を過ぎても習得は不可能ではない。

③ ヴィゴツキーは，子どものひとりごとは，外言(音声を伴う発話)から内言(音声を伴わない心の中での発話)への移行過程であると位置づけた。

④ 記述は「一次的ことば」についての説明である。ピアジェの理論では，自己中心的言語とは子どものひとりごとなどのように自己中心的な認知による，伝達を目的としないことばである。

⑤ 内言化によって自分の行動を調節できるようになると考えられる。

3 ②
解説

① 現在は遺伝と環境の相互作用説が優勢である。

② 適切。ジェンセンの環境閾値説では，特性によって環境要因から受ける影響の大きさが異なり，身長やことばなどはよほど劣悪な環境でない限り発達が進むが，学業成績などには環境が影響しやすいとされる。

③　発達とは生後から老年期までの変化である。

④　レディネス(準備性)促進は学習優位説に立つブルーナーによって提唱されたもの。ゲゼルは一卵性双生児の実験から，訓練が効果をあらわすには学習者の心身の成熟を待たなければならないと考えた。

⑤　ことばの発達は認知の発達と関連が深く，乳幼児期の養育者との応答的なコミュニケーションが重要である。

4 ①

解説

アは児童期。11歳頃までに数，量，重さなどの保存性概念が確立される。ピアジェの発達段階では具体的操作期にあたる。**イ**は児童期。幼児期の直感的な理解から脱し，状況を論理的に理解できるようになる。**ウ**は青年期。親への精神的依存から離脱したいという欲求が生まれ，自立心と依存心の葛藤から精神的に不安定になる時期。青年前期であり第二反抗期ともいう。**エ**は幼児期。象徴機能とは目の前にないものの表象を心に浮かべ，他のものに代えて表す働きのこと。象徴機能は1歳半頃から発達する。**オ**は幼児期。2歳頃の幼児前期になると自立心が芽生え，親の働きかけに対し「イヤ」などと言って何でも自分でやりたがるようになる。

5 ⑤

解説

発音が不明瞭な子どもは他者との会話が成立しにくく，言語発達が遅れる傾向がある。そのため，他者との関わりの機会が減り，社会性の発達に影響が出る傾向にある。このような子どもの支援の主なポイントとしては，(1)原因を究明し，取り除くようにする，(2)子どもに好きな遊具で存分に遊ばせ，しだいに友だちとの遊びに誘導する，(3)積極的に話したことを認めてやり，自信をもたせる，(4)簡単な言葉を使った課題を与え，やりとげた後にプラスのフィードバックが必要である，などが挙げられる。

ア　不適切。放置しているだけである。

イ　不適切。子どもの自由意志を尊重しておらず，友だちとの遊びを強制しているだけである。

ウ　適切。本人の好きなことに共感を示せば，言葉は出やすくなる。

エ　不適切。仕事や課題を与えるまではいいが，やりとげた時にほめてやらなくては，言葉の発達に導けない。

オ　適切。原因となる疾患等がないか確認している。

6 ②
解説

① 環境や経験は人間の発達において大きな規定要因であるが，現在は遺伝と相互に影響しあうという相互作用説が優位である。

② 適切。一般に，身体的側面に関連する特性ほど，遺伝規定性が高い。

③ 遺伝ではなく環境規定性が高いとされる特性である。ジェンセンの環境閾値説では，身長・能力などの特性によって遺伝的資質が環境要因の影響を受ける感受性が異なるとされる。

④ 発達が遺伝と環境の相互作用で進むことは，知能や認知などの心理面でも同様である。

⑤ 遺伝的な障害でも，環境的アプローチによって緩解したり，適応させたりすることが可能である。

7 ⑤
解説

① 記述は横断的研究の利点である。縦断的研究は同一の対象をある程度の期間追跡調査し，資料を収集する方法であり，同一対象の発達の変化を分析し，発達上の因果関係を導き出すことに利点がある。

② 記述は新生児の原始反射のうちのバビンスキー反射である。

③ 双生児研究法は，発達を規定する遺伝と環境の影響の程度を調査するのに適している。別々に育った一卵性双生児は幼いころほど差異が少なく，加齢とともに環境の影響を受け差異が増大することがわかっている。

④ 牛島義友の区分では，0～4歳が身辺生活時代，4～8歳は想像生活時代である。

⑤ 適切。発達加速現象とは，思春期における身長・体重などの成長加速傾向，および乳歯・永久歯の生え変わり時期の低年齢化，第二次性徴の早期化のような成熟前傾現象をいう。

8 ③
解説

① 愛着は生理的欲求の充足だけでは形成されない。温かく情緒的な接触のある特定の人物に対して形成される。

② 人見知りは特定の人物との間に十分な愛着が形成されている場合に見

られやすい行動である。

③ 適切。適時の愛着形成がなかった子どもには，成長後も情愛のなさ，反社会性などの特有の障害が認められる。

④ アタッチメント理論は，ボウルビィが提唱した心理学的概念で，乳児は誕生時から周囲に積極的に働きかける能動的な存在であると考えられている。

⑤ 家庭で育った子どもでも，養育者との間にアタッチメントの形成が不十分な場合はホスピタリズムの症状が現れる。

9 ②
解説

　アは児童期，イは幼児期，ウは児童期，エは初期成人期，オは青年期である。エリクソンの発達段階説において，「親密対孤立」は初期成人期の発達課題であり，児童期の発達課題は「勤勉性対劣等感」である。

10 ⑤
解説

　A・B・Dは，幼稚園教育要領「第2章　ねらい及び内容」の「健康」の「3内容の取扱い(6)」に関連している。「安全に関する指導に当たっては，情緒の安定を図り，遊びを通して安全についての構えを身に付け，危険な場所や事物などが分かり，安全についての理解を深めるようにすること。また，交通安全の習慣を身に付けるようにするとともに，避難訓練などを通して，災害などの緊急時に適切な行動がとれるようにすること。」と記述されている。よって，Aは不適切，B・Dは適切。Cは，上記の箇書に関して幼稚園教育要領解説で述べていることなので適切。

11 ②
解説

ア　児童中期から後期の子どもは，凝集性，排他性の高い仲間集団での行動を好むようになる。この人間関係は子どもの社会性の発達に重要な意義をもつので，集団行動自体を予防するというのは不適切であり，集団における役割の自覚や主体的な責任意識を育成することが重要である。

イ　適切。心理的離乳は青年期にみられる発達過程の1つである。

ウ　適切。自分から見て目立つ面にのみ注意が集中することを中心化といい，他者の視点やさまざまな角度から物事をとらえられるようになるこ

とを脱中心化という。

エ ルージュテストにより，鏡に映った自分の姿が自分であると認知でき
るようになるのは，生後18か月頃からである。

12 ②

解説

アは6歳児，**イ**は4歳児，**ウ**は5歳児，**エ**は3歳児の発達の主だった特
徴である。幼児期は身体が成長するだけでなく，自我の芽生えから社会性
が育つまでと，心も大きく成長する時期であり，その発達の段階に応じた
教育指導を行うことが重要である。設問で示された以外の各年齢の特徴は
以下の通り。3歳児：食事，排泄，衣類の着脱など基本的生活習慣の点で
自立し始める。4歳児：全身のバランスをとる能力が育つ。自意識が芽生
える。5歳児：友だちと活動する過程で社会性が育つ。物事の判断ができ
る基礎が培われる。言葉を介したコミュニケーションがとれるようになる。
6歳児：幼稚園で最年長児としての自信と誇りを持つようになる。創意工
夫をした遊びを始め，思考力・認識力もついてくる。

13 ①

解説

① 適切。子どもの状態をよく観察した上で指導計画を立てることが大事
である。

② 勝手な変更は認められない。

③ 天候に左右されることがないとなると，どうしても屋内の活動にかた
よりがちである。戸外で日光にあたり，のびのびとした活動をさせるこ
とも必要なので，季節や年齢を考慮して適切な保育を行う。

④ 個々の子どもに合わせた指導のためにも評価を行うことは必要である。

⑤ 間食は幼児の楽しみという意味でも，エネルギーの補給の意味でも必
要。また，1日4時間の教育時間のうちでも，必要に応じて午睡もとら
せてもよい。

14 ①

解説

イ・エが不適切である。**ア・ウ・オ**については，幼稚園教育要領第3章
「指導計画及び教育課程に係る教育時間の終了後等に行う教育活動などの留
意事項」第3「教育課程の役割と編成等」4「教育課程の編成上の留意事項」

(2)「入園当初，特に，3歳児の入園については，家庭との連携を緊密にし，生活のリズムや安全面に十分配慮すること。また，満3歳児については，学年の途中から入園することを考慮し，幼児が安心して幼稚園生活を過ごすことができるよう配慮すること。」と記述がある。**イ**については，家庭に呼びかけたり，子どもの発達段階を聞き取ったりすることはあるが，必ずしも自立している必要はなく，このような記載もない。**エ**については，入園時の年齢は関係なく，不安が強い子どもであれば，多くの支えを必要としている。子どもの状況に応じて援助することが大切である。

15 ③
解説

A ⑤が入る。就園やクラス替えなど，4月は人間関係に変化の出やすい時期である。新しい集団の中で幼児が楽しく生活するには，まず，互いに信頼関係を築くことが大切である。また，この時期には園舎内外の整備をし，わかりやすいところに子どもの持ち物を置くスペースをつくる。

B ④が入る。同世代のいろいろな子どもと触れ合う楽しさを味わえるように配慮する。

C ②が入る。遊具を独り占めせず，順番に使うなど，4月に習った「集団のきまり」を実行できるように指導していく。

D ①が入る。「守り」の目的語としては②も考えられるが，「生活もルールにそったものとする」が直後にあり，②だと同内容の繰り返しになってしまう。

16 ⑤
解説

①〜④の遊びには，設問中のもののほか，次のような意義がある。

① 集中力，持続力をもたせる。数量や図形に興味をもち，理解する能力の芽生えを促す。

② 身体を動かす楽しさを満足させる。友だちと仲良く，決まりを守って遊べるようになる。

③ 解放感を味わい，情緒を満足，安定させる。友だちと喜んで遊んだり，協力したりする習慣や態度を養う。さまざまな感覚刺激を受けたり，道具を使うことの意味を学んだりできる。

④ 想像力や空想力を豊かにする。友だちとグループを作って協力する態

度を養う。

⑤　遠足には次のような意義がある。集団での行動の仕方を身につける。経験を豊かにし，感動を深める。友だちや保育者に対する親近の情を養う。幼稚園での生活に変化をつけ，生活を楽しくする。

17 ①
解説

子どものトラブルには，ひんぱんに起こり，短くて激しく，その場限りであとを引かない(短時間性かつ一過性)という特徴がある。また，幼児の場合，トラブルは相互の意思や心の接近の手段であり，コミュニケーションの方法のひとつとなっている。保育者が子ども同士のトラブルに介入するのは，子ども同士の解決が難しい場合のみとし，それぞれの子どもの言い分をしっかりと聞きとめ，大人の考えを押し付けるのではなく，子どもが納得するように導かねばならない。人間関係領域では，トラブルは解決することが目的ではなく，折り合いをつけて自分の気持ちを調整することが大切であるとされている。

18 ⑤
解説

①　アオダイショウは大きなヘビだが，毒はない。毒蛇としてはマムシとハブに注意。カツオノエボシはクラゲの一種。触手に強い毒をもつ。

②　オタマジャクシは無害だが，山野に生えるウルシに触れるとかぶれる。

③　キョウチクトウ，トリカブトはいずれも有毒植物。キョウチクトウは生垣に使われるなど身近にあるので，外出先にないか確認しておく。トリカブトは山でないとまず見かけないが，花が美しく，全草が有毒なので，遠足の際など，子どもが触ることのないよう，注意しなくてはならない。

④　ヒガンバナは全草が有毒だが，水溶性の毒なので，触れてしまったときは，手をよく洗えばよい。ムカデも毒があるので刺されないように気をつける。

⑤　いずれも無害，無毒である。

19 ①
解説

ア～オの遊びはそれぞれ，以下のことをねらったものである。数の指導は物の集まりの多さとして指導すべきであり，日常生活の中で，基礎とな

る事柄の経験を多くさせ，具体的な事物と数量や図形を対応させて取り扱うようにすることが大切である。

ア　量の多少の比較をさせる。

イ　集合遊びをさせる。

ウ　1対1の対応遊びをさせる。

エ　物の集まりの多少を判断させる。

オ　1と多数の比較をさせる。

　就学前の数の指導は賛否のわかれるところであるが，就学するのに十分な知能の発達がなされていないと，子どもが不登校を起こしたり，劣等感を持ったりするなど，種々の問題が起こりかねないので，十分な配慮が必要である。

20 ④

解説

　Aの子ども特有の自己中心的な思考の表れと目されているのは，自己中心語である。これがわかっていれば，選択肢②と③は除外できる。Bの「ひとり言」は幼児期に多くみられ，言語能力・思考力の発達とともにみられなくなっていく。CとDは，文脈から対になっている言葉であることがわかる。Cは自分以外の，外界へ向かって発信する言葉であることから外語と呼ばれ，Dは自分自身の内的世界へ向かっての言葉であることから内語と呼ばれる。幼児語は育児語とも呼ばれ，養育者が幼児に対して使う言葉であり，そのために子どもが使うようになる言葉である。幼児音は音声の発達段階における，不明瞭な発音を伴った言葉をいう。吃音はどもることである。

21 ④

解説

　幼稚園教育要領(平成29年3月告示)「第2章　ねらい及び内容」「表現」の2内容(8)「自分のイメージを動きや言葉などで表現したり，演じて遊んだりするなどの楽しさを味わう。」に関する文章である。人から与えられた，あるいは押し付けられたものではなく，幼児自身が感じたことや考えたことを自分なりに表現することを通して豊かな感性や表現力を養うことが大切だということが述べられている。もちろん，表現の仕方についても，幼児に対して特定の方法が押し付けられることがあってはならない。

22 ③

解説

A　不適切。「幼児教育の啓発」ではなく，「子育て支援」である。保育所保育指針では，子育て支援の章が新たに新設されるなどしており，子育て家庭への支援は幼稚園でも重要である。

B, C　適切。他にも「幼児と保護者の登園を受け入れる」などの記載がある。

D　不適切。正しくは「幼児期の教育のセンター」である。このことについての記載は，「第3章　教育課程に係る教育時間の終了後等に行う教育活動などの留意事項　2」にある。

23 ⑤

解説

A　適切。人間関係領域の内容の取扱い(4)に「(前略)人に対する信頼感や思いやりの気持ちは，葛藤やつまずきをも体験し，それらを乗り越えることにより次第に芽生えてくることに配慮すること。」とある。

B　適切。第1章　総則　第3　教育課程の役割と編成等　4　教育課程の編成上の留意事項(1)「(前略)他の幼児とのかかわりの中で幼児の主体的な活動が深まり，幼児が互いに必要な存在であることを認識するようになり(後略)」とある。

C　不適切。自己発揮の抑制については書かれていない。

D　不適切。幼稚園教育要領にこのような記載はない。自己主張が苦手な子どももいれば，言語以外で自己主張をする子どももいる。その子どもの特性に応じて，援助していくことが大切である。

E　適切。人間関係領域の内容の取扱い(5)「(前略)互いに思いを主張し，折り合いを付ける体験をし，きまりの必要性などに気付き，自分の気持ちを調整する力が育つようにすること。(後略)」と記載されている。

24 ④

解説

A, B　集団生活のなかで子どもたち一人一人を個人として尊重することが大切であると頭では分かっていても，実習生には学校などで学習してきた理論と実践が一致しない段階であるといえる。

C　記録することによって，自分の何気ない行動を意識化させ，それまで気付かなかったことを認識させることがよくある。

D　保育では，子どもの内面的な状態を適切に理解することも大切である。

E　よりよい教師を目指すには，先輩の助言は欠かせない。とくに新任の段階では積極的に助言を求め，それを前向きに捉えて活かそうとすることが重要である。

F　幼稚園は子どもたちが適切な援助を行う教師と共に生活する場である。

●書籍内容の訂正等について

　弊社では教員採用試験対策シリーズ(参考書，過去問，全国まるごと過去問題集)，公務員採用試験対策シリーズ，公立幼稚園教諭・保育士採用試験対策シリーズ，会社別就職試験対策シリーズについて，正誤表をホームページ (https://www.kyodo-s.jp) に掲載いたします。<u>内容に訂正等，疑問点がございましたら，まずホームページをご確認ください。</u>もし，正誤表に掲載されていない訂正等，疑問点がございましたら，下記項目をご記入の上，以下の送付先までお送りいただくようお願いいたします。

---

① **書籍名，都道府県・市町村名，区分，年度**
　　(例：公立幼稚園教諭・保育士採用試験対策シリーズ　秋田市の公立保育士　2025 年度版)
② **ページ数**(書籍に記載されているページ数をご記入ください。)
③ **訂正等，疑問点**(内容は具体的にご記入ください。)
　　(例：問題文では“ア～オの中から選べ”とあるが，選択肢はエまでしかない)

〔ご注意〕
○ 電話での質問や相談等につきましては，受付けておりません。ご注意ください。
○ 正誤表の更新は適宜行います。
○ いただいた疑問点につきましては，当社編集制作部で検討の上，正誤表への反映を決定させていただきます(個別回答は，原則行いませんのであしからずご了承ください)。

●情報提供のお願い

　協同教育研究会では，これから公立幼稚園教諭・保育士採用試験を受験される方々に，より正確な問題を，より多くご提供できるよう情報の収集を行っております。つきましては，公立幼稚園教諭・保育士採用試験に関する次の項目の情報を，以下の送付先までお送りいただけますと幸いでございます。お送りいただきました方には謝礼を差し上げます。

(情報量があまりに少ない場合は，謝礼をご用意できかねる場合があります。)

◆あなたの受験された専門試験，面接試験，論作文試験の実施方法や試験内容
◆公立幼稚園教諭・保育士採用試験の受験体験記

送付先
○電子メール：edit@kyodo-s.jp
○FAX：03－3233－1233(協同出版株式会社　編集制作部 行)
○郵送：〒101－0054　東京都千代田区神田錦町２－５
　　　　　　協同出版株式会社　編集制作部 行
○HP：https://kyodo-s.jp/provision(右記のQRコードからもアクセスできます)

　※謝礼をお送りする関係から，いずれの方法でお送りいただく際にも，「お名前」「ご住所」は，必ず明記いただきますよう，よろしくお願い申し上げます。

【編集協力者】

阿部 真美子　聖徳大学　教育学部児童学科　教授

石田 成人　東京未来大学　モチベーション行動科学部　講師

小田桐 忍　聖徳大学　教育学部児童学科　教授

齋藤 有　聖徳大学　教育学部児童学科　准教授

杉浦 誠　常葉大学　保育学部保育学科　准教授

深津 さよこ　聖徳大学　教育学部児童学科　准教授

公立幼稚園教諭・保育士採用試験対策シリーズ

岐阜市の
公立幼稚園教諭

編　集　Ⓒ協同教育研究会
発　行　令和6年5月25日
発行者　小貫　輝雄
発行所　協同出版株式会社
　　　　〒101-0054　東京都千代田区神田錦町2‐5
　　　　TEL.03-3295-1341
　　　　http://www.kyodo-s.jp
　　　　振替　東京00190-4-94061
　　　　印刷・製本　協同出版・POD工場